U0564051

本书系兰州大学中央高校基本科研业务专项资金项目、国家社会科学基金重大项目
"中国构建新型大国关系的实践探索"的阶段性成果

战后美国在亚太地区的权威研究

高婉妮 / 著

社会科学文献出版社
SOCIAL SCIENCES ACADEMIC PRESS (CHINA)

序　言

　　美国与其亚太地区盟国之间的关系长期以来一直是国内外学者们研究的重要课题，相关研究成果可谓卷帙浩繁，汗牛充栋。深化该领域的研究并提供一个不同的研究视角，需要付出异乎寻常的努力才可以做到。高婉妮的《战后美国在亚太地区的权威研究》一书从权威关系的角度考察了冷战期间与冷战之后美国与亚太地区的主导与跟从关系，为我们理解亚太地区国际关系提供了一个不一样的研究视角，对于丰富相关的研究无疑有着重要的学术价值。

　　学术研究的生命力在于其创新性，而创新不是绞尽脑汁地杜撰新概念和新理论，而是首先要踏踏实实进行原创性研究，在扎实的研究基础上达到理论的升华。婉妮的《战后美国在亚太地区的权威研究》一书选题灵感来自其翻译的美国国际关系学者大卫·莱克的《国际关系中的等级制》，但她并未完全局限于莱克所提出的"等级制度"的概念，而是抓住了其中的关键概念"权威"，从"关系型权威"的视角研究了美国与其亚太主要盟国的权威关系。在此基础上，从政治、经济、军事三个维度，通过对它们的可操作化指标，衡量美国与其亚太盟国的权威关系程度。围绕衡量指标，运用统计描述的方法，婉妮在其书中得出了可以令人信服的结论：美国在亚太地区拥有不同程度的权威。书中还进一步提出了权威关系的内在机制，指出结构压力和利益内化度是影响国家之间建立权威关系的主要因素，结构压力影响着权威建立的倾向（可能性），而利益内化度决定着权威程度的高低，并进而将国家之间的权威关系划分为强制型、依附型、合作型、协调型、竞争型等不同形态。难能可贵的是，婉妮在书中的理论描述并不是凭空推论，而是建立在扎实的资料收集、梳理分析和案例研究基础之上。这样的学术研究，在我看来，算得上是原创性的创新研究。

学术研究的选题总是会多多少少受到研究者们对现实关怀的影响。婉妮《战后美国在亚太地区的权威研究》一书，无论是提及"美国还能不能管住日本"的文章，还是就美国在韩国部署"萨德"系统的发问，都显示出她对现实问题的强烈观照，不过，她书中最为关心的更为重要的现实问题是，随着国家实力的日益增长，中国如何赢得与维持亚太地区国家的长期支持，不断进一步改善和加强中国与周边国家之间的关系。书中对这一现实问题的论述虽然着墨不多，但还是十分明确清楚地予以了表达，并将此作为作者下一步进行研究的选题和方向。从权威关系的视角研究中国与周边国家关系，是值得肯定的。今后研究所取得研究成果，将有益于破解中国处理周边外交中所遇到的一些难题，例如，如何进一步提升中国与周边国家关系？如何赢得它们的长期信任与支持？如何克服亚太地区一些国家"在安全上依赖美国、在经济上依靠中国"的窘境？权威关系视角的研究有可能会为我们提供一些有益的思考，甚至提出一些可行的外交思想与路径。不过，我想指出的是，从权威关系视角研究国家间关系，是基于国际关系现实对既有国际体系无政府状态相关理论以及其他理论研究的补充和丰富，绝无意也不会否定国际政治的主权平等原则。

书中一些具体的论述和观点，读者披览阅读过程中自有判断评论，无须我在此絮说。当然，本书也不免瑕疵之处，恕不赘述。好在我不是写书评，而只是遵嘱写一序文。

借此序文之机，我也想表达一下与婉妮师生交往的一点体会。高婉妮是我指导毕业的第一批博士研究生之一。指导博士研究生毕业论文的选题、研究和写作的过程对我来说更多是一种与学生进行合作研究的过程。这一过程也是一个教学相长的过程，在与她和其他同学交流中，我同样受益匪浅。他们的学术热情和创新精神，未尝不是对我的一种鞭策。在读硕士研究生期间，婉妮和她的同学们自发创办了系刊《新视界》并举办各种读书会，参与各种学术活动，开展多种多样的学术交流，激发了国际关系专业学生们的学习兴趣，带动了一大批师弟师妹学习国际关系专业。在毕业离校多年后，她还仍然关心《新视界》的工作和发展，成为师弟师妹的知心姐姐。

更难能可贵的是，婉妮一直保持着这样的学术热情和学术追求。今天婉妮《战后美国在亚太地区的权威研究》一书即将付梓，就是她这份学术热情和学术追求的体现。本书是婉妮在对其博士论文进行了长达四年多的修改完善的基础上完成的。如果说她的博士论文只是说明她很好地完成了博士研究生的学习，那么，作为学术研究，博士论文中难免还有众多不完善之处，资料也有所欠缺。然而，毕业后四年多的时间里，在承担繁重教学工作的同时，婉妮依然保持着自己的学术热情，凭着对学术研究的一片真情和执着追求，认认真真地修改论文，补充了大量文献材料，最终呈现给读者一本研究扎实、资料丰富、论述严谨的学术著作。

今天翻阅婉妮《战后美国在亚太地区的权威研究》一书的终稿，我对她的研究成果感到十分满意，也非常欣慰。作为老师，看到学生取得令人满意的学术成就，是一件颇为幸福的事情。当然，在电脑屏幕前欣赏婉妮呈现给学术同行的专著的同时，我也对她的未来学术研究有了更多更高的期待。

韩召颖

2017 年 12 月 16 日于南开园

中文摘要

与传统国际关系理论认为在国际无政府状态下，国家之上没有其他任何权威不同，本书从国际关系现实出发，认为在国际关系中存在一种关系型权威，二战之后美国在世界各个地区（包括亚太地区）拥有此类权威。本书提出的核心问题是：第二次世界大战之后，美国在亚太地区是否拥有权威及拥有怎样的权威？

为论述这一问题，本书在既有研究的基础上，将关键概念"权威"定义为建立在主导者和从属者双方认可基础上的一项服从与被服从的关系。在国际关系中，主导国要求跟从国接受自己的命令，跟从国承认自己有遵从主导国意志的义务。当双方对支配—服从关系没有直接而长期的抵制（即承认其正当性）时，权威关系成立——关系型权威形成。

在国际关系中，权威关系的构成基础是跟从国的集体接受，而权威关系的建立则是主导国和跟从国在既有的结构压力下进行利益交换的结果。权威关系一旦形成，就具有了自我维持的内在机制。在具体的因果解释中，结构压力和利益内化度是影响国家之间建立权威关系的主要因素。结构压力影响着权威建立的倾向（可能性），而利益内化度决定着权威程度的高低。在这两个因素的作用下，国家之间的权威关系呈现出强制型、依附型、合作型、协调型、竞争型等不同形态。

战后美国在亚太地区拥有不同程度的权威。既有的理论分析主要分为四种路径：其一，美国在亚太地区的权威是美国追求区域外霸权的组成部分；其二，亚太国家"邀请"美国入驻地区，保持地区稳定；其三，美国在亚太地区的权威存在是美国与亚太国家之间建立在理性计算基础上的合作；其四，美国要在世界范围内推广自己的价值观，建立美国的"朝贡体系"。四种路径虽然都对美国的权威存在进行了不同角度的论述，但都未对权威程度进行衡量。本书从政治表态、军事关系及经济关系三个维度对美国在亚太地区的权威进行操作化的指标衡量。在政治维度上，主要考察的指标有：（1）双方对彼此关系的公开定位；（2）国家领导人拜访的位序和次数；（3）亚太国家与美国在联合国投票的一致性。在经济维度上，主要的指标有：（1）亚太经济体与美国贸易额占本国贸易总额的比重；（2）美国的投资占亚太经济体外国投资的比重；（3）特殊经济关系。在军事维度上，考察的指标有：（1）允许美国在自己的领土范围内驻军或拥有军事基地；（2）亚太国家参与并支持美国主导的战争；（3）情报共享伙伴和联合军事演习的机会。

通过描述性统计，本书发现，在冷战时期两极结构下，美国在亚太地区的权威主要集中在与其传统盟友的关系上，双方对彼此关系的公开定位带有强烈的意识形态和"势力范围"色彩；日韩等国家领导人一般在就任初期将首次出访地定为华盛顿，在联合国投票上更是紧跟美国立场。日本、韩国、澳大利亚、菲律宾和泰国与美国之间签订有正式的军事条约，允许其在本国范围内驻军或拥有军事基地，积极参与美国主导的战争，接受美国的军事援助。在经济上高度依赖和美国的贸易与投资。冷战之后，在20世纪90年代的单极结构下，美国与亚太盟国之间的权威关系稍有削弱，双方对利益的判断出现分歧。进入21世纪以来，随着中国的崛起，美国在加强与其传统盟友之间的权威关系的同时，与亚太新兴国家及其他国家积极开拓伙伴关系，增加领导人互访频率，与东南亚、南亚国家加强军事联系，与新加坡、韩国和澳大利亚签订自由贸易协定，积极推进跨太平洋伙伴关系的建设。美国与地区内国家的权威关系在"亚太再平衡"战略下呈现出多面并进、网络化发展的趋势。

在衡量了美国在亚太地区享有权威的范围和程度之后，本书还采用过程追踪法，分别对美韩、美日这两对权威关系进行了纵向的历时研究。本书发现，即使美国作为主导国，在与跟从国的实力差距上拥有绝对的优势，在权威关系发展的过程中也不一定掌握主动权，利益内化度起着重要的作用——在跟从国掌握利益收益点的情况下，利用主导国对该部分利益的敏感度，与其讨价还价，获得在权威关系中的主动权。

现代大国的竞争，已不仅局限于自身实力的比较，还包括国际权威的竞争。虽然美国和中国在亚洲的利益并没有相互排斥，然而，在利益交汇的地方，竞争却无可避免。中国要获取区域内其他国家的支持或"服从"，就必须为这些国家提供不可替代的需求和利益，建立某种权威关系，使其追随自己的意愿或偏好行事。因此，如何创造并提供区域内国家渴求的利益需求，获取这些国家（长久的支持），成为本书下一步研究的方向。

关键词： 关系型权威；结构压力；利益内化；美国—亚太国家关系

Abstract

Different from traditional international relations theory that there is no differ-
ence exists between states under the anarchy system, this book believes that there
is a relationship of authority in international relations, and the United States have
this kind of relationship in various regions of the world (including Asia-Pacific ar-
ea) after World War II. In this book, the core question is: After World War II,
did the United States have this kind of authority in the Asia-Pacific region, and
what kind of authority is?

In order to discuss this question, this book focuses on the review about the
literature of international authority, international order in Asia Pacific, and the
presence of the U. S. authority in the Pacific Asia. On this basis, the basic defini-
tion of key concept "authority" is a relationship of obedience and to be obeyed,
it is based on the agreement by both parties. In international relations, leading
state requests other states obedience to its command, and other states agree that it
has obligation to obey leading state's will. If there is no direct and long time's boy-
cott to these two sides relationship of dominance and obedience (ie to recognize
its legitimacy), the relationship of authority is set up, and this is the formation of
relational authority.

In international relations, the basis of the authority is the collective accept-
ance from the vassal state, and the establishment of the authority is the result of
the interests exchange under the structural pressure between leading state and
vassal state. Once authority relations formed, this relationship has an inner mech-
anism of self-sustaining. In specific causal explanation, the structural pressure

and the degree of internalization of interests are the main factors affecting the establishment of authority between states. Structural pressure affecting the propensity (likelihood) of the establishment of authority, and the degree of internalization of interests influence the degree of authority. Under the influence of these two factors, the authority relationship between states demonstrates different forms, such as coercion, dependent, cooperative, coordinated, competitive types.

The basic hypothesises of this book are: Hypothesis 1, in a multi-polar structure, the structural pressure becomes greater when the difference in strength between potential leading state and other states turns out to be greater; the more points of interest are made by potential leading state, the higher the likelihood of other states to investment, and the greater the possibility of establishing authority relationship. Hypothesis 2, in bipolar structure, the structural pressure from two polar states becomes larger, and the competition between these two states becomes more intensive as both sides need to establish their own authority camp. In this situation, the promise of leading state turns out to be more attractive, and the probability becomes higher if one side offers more attractive ones. Hypothesis 3, in unipolar structure, the gap of power between leading state and potential vassal state turns out to be greater, probability of establishment of authority will be greater. When more points of interest offered by leading state, the strength of authority relations will be greater; when fewer points of interest offered by leading state, the strength of authority will be weaker.

After the World War II, the United States have different levels of authority in the Asia-Pacific region. This authority may be measured by political statement, military and economic relations from these three dimensions. From political dimension, the main indicators to be measures here are: (1) the public position to each other relationship between from two sides; (2) the rank and number of states leader's visit; (3) the consistency of vote between Asia-Pacific countries and the U.S.. On the economic dimension, the main indicators are: (1) the ratio of total trade of an Asia-Pacific state and its trade value between Asia-Pacific economies and the U.S.; (2) the ratio of U.S. investment to the Asia-Pacific economies' foreign investment; (3) special trade partnership. In the military dimension, the indicators are: (1) the participation of Asia-Pacific states in the U. S. – led war; (2) allow the U. S. has its military bases or troops on their territory; (3) intelligence sharing partnerships and opportunity for joint military exercises.

According to descriptive statistics, this book finds that U. S. authority in the Asia-Pacific mainly focused on the relationship with its traditional allies during the Cold War's bipolar structure, the public position to the relationship between two sides had a strong feeling of ideology and "spheres of influence". Leaders of Japan and South Korea generally chose Washington D. C. as their first visits, and they followed the U. S. position in the UN's vote tightly. There exists formal military treaties between the U. S. and Japan, South Korea, Australia, the Philippines and Thailand, and these treaties allow U. S. has troops within the country above or even has a military base. Furthermore, these states participate in the US-led war actively in order to have U. S. military aid; and their economics highly dependent on the trade with U. S.. After the Cold War, in the unipolar structure of 1990s, authority relationship between the United States and Asia-Pacific allies slightly weakened, the interests of both judgments diverged. In the twenty-first century, with the rise of China, while strengthening the authority of the relationship between its traditional ally, the U. S. developed relationship with Asia-Pacific emerging states and other states actively; and increased visits of leaders; strengthened military ties with Southeast Asia, South Asia states; signed free trade agreement with Singapore, South Korea and Australia; and advanced trans-pacific partnership actively. The Authority relationship between the U. S. and the states in the region demonstrated a tendency of multi progress under the strategy of "Asia-Pacific rebalancing".

After the measurement of the extent and scope of authority of the U. S. in Asia-Pacific region, this book also uses process tracing method to develop a vertical time-based analysis of the relationship between the U. S. and South Korea, Japan respectively. We find that even the U. S. played as the dominant nation, and enjoyed absolute advantage in power, it didn't always have initiative in the process of authority development. In this situation, the degree of interest internalization played an important role in the process. When the vassal state controlled the points of interests, it could utilize the sensitivity of leading state to these interests in their bargaining, and gained initiative in the authority relationship.

Nowadays, the competitions among modern great powers are not just bound to the comparison of their powers, but with the competition of international authority as well. Although there is no mutual repulsion of interests in Asia between the U. S. and China, they have to face inevitable competition in the area where they both interested in. If China wants to gain "obedience" from other states in the region, it has to offer irreplaceable interests and demands for these states, and establish a kind of relationship of authority, and then let these states act as China's intention and preference. Therefore, the next step of the research is how to create other states' necessities of interests for China in order to gain sustainable support from them.

Key Words: Relational Authority; Structure Pressure; Interests Internalization; Relationships between U. S. – Asia-Pacific States

目　录

图目录

表目录

导　论

任何名副其实的支配形式都会包含一种最低限度的自愿顺从，即（基于隐秘的动机或真正的同意）在服从中获得利益。

……

经验表明，没有任何支配会自愿地仅仅限于诉诸物质、情感或观念动机作为其存续的基础。除此之外，每个这样的体系都会试图建立并培育人们对其正当性的信仰。

——马克斯·韦伯：《经济与社会》

2014 年 1 月 6 日《人民日报》（海外版）刊文，题为"美国还能不能管住日本"。该文针对安倍晋三参拜靖国神社以及近年来日本右翼不服战后国际秩序安排，要"夺回强大日本"的事情，就美国对日本的"管教力"进行了评论。[①] 暂且不论美国能不能管住日本这一问题的答案，"美国还能不能管住日本"这句话本身透露出两种意涵：其一，美国"管"日本是人们眼中的一种"事实"；其二，美国之前能够管住日本，现在还能不能继续维持这样的管教尚未可知。这里，"管住"这一词语本身非常值得注意，它常用于上下级之间。而在现代国际关系中，普遍的看法是，由于在国家之上缺乏统一的、终极的机构，各个国家是拥有独立主权、平等的

----

① 思楚：《美国还能不能管住日本》，《人民日报》（海外版）2014 年 1 月 6 日，网址：http://paper. people. com. cn/rmrbhwb/html/2014 - 01/06/content_1372022. htm。

行为体。如果这一假定成立，那么国家之间互相平等，如何能说一个国家管住另一个国家，甚或另一个国家不服这个国家的管教？而如果这一假定不成立，那么在国际关系中，是否也会存在类似于上下级之间管理与被管理的状况？

第一节　研究问题

一　问题的提出

2016 年以来，美国和韩国不仅在韩国全境启动大型联合军事演习"关键决断"（Key Resolve, KR）和"鹞鹰"（Foal Eagle, FE），而且于 3 月 4 日正式签署就部署战区高空防御导弹（Terminal High Altitude Area Defense, THAAD，中文简称"萨德"）系统筹建联合工作组的协议，全面启动有关"萨德"系统部署地、费用、时间表等一系列议题的磋商。这一系列举措引起了韩国内外多方热议。虽然韩美早已结成"战后美国双边军事同盟关系中有关法律最多、体制最为健全、作战指挥系统也最为完备的同盟"，[①]但允许他国在自己国土范围内大规模部署军队与武器，将自身的安全"毫无芥蒂"地托付于其他国家，韩国的作为无疑与国际政治处于无政府状态而国家必须寻求"自助"的"常识性假设"相去甚远。在一个缺乏超越国家层面的权威来约束国家，而国家以追求自身利益、增强实力为主要目标的世界，韩国作为一个独立的主权国家，为什么会允许美国在自己国土内驻扎军队并部署武器？反过来，美国在韩国驻军并部署导弹系统是不是意味着它在韩国的政治与军事决策中起着某种与众不同的作用？除了韩国，在中国周边的其他国家，甚至整个亚太地区，美国有没有发挥着类似的作用呢？如果有，这种作用又是什么时候形成的？经历了怎样的嬗变？鉴于此，本书研究的核心问题是：二战之后，美国在亚太地区拥有怎样的权威（authority）？这一问题可分解为以下几个子问题：战后，美国在亚太地区是否拥有权威？若是，则其表现出怎样的形态？是如何形成的？作用机制有哪些？

----

① 汪伟民：《美韩同盟再定义与东北亚安全》，上海：上海辞书出版社，2013，第 1 页。

虽然，在国际关系中缺乏一个超越于国家之上的统一的、终极的机构，各个国家是拥有独立主权、名义上互相平等的行为体。然而，不可否认的是，在国际关系实践中，常常出现一些国家不仅追随（bandwagon）其他国家的政策，甚至将自身政策的某些自主权"出让"（cede）给其他国家、甘心听他国指令的情况。① 也就是说，某些国家比其他国家拥有"更多的"主权，不仅对本国事务，也对他国事务进行管理，拥有或多或少的权威。

现实主义理论对此给出的一般解释是权力政治的结果。不可否认，从通常所理解的权力即强制力的角度来看，在许多国家和许多案例中，弱国确实是被强国武力逼迫而不得已出让部分主权。然而，如何理解，在主权至上和主权不可分割观念被普遍接受的当今世界，一些国家即使没有受到强国武力的逼迫，也自愿地出让自己的主权，将其"奉给"其他国家，尤其是大国的情形？

或许，会有人提出，这是小国为了免受威胁而追随大国的结果。依此逻辑，小国应该选择那些最强大（或有望成为最强大）的国家作为"追随"的对象。② 这样，在当今世界，如果一个国家要采取追随战略，那么最有可能和必要的是选择美国作为追随对象，因为美国强大的实力无可匹敌，其他国家与其相差甚远，在预期时间内无法有效超越。然而，在亚洲，我们却看到部分国家"追随"美国，而另外一些国家"追随"中国，以及同一国家在经济和军事等不同领域"追随"中美不同国家的现象，这样一种现实如何解释？

与现实主义者不同，戴维·莱克（David A. Lakc）从社会契约的角度出发，认为国家之间的主权出让是基于利益基础上的互相"交易"。大国（即主导国，dominant states）为获取小国（即跟从国，subordinate states）的服从而建立国际秩序，小国为获取秩序而出让主权（或部分主权），服从大国的权威。这是一种"关系型权威"（relational authority），虽有武力作为后盾保障，但双方的交换是自愿的，小国在自己主权范围内，授予大

---

① 这里的出让自主权，当理解为国家在绝对主权范围内对政策自主权的部分出让。

② 关于追随理论，参见韦宗友《制衡、追随与冷战后国际政治》，《现代国际关系》2003年第3期，第56—62页。

国对自己事务的管辖权，即权威；大国在权威范围内，对小国发布命令，管理小国事务，或影响其部分决策。

这样一种替代性的解释路径指出了国际关系中权威的存在，很好地解释了"国家为何自愿出让政策自主权"这一问题。然而，对于为什么有些国家选择与美国建立"权威关系"，而另外一些国家避免与美国建立"权威关系"的问题，这一路径并未给出具体的令人满意的解释。而且，与纯粹的权力政治相比，"关系型权威"的解释也有些"矫枉过正"，过于善意地理解了整个国际关系中的"权威"。

因此，如何理解在主权至上和主权不可分割观念被普遍接受的当今世界，一些国家自愿（表面或实质地）出让部分自主权利，将其"奉给"其他国家，尤其是大国这一问题？如何解释在亚太地区，部分国家选择"追随"美国，而另外一些国家避免与美国建立权威关系？如何解释同一国家在经济和军事等不同领域"追随"不同的国家（比如中美）？在本书看来，无论是"出让自主权"，还是"追随"大国，这些国家都自觉或不自觉地与"出让"或"追随"的对象国建立了权威关系。这种权威关系，以对象国（主导国）对"出让国"或"追随国"（跟从国）发布命令（或发挥影响力）而后者（主动或被动）接受并服从这一命令（或影响力）为特征。其中，"命令"意味着主导国（A）有发布这样一些命令的"权利"。[1]而这一"权利"，也意味着跟从国（B）有遵守 A 所发布命令的相关"义务"或"责任"。就如理查德·弗拉斯曼（Richard Flathman）所说，"如果 A 拥有权威 X，那么处于 A 管辖之内的 B 的人民也因此会有一项或多项义务 Y"。[2] 简而言之，就是 B "交出了裁决权"（surrender judgment），并接受 A 的命令力和影响力。

一般而言，权威关系的建立都发生于大国（或强国）与小国（弱国）之间。美国是当今世界最强的国家，它凭借自己强大的实力在世界各地拥有众多的权威网络。那么，其在亚太地区，拥有怎样的权威？这些权威是以怎样的方式建立起来的？呈现怎样的形态？发生过怎样的演变？在演变

---

① 在本书中，A 指代上位者（统治者或主导国），B 指代下属（被统治者或跟从国）。

② Richard E. Flathman, *The Practice of Political Authority*: *Authority and the Authoritative*, Chicago: University of Chicago Press, 1980, p. 35.

过程中，有没有具体的作用机制？

　　同样，中国作为亚洲地区最大的国家，被认为历史上很长时期内都存在一种类似于帝国的统治形态，有人将其称为"华裔秩序"或"朝贡体系"。不可否认，虽然在不同的历史时期，中原王朝对其他国家施加的权威大小不一，范畴也时有变化，但周边一些小国（例如朝鲜、越南等国家），确实处于中原王朝的权威笼罩下。直到近代，随着中国国力的衰弱，这一权威才逐渐式微。二战之后，随着现代民族国家的纷纷建立，中国与周边各国均发展为独立自主、互相平等的主权国家。中国是否仍然对周边国家拥有权威？而近年来中国经济及军事实力的上升，有没有对形成新的权威产生助力？若中美两国同时在亚太地区拥有权威，那么，其形成与演变是否经历了相同的阶段？权威的形成与维持是否存在具有可比性的作用机制？这成为本书延伸的研究问题。

二　写作缘由及意义

　　关注美国在亚太地区的权威存在，并探究其生成和作用机制，这是一个亦旧亦新的课题。谈其"旧"，是因为美国在亚太地区的主导地位一直是学界讨论的热点之一，而近年来，随着中国实力的上升，中美在地区内的主导权竞争也成为中外学界关注的重点。中国因其历史上的主导传统和近年来快速发展对周边国家的吸引力上升而使人们认为其是地区范围内的主导国[1]，而美国凭借其无可比拟的物质能力和影响力成为世界性的大国（被称为"帝国"、"霸权国"或"领导国"[2]），其对亚洲事务持续而深入的干预也使其在地区内举足轻重。[3] 两国在东亚、亚洲乃至整个亚太地区的互动中起着怎样的作用，以及它们在地区秩序的创建与维持中扮演着什

---

[1]　例如 David C. Kang, *China Rising：Peace，Power and Order in East Asia*, New York：Columbia Univerisity Press, 2007。

[2]　关于美国学界和政界对这些称谓的不同态度，参见 Yuen Foong Khong, "The American Tributary System," *The Chinese Journal of International Politics*, Vol. 6, 2013, p. 19。

[3]　举个例子，吴翠玲认为，相比中国，美国才是东亚安全秩序的主导者，参见 Evelyn Goh, "Hierarchy and the Role of the United States in the East Asian Security Order," *International Relations of the Asia-Pacific*, Vol. 8, 2008, pp. 353 – 377。

么角色等问题，早已引起众多学者讨论。① 而谈其"新"，是因为将"权威"这一概念引入国际关系，并正视其在构建双边关系及地区秩序中的作用，这在以往的研究中并不多见。戴维·莱克先生在其对国际关系中的等级制的研究中，曾将权威作为媒介，以主导国对跟从国所拥有权威的多寡界定主导国等级制的高低。② 他对权威的定义、性质及类别属性等进行了细致的论述。然而，即便如此，莱克也只是利用权威为其主要论述对象（等级制）铺设道路，而并未将权威作为研究的直接对象；③ 他在对美国权威的论述中，也未对其在亚太地区的权威进行具体深入的分析。而在本书看来，澄清国际关系中的"权威"概念，并用这一概念解释亚太国际关系中的一些特别的现象，在理论与现实方面均具有重要的意义。

---

① 对相关问题的讨论，参见 David C. Kang, *China Rising: Peace, Power and Order in East Asia*, New York: Columbia Univerisity Press, 2007; David Shambaugh, "China Engages Asia: Reshaping the Regional Order," *International Security*, Vol. 29, No. 3, Winter 2004 – 2005, pp. 64 – 99; Carl Thayer, "China's 'New Security concept' and Southeast Asia," in David Lovell, ed., *Asia-Pacific Security: Policy Challenges*, Singapore: Institute of Southeast Asian Studies, 2003; Brantley Womack, "China and Southeast Asia: Asymmetry, Leadership, and Normalcy," *Pacific Affairs*, Vol. 76, No. 4, Winter 2003 – 2004, p. 526; David Kerr, "The Sino-Russian Partnership and U. S. Policy Toward North Korea: From Hegemony to Concert in Northeast Asia," *International Studies Quarterly*, Vol. 49, 2005, pp. 411 – 37; Yuen Foong Khong, "The American Tributary System," *The Chinese Journal of International Politics*, Vol. 6, 2013, pp. 1 – 47; David A. Lake, *Hierarchy in International Relations*, Ithaca, N. Y.: Cornell University Press, 2009; Evelyn Goh, "Hierarchy and the Role of the United States in the East Asian Security Order," *International Relations of the Asia-Pacific*, Vol. 8, 2008, pp. 353 – 377。

② David A. Lake, "Anarchy, Hierarchy, and the Variety of International Relations," *International Organization*, Vol. 50, No. 1, 1996, pp. 1 – 33; "Beyond Anarchy: The Importance of Security Institutions," *International Security*, Vol. 26, No. 1, 2001, pp. 129 – 160; "The New Sovereignty in International Relations," *International Studies Review*, Vol. 5, No. 3, 2003, pp. 303 – 323; "Relational Authority in the Modern World: Towards a Positive Theory of Legitimacy," Prepared for the Workshop on *Legitimacy in the Modern World*, University of California, San Diego, December 8 – 9, 2006, pp. 1 – 49; "The New American Empire," *International Studies Perspectives*, No. 9, 2008, pp. 281 – 289; "Relational Authority and Legitimacy in International Relations," *American Behavioral Scientist*, Vol. 53, No. 3, 2009, pp. 331 – 353; "Regional Hierarchies: Authority and the Local Production of International Order," *Review of International Studies* Vol. 35, supplement 2009, pp. 35 – 58; *Hierarchy in International Relations*, Ithaca, N. Y.: Cornell University Press, 2009.

③ David A. Lake, "American Hegemony and the Future of East-West Relations," *International Studies Perspectives*, No. 7, 2006, pp. 23 – 30; "Escape from the State of Nature: Authority and Hierarchy in World Politics," *International Security*, Vol. 32, No. 1, 2007, pp. 47 – 79; *Hierarchy in International Relations*, Ithaca, N. Y.: Cornell University Press, 2009.

本书是一项解释性研究，旨在发现具有规律性的因果关系，厘清国家之间权威关系建立的机制。另外，本书的研究对象是美国与亚太国家之间建立的权威关系，属于外交政策理论的范畴。尽管以国际等级制为研究对象的国际政治理论对这项研究具有重要的理论启示，但是，明确将本书研究对象的范围限定为国际权威是必要的。这是因为，国际权威并不必然成功地导致等级制的建立，反之亦然，等级制也并不必定是以国际权威为基础的。如果以等级制是否出现作为判定权威是否建立的标准，就会把许多已经发生的权威关系排除在考察范围之外。

（一）理论意义

三十年来，中国的经济和军事实力大幅增长，中国政府积极参与地区和国际制度，而且在国际政治中也展现出越来越多的作为。这些都使中国快速成长为地区内的主要国家，而且截至目前没有引起地区范围内的强烈反弹。[①] 东亚各国在经济、外交、甚至军事上都不同程度地与中国加强了联系。[②] 这样的事实令人疑惑：面对中国实力的快速增长，为什么东亚各国没有制衡中国，而只是调节并适应其发展？国际关系理论中通常所认为的大国崛起势必引起不稳定或导致其他国家制衡的观点在这里似乎并没有起明显作用。[③] 而同时，在地区内同时存在两个大国（中国和美国）势力影响的情况下，一些国家选择"追随"美国而另外一些国家"追随"中国，甚至一个国家在经济与军事上分别"追随"不同国家的做法，与传统"追随"理论的一些主张也不相符。因为根据斯蒂芬·沃尔特（Stephen

---

① David C. Kang, *China Rising*: *Peace*, *Power and Order in East Asia*, New York: Columbia Univerisity Press, 2007, chap. 1.

② David C. Kang, *China Rising*: *Peace*, *Power and Order in East Asia*, New York: Columbia Univerisity Press, 2007, p. 4; Muthiah Alagappa, "Managing Asian Security," in Alagappa, ed., *Asian Security Order*, Stanford: Stanford University Press, 2003; David Shambaugh, "China Engages Asia: Reshaping the Regional Order," *International Security*, Vol. 29, No. 3, Winter 2004 – 2005, pp. 64 – 99; Carl Thayer, "China's 'New Security oncept' and Southeast Asia," in David Lovell, ed., *Asia-Pacific Security*: *Policy Challenges*, Singapore: Institute of Southeast Asian Studies, 2003; Brantley Womack, "Chinaand Southeast Asia: Asymmetry, Leadership, and Normalcy," *Pacific Affairs*, Vol. 76, No. 4, Winter 2003 – 2004, p. 526; and David Kerr, "The Sino-Russian Partnership and U. S. Policy Toward North Korea: From Hegemony to Concert in Northeast Asia," *International Studies Quarterly*, Vol. 49, 2005, pp. 411 – 437.

③ David C. Kang, *China Rising*: *Peace*, *Power and Order in East Asia*, New York: Columbia Univerisity Press, 2007, p. 4.

M. Walt）的看法，追随是"与危险一方结盟或屈服于威胁"[①]；根据兰德尔·施维勒（Randall L. Schweller）的看法，追随是一国"加入强大的一国或联盟借以获取利益"[②] 的行为。就这两点而言，中国被公认为现状国家（status quo state）[③]，并不是危险的一方，不太有可能对周边国家造成威胁；而且，在实力与地位上，它也难以与美国相比[④]。因此，追随理论的主张并不能完全用于亚洲国际关系的分析，也不能有效解释亚洲国家与中美之间的互动。因此，借助新的概念，探索新的解释路径，成为必要。"权威"作为主导国施加命令或影响力而跟从国甘心接受并服从这一命令或影响力的"政治建构"[⑤]，在解释为什么部分国家选择"追随"美国、部分国家选择"追随"中国，以及为什么即使是同一国家，也会在经济与军事等不同领域"追随"不同国家的问题上，可以为我们提供一种新的见解。

（二）现实意义

康灿雄（David Kang）等学者在论及霸权时曾强调，霸权不仅建立在物质能力领先的基础上，也同时意味着其他国家对霸权领导权的认可。[⑥]同样，现代大国的竞争，已不仅仅局限于自身实力的比较，还包括国际权威的竞争。而国际权威无法仅凭口头上的宣称获得，而是要靠努力挣取。

[①] Stephen M. Walt, *The Origins of Alliance*, Ithaca and London：Cornell University Press, 1987, pp. 21 - 28；"Alliance Formation and the Balance of World Power," *International Security*, Vol. 9, No. 2, 1985, pp. 9 - 13.

[②] Randall L. Schweller, "Bandwagoning for Profit：Bring the Revisionist State Back in," *International Security*, Vol. 19, No. 3, 1994, pp. 79 - 81；"New Realist Research on Alliance：Refining, Not Refuting, Waltz's Balancing Proposition," *American Political Science Review*, Vol. 91, 1997, p. 928.

[③] David C. Kang, *China Rising：Peace, Power and Order in East Asia*, New York：Columbia University Press 2007, chapter 4；Avery Goldstein, *Rising to the Challenge：China's Grand Strategy and International Security*, Stanford：Stanford University Press, 2005；Evan Medeiros, "China Debates Its 'Peaceful Rise' Strategy," *Yale Global Online* 22, June 2004；David Shambaugh, Alastair Iain Johnston, and Robert Ross, "China's Grand Strategy：A Kinder, Gentler Turn," *Strategic Comments*, Vol. 10, No. 9, November 2004.

[④] 赵全胜：《中美关系和亚太地区的"双领导体制"》，《美国研究》2012 年第 1 期, 第 7—12 页。衡量大国地位的标准，参见 David C. Kang, *China Rising：Peace, Power and Order in East Asia*, New York：Columbia University Press, 2007, p. 13。

[⑤] David A. Lake, *Hierarchy in International Relations*, Ithaca, N. Y.：Cornell University Press, 2009, chapter 1.

[⑥] David C. Kang, *East Asia before the West：Five Centuries of Trade and Tribute*, New York：Columbia University Press, 2010, p. 22；Robert Gilpin, *War and Change in World Politics*, Cambridge：Cambridge University Press, 1981, p. 116, fn. 6.

虽然按照部分人的看法，本质上来说，美国和中国在亚洲的利益并没有相互排斥。两个大国都不必通过控制其他国家，完全排斥对方来实现自己的利益目标。然而，在利益交汇的地方，中美之间的竞争却也无可避免。如果要获取区域内其他国家的支持或"服从"，就必须建立某种权威关系，使其遵从自己的意愿或偏好行事。这也意味着其他国家要将处理本国事务的自主权出让给大国。试问，在无政府状态下，一个国家在怎样的情况下才会冒着风险出让自主权？答案是，只有在换取一种比失去自主权更值得其珍视的回报时。这种回报，要么是安全保障，要么是其他不可替代的需求和利益。因此，如何创造并提供区域内他国渴望的利益需求，获取这些国家的"服从"，是建立权威关系的关键。

第二节　对美国在亚太地区权威的争论

一　关键概念界定

由于在国家之上缺乏一个统一的、超级的机构，国际关系学者一般认为，国际体系处于无政府状态（anarchy），不可能存在权威。① 广泛而言，这一道理不言自明，毋庸置疑。然而，国际体系的无政府状态并不必然意味着体系内所有关系的无政府状态，体系内的各个单元（国家）之间也并不是各自备战，呈现出托马斯·霍布斯（Thomas Hobbes）所说的"所有人反对所有人"的自然状态。② 在国际关系实践中，经常出现一国对其他国家发布命令，而其他国家接受命令并甘心服从的状况。戴维·莱克（David A. Lake）将其视作国际关系中的权威，并且认为，与传统观念中的"正式－法律的"（formal-legal）权威不同，它是一种建立在主导者与附属

---

① 一些学者认为，权威观念对国际关系研究而言，效用非常有限。参见 Nicholas Onuf, and F. KlinkFrank, "Anarchy, Authority, Rule," *International Studies Quarterly*, Vol. 33, No. 2, 1989, pp. 149 - 173; Helen V. Milner, "The Assumption of Anarchy in International Relations: A Critique," *Reviewof International Studies*17, 1991, pp. 67 - 85; David A. Lake, "Rightful Rules: Authority, Order, and the Foundations of Global Governance," *International Studies Quarterly*, Vol. 54, 2010, p. 595。

② David A. Lake, *Hierarchy in International Relations*, Ithaca, N. Y.: Cornell University Press, 2009, chap. 1.

者共同认可基础上的"关系型权威"（relational authority）。这一观点得到了部分人的支持，却也受到一些学者的质疑。① 那么，到底何为权威，国际关系中是否存在权威，需要我们思考。因此，这里就"权威"的本质、范畴、基础及可能存在的类型等进行梳理与澄清，并试图在此基础上，提出合适的定义。

"权威"一词由拉丁文 autoritas 派生出来，原意为威信、创始人、财产权或所有权。其基本意思与动词 augere 相关，意为增大、增加。Autoritas 就是通过增添理由来扩大行动的意志。权威的英文表达为 authority，德文表达为 authoraet，法语表达为 auctor。在西方，其通用意义有（1）创始者；（2）祖父、先父、父主；（3）作者；（4）万物的起源、赋予存在者，尤其指上帝；（5）事物、作品的来源、渊源或根据。②

"权威"的词源和词义，为我们了解权威提供了帮助，但要理解权威在现代政治生活中的作用和本质，尤其是理解其在国际关系中的作用与本质，还必须对论述权威的各种理论进行分析。

（一）权威是一种服从关系

从柏拉图到马克思、恩格斯，权威反映的都是一种服从关系，一方对另一方意志的服从。柏拉图虽然没有明确提出权威概念，但他在对国家的研究中，曾谈到过权威关系是对意志的服从关系。③ 马克思在《资本论》中分析协作中的雇佣劳动时指出："雇佣工人的协作只是资本同时使用他们的结果。他们的个别职能之间的联系和他们作为生产总体所形成的统一，存在于他们之外，存在于把他们集合和联结在一起的资本中。因此，对他们来说，他们的劳动的联系在观念上表现为资本家的计划，而他们的结合体的统一在实践中表现为资本家的权威，一种使他们的活动服从资本家的目的的他人的意志的力量。"④ 这里，资本家的权威就是资本家所拥有的一种迫使雇佣工人服从的"他人的意志的力量"，而工人的服从是一种

---

① Adam Kochanski, "Book Review: David A. Lake, Hierarchy in International Relations," *Millennium-Journal of International Studies*, Vol. 40, No. 2, 2012, pp. 391 – 392.

② 汪世锦：《论权威——兼论权威与权力的关系》，《湖北大学学报（哲学社会科学版）》2001 年第 6 期，第 24—25 页。

③ 汪世锦：《论权威——兼论权威与权力的关系》，《湖北大学学报（哲学社会科学版）》2001 年第 6 期，第 24 页。

④ 《资本论》（第一卷），北京：中国社会科学出版社，1983，第 333 页。

被迫的、强制性的服从。在这种权威关系中，资本家是权威的行使者，而工人是权威的服从者。工人之所以服从资本家的权威，是因为工人除了自己的劳动力以外，一无所有，不得不服从资本家的权威。

恩格斯在其《论权威》中，也表达了类似的意思："这里所说的权威，是指把别人的意志强加给我们；另一方面，权威又是以服从为前提的。"① 在《致卡·特尔察吉》的信中，他也指出："我不知道什么东西能比革命更有权威了，如果用炸弹和枪弹把自己的意志强加于别人，就像在一切革命中所作的那样，那么，我认为，这就是在行使权威。"② 这里，不管是"把别人的意志强加给我们"，还是"用炸弹和枪弹把自己的意志强加于别人"，都是迫使一方服从另一方的意志；只有当意志被服从的时候——不管这种服从是被迫的还是自愿的——权威关系才得以形成与实现，也就是恩格斯所说的，"权威是以服从为前提的"。

由此可见，权威关系是一方服从另一方意志的关系，简而言之，就是一种服从关系。没有意志的服从，也就没有权威关系。

（二）权威的服从以正当性为基础

权威是一种服从关系，但若其仅仅是一种服从关系的话，则其显得过于简单，也无法与人们通常所说的权力（power）、影响力（influence）等区分开来。为此，马克斯·韦伯为其加上了正当性（legitimacy，也可翻译为合法性）③ 这一基础。

韦伯从政治统治的角度出发，认为"任何名副其实的支配形式都会包含一种最低限度的自愿顺从，即（基于隐秘的动机或真正的同意）在服从中获得利益……经验表明，没有任何支配会自愿地仅仅限于诉诸物质、情感或观念动机作为其存续的基础。除此之外，每个这样的体系都会试图建立并培育人们对其正当性的信仰。④ 他认为，权威的本质在于合法性，其

---

① 《马克思恩格斯选集》（第三卷），北京：人民出版社，2014，第 274 页。
② 《马克思恩格斯选集》（第四卷），北京：人民出版社，2014，第 500 页。
③ "合法性"的英文表达为 legitimacy，具有正当性、证明合法、得到认证等意思，又译作"正当性"。其"合法性"或"合法化"（legitimate）与法律上的合法没有必然的内在联系。本书考虑到国际社会中并不存在如国内社会一样的法律或正式机构，在提及国际权威时，以"正当性"来表述。
④ 〔德〕马克斯·韦伯：《经济与社会》（第一卷），阎克文译，上海：上海世纪出版集团，2015，第 318 页。

因合法性的三种来源而呈现出不同的类型：（1）合法权威，即建立在理性基础上（基于对已制定的规则之合法性的信仰，以及对享有权威根据这些规则发号施令者之权利的信仰）的权威；（2）传统权威，即建立在传统基础上的权威（基于对悠久传统的神圣性以及根据这些传统行使权威者的正当性的牢固信仰）；（3）超凡魅力型权威，即建立在超凡魅力基础上（基于对某个个人的罕见神性、英雄品质或者典范特性以及对他所启示或创立的规范模式或秩序的忠诚）的权威。①

　　韦伯的权威合法性理论成为学界对这一问题的经典论述，其影响之大，甚至到人们要研究权威就不能不提及合法性的地步。就像罗德里克·马丁（Rodrik Martin）所认为的，权威概念的实质性要素是"合法性"，"无论怎样给权威下定义，没有一位作者看不到它以某种方式与合法性联系在一起。据说，权威就在于指望服从和要求服从的权利"。② 为此，塔尔科特·帕森斯（Talcott Parsons）把权威定义为一种包含有控制某个社会系统中别人活动的合法化的权利（和或义务）的优势。③ 与强制统治不同，合法性统治是一种规范的治理。上级强迫别人服从的权利是以下级的认可为基础的。这种认可可以建立在许多迥然不同的基础之上。权威关系存在于下级认可自己的非利己活动，而不管这种认可的基础是什么。所以，拉尔夫·达伦多夫（Ralf G. Dahrendorf）认为权力与权威的重要区别就在于权威具有合法性："权力与权威的重要区别在于这样一个事实，即权力实质上与个人的个性相联，而权威则总是同社会地位或角色相联……权力仅仅是一种现实的关系，而权威则是一种合法的关系。"④

　　综上所述，权威关系是一方服从另一方意志的关系，是以合法性（或正当性）为基础的政治建构。它通过统治者与被统治者的实践得以创造并

---

① 〔德〕马克斯·韦伯：《经济与社会》（第一卷），阎克文译，上海：上海世纪出版集团，2015，第322页。

② 〔英〕阿兰·福克斯：《工业劳动社会学》，纽约：柯利尔－麦克米兰公司，1971，第34页。转引自汪世锦《论权威——兼论权威与权力的关系》，《湖北大学学报（哲学社会科学版）》2001年第6期，第21—22页。

③ 叶麒麟：《权力·权威·能力——论现代国家的理想型》，《社会主义研究》2008年第2期，第100页。

④ 〔德〕达伦多夫：《工业社会中的阶级和阶级冲突》，帕罗阿尔托：斯坦福大学出版社，1959。转引自汪世锦《论权威——兼论权威与权力的关系》，《湖北大学学报》（哲学社会科学版）2001年第6期，第22页。

维持。在国际关系中，主导国 A 要求跟从国 B 接受命令的权利是以 B 的认可为基础的。只有当 B 承认自身有遵从 A 意志的义务时，A 才拥有权威。①同时，权威与权力不同，权力是以强制力为基础的国家能力，而权威则是建立在双方对权利义务互相认可基础上的社会关系。权威不是一个常量，而是变量，其在不同的时间和地点存在的程度大小不一。当 A 只能希望 B 做其在任何情况下都会做的事情时，权威程度较低；当 B 在 A 的命令下愿意去做原本厌恶的行为时，权威程度较高。而且，由于统治者与被统治者对双方关系的权利与义务、特权与限度的边际存有争议，权威通常是政治斗争的产物与所在。在任何权威关系中，被统治者授予统治者发布和执行命令的权威，也给了它基于自身利益使用强制性力量的能力，因此，限制统治者对权威的滥用成为建立权威关系时考虑的关键。②

二　文献综述

有关权威的理论是政治学研究中最为经久不衰的话题之一。相关的著述汗牛充栋、难以穷尽，其中有代表性的著作有：伯兰特·罗素的《权威与个人》③，其中从人性的各种冲动入手，对权威（国家权力）的要求和自由（个人）的需要之间不可避免的紧张关系做出了有力而详尽的阐述；约瑟夫·拉兹（Joseph Raz）的《自由的道德》④和《法律的权威》⑤，分别对政治权威的基础、限度及法律与权威的关系等做了论述；马克斯·韦伯的《经济与社会》⑥，依据权威的来源，对权威进行了分类；塞缪尔·亨廷

---

① Chester I. Bernard, *The Functions of the Executive*, Cambridge, M. A.：Harvard University Press, 1962, pp. 163 – 165；Herbert A. Simon, *Administrative Behavior：A Study of Decision-Making Processes in Administrative Organization*, 3rd ed., New York：Free Press, 1976, p. 146. 不受被统治者支持的权威主张有时是事实上的权威。参见 Joseph Raz, "Authority and Justification," In *Authority*, edited by Joseph Raz, New York：New York University Press, 1990, pp. 115 – 141。

② Herbert A. Simon, *Administrative Behavior：A Study of Decision-Making Processes in Administrative-Organization*, 3rd ed., New York：Free Press, 1976, p. 134.

③ 〔英〕伯兰特·罗素：《权威与个人》，储智勇译，北京：商务印书馆，2015。

④ 〔英〕约瑟夫·拉兹：《自由的道德》，孙晓春、曹海军等译，长春：吉林人民出版社，2006。

⑤ 〔英〕约瑟夫·拉兹：《法律的权威：法律与道德论文集》，朱峰译，北京：法律出版社，2005。

⑥ 〔德〕马克斯·韦伯：《经济与社会》，阎克文译，上海世纪出版集团，2015。

顿的《变化社会中的政治秩序》①，阐述了权威的合理化过程；戴维·莱克的《国际关系中的等级制》②，对国际关系中的权威定义、种类及美国在世界上拥有的权威等进行了较为系统的论述。

本书研究的是第二次世界大战之后（包括冷战和后冷战时期），美国在亚太地区的权威现象，即为什么一些国家会将自己的部分主权出让给美国，而使其对自己拥有某种权威这一现象。这一核心问题可以分解为以下三个子问题：第一，权威是什么？在国际关系中，为什么会出现权威？第二，在亚太地区的国际秩序中，美国是否拥有权威，是否占据主导地位？第三，美国在亚太地区的权威体现在哪里？呈现怎样的特点？其权威关系是如何建立并维持的？考虑到相关文献数量繁多、内容庞杂，而文献回顾的主要目的是考察现有解释的成就与不足、确定研究的基点和突破口，在这一部分，我们将只关注与本书核心论题和上述三个子问题直接相关的文献，评价学术界的既有研究状况。

（一）国际关系中的权威

权威是权力的一种特殊形式，在这一形式下，下属向某个统治者授予一定的权利。反过来，权威的类型由于这一授权的来源而有所区分。马克斯·韦伯将其理解为来自个别领导人的魅力，为社会所接受并能通过仪式化典礼可再生的传统，或者宗教的神性。③ 它们都在不同的历史时刻对政治领导人和制度的正当化起到了作用，并继续在当今的世界发挥作用。

在当今世界，政治权威的形成与维持很大程度上依赖于两大基础：法律，或社会契约。在政治学，特别是国际关系中，建立在国家法学理论基础上的正式-法律型权威成为主要路径，依据这一路径，国家不可能凌驾他国之上享有权威；而建立在社会契约基础上的另一路径，戴维·莱克等人将其称为关系型权威，近年来也受到了人们的关注。

马克斯·韦伯在《经济与社会》中指出，A（即处于权威中央的那个

① 〔美〕塞缪尔·亨廷顿：《变化社会中的政治秩序》，王冠华等译，北京：生活·读书·新知三联书店，1996。
② David A. Lake, *Hierarchy in International Relations*, Ithaca, N. Y.: Cornell University Press, 2009.
③ 参见 Max Weber, *Economy and Society*, 2 Vol., Berkeley: University of California Press, 1978, pp. 31 - 38, 215 - 254。

人或单位）之所以拥有发布法律和规则的权利，是因为他所占据的官职而不是任何他所拥有的个人特质。权威存在于 A 身上，不是因为他这个人，而是因为他的官职。这一路径意味着："只有当 A 借助于那些已经建立的规则拥有权威时，权威才能被准确地宣称属于 A。"① 其中，A 命令 B 的能力以及 B 服从 A 命令的意愿都取决于 A 所拥有的法律地位或官职。② 换言之，这一正式 – 法律的结构先于权威建立，并且反过来将权威授予其官职。当官员依法行动时，法律将官员正当化。③

在主流的国际关系理论中，建立在正式 – 法律基础上的权威并未受到人们重视。一般认为，由于在国家之上没有正式建立的法律权威，国家之间不可能存在权威。肯尼思·沃尔兹在《国际政治理论》中，对正式 – 法律的权威观及国际关系缺乏权威的含义进行了明确阐释。他认为，国际政治是由大国所定义的，在无政府状态的基础上，大国之间存在明确的互动。"没有任何一国有权发号施令，也没有任何一国必须服从。"④ 因此，国际关系学者大多数拒绝承认权威概念，认为其"与国际环境格格不入"。⑤

然而，换一个角度，从社会契约角度出发探讨权威的论述早已存在。霸权稳定论、权力转移理论等虽然没有直接论述权威，但还是以契约的思路论述国际关系中的霸权与秩序。在霸权稳定论中，霸权被理解为生产一套秩序——英国治下的和平（Pax Britannica）或美国治下的和平（Pax Americana）——它或是基于，或是导致对所有或大多数国家均有利的经济开放政策和各国间的和平。权力转移理论认为，强国通过提供一套国际秩序来巩固其自身地位；在这套秩序中，"每个国家都清楚他国预期的行为类型，各种习惯和模式被建立起来，并且，维系这些关系所需遵循的一些特定规则逐渐被各方接受"。约翰·伊肯伯里（John Ikenberry）在其国际

① Richard E. Flathman, *The Practice of Political Authority*: *Authority and the Authoritative*, Chicago: University of Chicago Press, 1980, p. 35.
② Max Weber, *Economy and Society*, 2 Vols., Berkeley: University of California Press, 1978, pp. 215 – 226.
③ 卢克斯认为，权威的正式 – 法律观完全来自统治者的视角。参见 Steven Lukes, "Perspectives on Authority," In *Authority*, edited by Joseph Raz, pp. 203 – 217, New York: New York University Press, 1990, p. 207。
④ Kenneth N. Waltz, *Theory of International Politics*, Reading, M. A.: Addison-Wesley, 1979, pp. 81, 88.
⑤ Ian Clark, *Legitimacy in International Society*, New York: Oxford University Press, 2005, p. 11.

"宪制秩序"（constitutional orders）概念中就霸权的生产秩序提出了类似的认识。约瑟夫·奈在其"软实力"的概念中捕捉了权威的几个要素，认为这是利用权威的魅力型特质吸引人们追随一个领导国。现实主义者斯蒂芬·沃尔特（Stephen Walt）也认识到，正当的权力往往比强制更为有效，而且它部分地依赖于为他国所制造的"积极的后果"。

对国家之间的权威进行直接论述的是戴维·莱克。他认为权威并不是来自统治者的职位，而是来自统治者与被统治者之间的交易或者讨价还价。[①] 在此基础上，他提出了关系型权威的概念。在这一概念中，统治者与被统治者之间达成某种交易，其中，A 向 B 提供一套有价值的政治秩序，抵消 B 附属于 A 所失去的自由；而 B 授予 A 对其行为进行必要限制的权利，用以提供秩序。[②] 在莱克的观点中，统治者与被统治者之间的关系型权威一旦形成，就会拥有某种自我执行的机制。这种自我执行的契约容易受到两种战略失误的冲击，其一是被统治者 B 要求更多的自主性（autonomy），其二是统治者出现过度统治，导致权威流散或失去。[③] 研究东亚地区秩序的吴翠玲虽然没有直接引用关系型权威这一概念，但却同意并继

[①] 这一社会契约的主张受到了政治理论家的质疑，理由是在比较长寿的政体中，统治者的权威一旦得到同意，就无法合理地对待属民。莱克仅从契约的积极意义上使用这一术语，将统治者和被统治者之间的交易理论化。而关于积极的社会契约理论，参见 Richard D. Auster, and Morris Silver, *The State as Firm*, Boston：Martinus Nijhoff, 1979；Yoram Barzel, *A Theory of the State：Economic Rights, Legal Rights, and the Scope of theState*, New York：Cambridge University Press, 2002；Margaret Levi, *Of Rule and Revenue*, Berkeley：University of California Press, 1988；Margaret Levi, *Consent, Dissent, and Patriotism*, New York：Cambridge University Press, 1997；Douglass C. North, *Structure and Change in Economic History*, New York：W. W. Norton, 1981；Mancur Olson, *Power and Prosperity：Outgrowing Communist and Capitalist Dictatorships*, New York：Basic Books, 2000。对这一路径近期的扩展，参见 David A. Lake, "Power Pacifists：Democratic States and War," *American Political Science Review*, Vol. 86, No. 1, 1992, pp. 24 - 37；David A. Lake, and Matthew A. Baum, "The Invisible Hand of Democracy：Political Control and the Provision of Public Services," *Comparative Political Studies*, Vol. 34, No. 6, 2001, pp. 587 - 621。

[②] David A. Lake, *Hierarchy in International Relations*, Ithaca, N. Y.：Cornell University Press 2009, pp. 28 - 29.

[③] 主导国的过度统治与帝国过度扩张的观念（虽然）类似，但二者并不等同。在后者中，大国越过了边际收益等于边际成本的临界点。参见 Paul Kennedy, *The Rise and Fall of the Great Powers：Economic Change and Military Power from 1500 to 2000*, New York：Random House, 1987；Jack Snyder, *Myths of Empire：Domestic Politics and International Ambition*, Ithaca：Cornell University Press, 1991。

承了莱克的基本主张。①

总体上来看，学者们对于权威在国际关系中的普遍性存在很大的分歧。正式－法律型路径否认国际权威的存在，而霸权稳定论及权力转移理论等只是抓住了权威这一概念的某一部分，戴维·莱克虽然明确地将权威概念与其在国际关系中的实践联系起来，但主要还是将权威作为国际等级的中介变量，并未对其国际关系中的权威本身进行研究。因此，正视国际关系实践中的权威存在，并将其作为研究对象，成为本书的写作目标之一。

（二）有关亚太地区国际秩序的论述

"秩序"是政治学研究中的重要概念，从政治哲学和比较政治学的视角出发，政治秩序（political order）可表示为通过法律体系和政府"自上而下"地强制实施的社会控制。这个意义上的秩序，是与纪律、管制及权威等观念相联系的。② 在国际关系中，无论是"国际体系"还是"国际社会"，前提都是无政府状态，缺少垄断暴力的权威机关。不过，"秩序"是社会的标志，秩序可以和没有中央权威的状态并存，就像无政府状态并不等于混乱一样。③ 布尔（Hedley Bull）从社会秩序的特征出发，尝试对国际秩序进行界定。他认为，国际秩序指的是国际行为的格局或布局，其追求的是国际社会基本、主要或普遍的目标，具体包括：维持国家体系和国际社会本身的生存、维护国家的独立或外部主权、国际社会成员之间不爆发战争、限制暴力行为、信守承诺等。④ 阿拉加帕（Muthiah Alagappa）界定的国际秩序与布尔的定义也较类似。他认为，国际社会中的秩序是指国家间正式或非正式的安排，这些安排为国家提供了一种可预测的、稳定的国际环境，使他们能够通过基于规则的互动来追求集体目标，如和平解决

---

① Evelyn Goh, "Hierarchy and the Role of the United States in the East Asian Security Order," *International Relations of the Asia-Pacific*, Vol. 8, 2008, pp. 357.

② 〔英〕安德鲁·海伍德：《政治学核心概念》，吴勇译，北京：中国人民大学出版社，2014，第18页。

③ Harvey Starr, "International Law and International Order," in Charles W. Kegley, Jr., ed., *Controversies in International Relations Theory: Realism and the Neoliberal Challenge*, St. Martin's Press, 1995, p. 303.

④ Hedley Bull, *The Anarchical Society: A Study of Order in World Politic*, Palgrave, 2002, pp. 4, 16 – 19.

争端、实现政治变革等。[①] 而在孙学峰和黄宇兴看来，任何地区秩序必然包括三项基本要素：稳定与和平成为共同目标、特定的规则，以及特定的权力分配。[②]

具体到亚太地区来说，冷战时，美国和苏联将这一地区作为双方全球争霸的重要区域。以美国为首的资本主义阵营和以苏联为首的社会主义阵营形成并一直处于对抗的局面。苏联解体冷战结束后，亚太的两极格局向多极化转变，[③] 中国、日本和东盟等各自成为影响地区秩序的独立势力。尤其是近年来，随着中国经济和军事实力的上升，外界对中国地位的认知发生巨大转变，中国成为地区内举足轻重的力量。因此，常常有人将当前中国的影响力与战后美国在亚太地区的势力影响相比较，形成了所谓的中美"双领导体制"。

1. 美国主导说

冷战时期，为了遏制苏联和共产主义势力，美国在西太平洋地区建立了韩国—日本—中国台湾—菲律宾—澳大利亚防务带，在军事、政治和经济等各个方面深入干涉亚太国家事务。苏联解体后，美国的势力并未随着冷战的结束而撤出，甚至如某些学者所认为的，美国在亚太秩序的构建中占据了主导地位。[④]

虽然康灿雄（David Kang）认为，在东亚存在一种以中国为中心的等级化政治关系的历史传统。[⑤] 但在吴翠玲等一些其他学者看来，这一传统随着中国的相对落后，在二战之后演变为由美国主导的地区等级秩序，而且地区内的主要国家也都接受了这一秩序。[⑥] 吴翠玲认为，在东亚的安全

---

① Muthiah Alagappa, ed., *Asian Security Order：Instrumental and Normative Features*, Stanford：Stanford University Press, 2003, p. 39.

② 孙学峰、黄宇兴：《中国崛起与东亚地区秩序演变》，《当代亚太》2011 年第 1 期，第 8—10 页。

③ 刘少华：《20 世纪亚太地区国际格局析论》，《湘潭师范学院学报》1999 年第 4 期，第 41 页。

④ Evelyn Goh, "Hierarchy and the Role of the United States in the East Asian Security Order," *International Relations of the Asia-Pacific*, Vol. 8, 2008, pp. 353 – 377.

⑤ David Kang, "Hierarchy and Stability in Asian International Relations," in G. J. Ikenberry and M. Mastaduno eds., *International Relations Theory and the Asia-Pacific*, New York：Columbia University Press, 2003, pp. 163 – 190, 169 – 173.

⑥ Evelyn Goh, "Hierarchy and the Role of the United States in the East Asiansecurity Order," *International Relations of the Asia-Pacific*, Vol. 8, 2008, pp. 354 – 355.

秩序中，美国不是一个区域外的行为体，而是构建区域稳定与秩序的核心力量。在东亚，存在一种分层化的等级秩序，美国领导，中国、日本和印度随后。1945 年之后，东亚的稳定与动荡，都与美国在该地区等级位置中的相对稳定紧密关联。当美国管理该地区秩序的承诺越不确定，东亚地区的安全程度越低。进入 21 世纪以来，尽管美国受困于伊拉克战争，美国的物质能力和理念能力依然在东亚占据主导。其在该地区有明确的军事存在（军事部署和双边同盟）；是地区内所有国家最大的贸易伙伴和投资者；在整个亚太的外交、教育和大众文化上，具有非常重要的规范性影响；而其技术实力也保持着无与伦比的竞争力。中国在短期内很难缩小差距，降低美国在该地区的主导地位。

2008 年金融危机之后，尽管美国的经济政治实力相对下降，中国在国际经济贸易和金融领域中，国际地位逐步提升，并开始扮演重要的领导角色。但就如乔治·华盛顿大学的罗伯特·萨特（Robert Sutter）所认为的，美国在军事安全和政治领域中，仍然保持其霸权地位。它在这些方面的影响力远远领先于包括中国在内的所有其他大国。[1] 而同时，美国奥巴马政府的重返亚洲战略，以及其在亚洲的外交中所表现出来的"高超技巧和突出优势"，也使地区内国家对美国的各方面需求不降反升，尤其是安全领域的需求。之前一直希望加强安全自主性的日本和韩国也开始重新强调与美国同盟关系的重要性，并表现出一种更加进取和配合的态势。[2] 这意味着美国在亚太地区国际秩序中的主导地位得到了地区内（至少部分）国家的认可和支持，也就是说，美国在亚太地区享有权威。

2. 中美"双领导体制"

赵全胜认为，从 21 世纪初开始，亚太地区国际关系发生了重大变化，出现了一种新的领导模式，即中美"双领导体制"。[3] 这一体制是中美两国在不同领域不平衡发展的模式，既反映了中国近年来经济高速发展的成就及其影响力扩大，也再次确认了美国自第二次世界大战结束以来在世界事

[1] Robert Sutter, "Assessing China's Rise and U. S. Leadership in Asia: Growing Maturity and Balance," *Journal of Contemporary China*, April 28, 2010, pp. 39 - 77.
[2] 凌岳：《"亚太秩序与中美关系"研讨会综述》，《国际政治研究》2011 年第 1 期，第 174 页。
[3] 赵全胜：《中美关系和亚太地区的双领导体制》，《美国研究》2012 年第 1 期，第 7—26 页。

务中早已确立的领导地位。① 它强调的是在基本力量不对称的情况下两个
大国所展现的不同优势，与现实主义者所说的两极体制并不相同，也与布
热津斯基所认为的"美中已经在全球层面上形成了全面的伙伴关系"中提
倡的"两国集团"概念不一样。② 因为美国作为世界上唯一超级大国的地
位并没有发生变化，中国在现阶段仍然是仅次于美国的几个具有重大影响
力的大国之一，中美只是在亚太地区的军事安全领域和经济贸易领域各自
发挥着领导作用。③

　　尽管主张中美在亚太地区国际秩序中的"双领导体制"，赵全胜依然
认为，美国拥有最为强大的实力和难以动摇的领导地位。尽管全球金融危
机和美国在阿富汗、伊拉克的处境在一定程度上削弱了它在全球事务上的
信誉，然而其超强的硬实力和软实力在当今世界上还是独占鳌头。他之所
以强调"双领导体制"出现的重要性，原因在于他认为这一体制将继续存
在至本世纪末或更长一段时间。中国的经济实力将不断增长，同时，美国
在军事领域也会继续占据主导地位。双方在特定领域内的地位无法相互替
代。中美两国及其他亚太地区主要参与者将构建一种优势互补的发展模
式。"双领导机制"不仅使中美两国在特定领域内占据主导地位，同时也
将在一定程度上确保未来相当长时期内亚太区域的稳定与发展。④

第三节　研究设想

一　主要论点

　　国家尽管作为"相似的单元"，在功能、专业度、权威度等方面仍然
具有差异。国家间的差异和不平等导致了彼此的支配和从属关系。国际权
威作为主导国与跟从国之间的一种不平等权利义务关系，是以主导国对跟
从国发布命令而跟从国接受并服从命令为基础的。权威若要维持，则主导

---

① 赵全胜：《中美关系和亚太地区的双领导体制》，《美国研究》2012 年第 1 期，第 7 页。

② Zbigniew Brzezinski, "Moving toward a Reconciliation of Civilizations," *China Daily*, January 15, 2009, available at: http://www.chinadaily.com.cn/opinion/2009 - 01/15/content _ 7399628. htm.

③ 赵全胜：《中美关系和亚太地区的双领导体制》，《美国研究》2012 年第 1 期，第 8 页。

④ 赵全胜：《中美关系和亚太地区的双领导体制》，《美国研究》2012 年第 1 期，第 25 页。

国不能滥用权威，否则，很有可能失去跟从国的"接受"，权威关系也会消逝。当跟从国未能有效遵从并执行主导国命令时，主导国也不能随意使用强制力"规训"跟从国，否则，权威关系极易破裂。权威关系通常通过两种方式建立：一为强制，二为合作。在强制情况下，主导国根据自身的利益和偏好，以压倒性的优势主导跟从国的各项事务，使其没有能力抵抗或持续抵抗；在合作情况下，主导国与跟从国之间存在的权威关系依赖于双方的利益考量。当各自认为从权威关系中获取的收益大于成本时，权威关系很有可能建立；当至少一方认为可能获取的收益与付出的成本不相匹配时，新的权威关系无法建立或已有权威无法有效维持。

权威关系的维持必须依赖于跟从国和主导国共同的接受。一项权威关系，无论其最初是通过强制还是合作而建立，都是跟从国割让自身主权（或部分）主权，服从主导国命令的行为集合。这一关系若要长久，则主导国必须在安全、经济或跟从国亟须帮助的其他事务上提供保护或支援；权威的维持，是主权与物质间的交易以某种有形或无形的契约方式固定下来的过程。

权威关系的建立及程度受到结构压力和利益内化度（一定意义上，是权威正当性的来源）的双重作用。在权力差距较大的情况下，国家面临的生存和安全压力较大，因此，结构压力较强，追随大国、寻求保护的动机也较强，建立权威关系的可能性也较高。国际权威的正当性越高，权威关系越容易建立和维持；反之亦然。

总体而言，权威关系的建立与维持取决于双方的需求。主导国通常实力相对比较强大，有吸引其他国家追随的禀赋；跟从国一般为小于或实力弱于主导国的国家，其关切主要集中于自身安全或经济利益上。冷战时期，受到两极体系结构的压力，美国与亚太国家皆是以安全收益为投资权威关系的出发点；冷战结束后，体系压力缓解，安全需求整体下降，军事权威下降，经济权威逐渐显现。

二　因变量的界定和操作化

在本书中，权威是指：在特定的国家间交往中，主导国 A 要求跟从国 B 接受命令，同时，跟从国 B 承认自身有遵从 A 意志的义务。也就是说，权威是建立在双方对权利义务互相认可基础上的一种社会关系。

关于因变量（dependent variable），需要阐明的是以下两点。

1. 权威是国家之间的互动，不属于国际体系层次。本书讨论的战后美国在亚太地区的权威，主要集中于第二次世界大战之后美国与亚太各国间的互动。亚太地区主要包括东北亚（含俄罗斯远东地区）、东南亚和大洋洲（主要指澳大利亚和新西兰）。①

2. 权威的衡量指标。在借鉴戴维·莱克对国际等级制和邝云峰对美国朝贡体系衡量的基础上，本书将对美国权威的衡量主要分为三个方面：政治表态、军事关系及经济关系。在政治表态方面，主要有三个指标：（1）双方对彼此的公开定位（how favorable and/or great a friend the each other is）；（2）国家领导人拜访的次序和次数（order and times of heads of State/Government have visited）；（3）在联合国大会投票的一致性（voting coincidence with the United States）。在军事关系方面，主要有三个指标：（1）参与并支持美国主导的战争（participation in America's wars since 1945）②；（2）允许美国在自己的领土范围内驻军或拥有军事基地（hosting US troops and/or bases on one's territory）；（3）情报共享伙伴（partners in intelligence sharing）。③ 在经济关系方面，主要的指标有：（1）与美国贸易额占本国贸易总额的比重④；（2）美国的投资占本国外国投资的比重；（3）特殊贸易伙伴关系（special trading partner，包括自由贸易协定伙伴或其他）⑤。

三 自变量的界定和操作化

本书的自变量（independent variables）有两个：结构压力（structure

---

① 关于亚太地区范围的划分，参见陈峰君《亚太在世界安全战略中的地位》，《国际政治研究》2002 年第 3 期，第 56—57 页。

② Correlates of War Inter-State War Database, Meredith Reid Sarlees and Frank Wayman, Resort to War: 1816 - 2007, CQ Press, 2010.

③ D. S. Reverson, D. S., "Old Allies, New Friends: Intelligence Sharing in the War on Terror," *Orbis*, Vol. 50, No. 3, 2006, pp. 453 - 468; Jeffrey Richelson, "The Calculus of Intelligence Cooperation," *International Journal of Intelligence and Counterintelligence*, Vol. 4, No. 3, 1990, pp. 307 - 323.

④ Kristian S. Gleditsch, "Expanded Trade and GDP Data," *Journal of Conflict Resolution*, Vol. 46, No. 5, 2002, pp. 712 - 724.

⑤ Office of the United States Trade Representative, http://www.ustr.gov/tradeagreements/free-tradeagreements.

pressures）和利益内化度（interests internalized），这两个变量的变化是程度上的，即或强或弱。因变量是国家对他国的权威，其取值有两种情况：拥有权威（presence）和没有权威（absence）。当然，国家行为的转换在多数情况下并非一蹴而就，而是一个缓慢的过程，拥有权威和没有权威仅仅是一个连续体中的两个端点。为了研究的便利，我们将其抽象为这两种情况。

结构压力可以用两个指标来衡量：体系中的大国数量（极的数量）以及相对实力的变化（权力差距）。根据极的数量，国际体系的状态可以大致区分为三种：多极体系、两极体系和单极体系。本书研究的主要是冷战时期和冷战后的美国权威，因此国际体系为先两极，后单极。在国际政治中，国家权力难以精确度量，本书仅在一定范围内考察主导国与跟从国之间的权力差距。由于本书的研究侧重于军事和经济领域的权威，因此，对权力差距的测量主要考察的是军事力量和经济力量的对比。

利益内化度是国际权威正当性的主要来源。考察利益内化，必须先考察国际权威的正当性。尽管有关正当性的讨论数量很多，但已有研究中可供操作化的基础却并不多。伊恩·赫德（Ian Hurd）在总结马克斯·韦伯、罗伯特·达尔和马克·萨奇曼（Mark Suchman）等人论述的基础上，提出，权威性的操作化过程是行为体将外部标准内化（internalization）的过程。当行为体意识到自身利益（至少部分）必须依靠外部力量（一般而言，包括法律、规则、规范等）才能实现时，内化就会发生。① 换言之，当国家意识到自身利益的实现有赖于与大国的权威关系时，也就意味着其利益内化到了大国的权威之中，反过来，大国的权威通过这种方式得以正当化。这样，与纯粹的强制相比，权威一方面可以降低执行成本，另一方面又能给予跟从国"充分的自由"，有利于长期的控制。

然而，在赫德的论述中，对于一国的利益如何内化进国际权威，并未给出明确的答案。因此，关于权威正当性的测量，本书借鉴了现有文献中对霸权正当性的判定标准。因为，权威本身也是由大国（霸权国）所拥有的，霸权正当性的判定标准或多或少可以为权威的正当性提供借鉴。

关于霸权正当性，吉尔平认为，其取得有三个主要标志：霸权战争的

---

① Ian Hurd, "Legitimacy and Authority in International Politics," *International Organization*, Vol. 53, No. 2, 1999, pp. 387 - 388.

胜利、意识形态的吸引以及对经济收益和安全保障等方面公益的供给。①
张睿壮从程序和绩效两个维度提出了三项操作性指标：一是国际社会的决
策机制是多边而非单边的；二是规则、规范、国际法的制定执行程序公正
合理；三是霸权国能够提供一定的公益。② 拉普金（David Rapkin）罗列了
以下几方面的内容：共有价值（能够担当道德领袖）；程序公开（能够让
追随者与霸权进行协商）；霸权国自我克制（保证自己不考虑他国利益而
独断行事）；遵守国际法；行动获得联合国这一普遍的多边组织的批准；
得到民众的普遍同意；成功的结果（有效的军事干预、作为全球经济增长
的发动机、提供某些分配正义的措施）。③ 刘丰认为其主要依赖于霸权秩序
的价值共享程度、规制建设水平和公益供给规模。④

　　考虑到本书不仅涉及主导国对权威的拥有，也涉及跟从国对权威的认
可，因此，在判断正当性时需要从构建权威关系的双方角度出发。当一个
国家意识到自身利益的实现有赖于与他国的权威关系时，也就意味着其利
益内化到了与该国的权威关系之中。反过来，该权威关系也通过这种方式
得以正当化。

　　对主导国而言，其他国家的追随虽然极具吸引力，但并不是所有国家
都值得主导国去选择与之建立权威关系，也不是权威关系越多越好。是否
与其他国家建立权威关系的主要考虑在于这项权威关系能够带来多少收
益。对跟从国而言，与主导国建立权威关系，必须保证有足够的利益可以
抵消其对自己主权的侵蚀。因此，双方对利益判断的标准主要有：第一，
对方能不能满足自己对安全的需求；第二，对方能否为自己带来经济上的
收益；第三，对方能否在多边机制中支持自己的立场。

　　本书在自变量的选取上，考虑了权威主体（主导国）与客体（跟从
国）双方的因素，也就是说，考察潜在主导国（主要是大国，本书特指美
国）与潜在跟从国（主要是中小国家，本书仅限于除美国之外的亚太各

---

① Robert Gilpin, *War and Change in World Politics*, Cambridge：Cambridge University Press,
1981, p. 34.
② 张睿壮：《美国霸权的正当性危机》，《国际问题论坛》2004 年夏季号，第 56 页。
③ David P. Rapkin, "Empire and Its Discontents," *New Political Economy*, Vol. 10, No. 3 (Sep-
tember 2005), pp. 400 – 401.
④ 刘丰：《制衡的逻辑：结构压力、霸权正当性与大国行为》，北京：世界知识出版社，
2010，第 30 页。

国）两个方面，而不像目前大多数研究中仅考虑其中一方的要素。就主导国而言，拥有权威这一行为最主要的驱动因素来自国际体系的无政府性质以及由此产生的安全压力和自助需求。就跟从国而言，如果能够在缓解主要大国安全压力的同时，为自己争取安全福利和经济福利，则与主导国建立权威关系并不"可耻"。

之所以选择利益内化度而不是主导国所拥有的强制力，是因为根据权威理论以及权力性质可以判断，潜在或实际主导国对其他国家越是使用强制力，其他国家的生存压力越大，抵抗倾向也越强，主导国的治理成本也越高。本书认为，如果潜在或实际主导国对其他国家直接使用强制力，对建立权威的抑制作用要大于其促进作用；即便是直接运用武力，也需要其他的安抚手段相配合。因此，比较有可能的是在主导国使用（或威胁使用）武力之余，跟从国自愿受到主导国权威的影响，也就是说在权威关系中看到自我利益实现的可能，即将利益内化到权威关系中。

四　理论基础与研究方法

（一）理论基础

本书的理论基础是国际权威。虽然在国际社会中，由于缺乏单一的终极权威，国际体系经常被人描述为无政府状态。但这并不意味着体系中各单元之间的关系都必然处于无政府状态。在各个单元之间，可能存在着不同程度的等级制，大国可能对小国施加一定程度的权威。

按照戴维·莱克的说法，权威是一项政治建构，它通过统治者与被统治者的实践得以创造并维持。[1] 首先，它不是由统治者作出的一项主张，而是由被统治者授予的一种权利。只有当被统治者承认其有遵从统治者意志的义务时，统治者才拥有权威。[2] 其次，权威是一个变量，在不同的时间和地点存在的程度或大或小。当 A 只能希望 B 做其在任何情况下都会做的事情时，权威程度较低；当 B 在 A 的命令下愿意去做原本厌恶的行为

---

[1]　David A. Lake, *Hierarchy in International Relations*, Ithaca, N. Y.: Cornell University Press, 2009, chapter 1.

[2]　Chester I. Bernard, *The Functions of the Executive*, Cambridge, M. A.: Harvard University Press, 1962, pp. 163 – 165; Herbert A. Simon, *Administrative Behavior: A Study of Decision-Making Processes in Administrative Organization*, 3rd ed., New York: Free Press, 1976, p. 146.

时，权威程度较高。再次，由于统治者与被统治者对双方关系的权利与义务、特权与限度的边际存有争议，权威通常是政治斗争的产物与所在。权威是支配与从属的一种动态和不断演变的关系。最后，在任何权威关系中，最关键的都是对统治者滥用权威的限制。[①]

国际关系中的权威并不是像国内政治权威一样来自统治者的职位或法律规定。国际权威通常是主导国与跟从国之间交易或讨价还价的结果。[②]这样一种关系型的权威，建立在主导国向跟从国提供政治秩序，而跟从国出让自身主权换取秩序的基础上。在平衡状态下，主导国获取了足够的回报来提供政治秩序，而跟从国得到了足够的秩序来补偿由于准许主导国对其施予权威所带来的自由的丧失。

这并不意味着主导国和跟从国从双方关系中能够平等受益。在某些情形下，跟从国或许能够利用主导国，并且能够从秩序创造的共同收益中汲取不成比例的份额——众所周知的弱联盟中的强力量。[③]但更常见的是，主导国可能利用设置规则的能力，使政治秩序偏向自己的利益。这也就创造出受益于权威关系的既得利益者（或集团）。它们对权威关系的支持，成为权威创建和维持的重要基础。

（二）研究方法

本书将采用实证科学的基本方法，在提出核心假设的基础上进行实证

---

① Herbert A. Simon, *Administrative Behavior: A Study of Decision-Making Processes in Administrative Organization*, 3rd ed., New York: Free Press, 1976, p. 134.

② Richard D. Auster, and Morris Silver, *The State as Firm*, Boston: Martinus Nijhoff, 1979; Yoram Barzel, *A Theory of the State: Economic Rights, Legal Rights, and the Scope of the State*, New York: Cambridge University Press, 2002; Margaret Levi, *Of Rule and Revenue*, Berkeley: University of California Press, 1988; Margaret Levi, *Consent, Dissent, and Patriotism.* New York: Cambridge University Press, 1997; Douglass C North, *Structure and Change in Economic History*, New York: W. W. Norton, 1981; Mancur Olson, *Power and Prosperity: Outgrowing Communist and Capitalist Dictatorships*, New York: Basic Books, 2000. 对这一路径近期的扩展，参见 David A. Lake, "Power Pacifists: Democratic States and War," *American Political Science Review*, Vol. 86, No. 1, 1992, pp. 24 – 37; David A. Lake, and Matthew A. Baum, "The Invisible Hand of Democracy: Political Control and the Provision of Public Services," *Comparative Political Studies*, Vol. 34, No. 6, 2001, pp. 587 – 621。

③ Robert O. Keohane, "The Big Influence of Small Allies," *Foreign Policy*, No. 2, pp. 161 – 182; Benjamin Klein, Robert G. Crawford, and Armen A. Alchian, "Vertical Integration, Appropriable Rents, and the Competitive Contracting Process," *Journal of Law and Economics*, Vol. 21, No. 2, 1978, pp. 297 – 326.

检验。不过，由于社会科学中的变量难以精确量化，本书将采用非数量研究方法来开展研究，具体应用的方法主要有演绎推理和案例研究两种。首先，我们根据自变量与因变量之间的逻辑关系，演绎推理出本书的主要假设，并在详细界定相关变量（具体的指标见上文自变量与因变量的操作化部分）的基础上，将其转化为可以利用经验事实加以检验的命题。其次，通过案例研究对本书的假设进行实证检验。一为使用进程追踪（process tracing）① 来确定具体案例中的相关变量的变化、揭示其中的因果机制。二为使用比较案例研究方法，揭示不同国家在建立和维持权威关系中的利益考量和影响因素。

本书拟采用描述统计方法对战后美国在亚太地区权威的各个指标进行初步的数据采集，以此衡量权威程度的大小。这些指标涉及政治表态，军事关系及经济关系三个维度（见前文）。其中主要依据的文献资料和数据来自几个不同的方面。COW②、Eugene③、SIPRI④ 等数据库为我们提供了有关国家实力的历史数据，可以得到有关实力对比、权力集中程度等方面的数据，对于当前的数据，我们还需要考虑各国政府公开的数据。ATOP提供了国家间结盟的数据。世界银行（World Bank）和国际货币基金组织（IMF）可以为我们提供经济方面的数据（贸易额和投资比重）。

各个指标的测量只能展示美国（以及中国）在亚太地区享有权威的范围和程度，但无法说明这些权威是如何生成并得以维持的。为弥补这一缺陷，本书还将采用过程追踪和比较案例的研究方法，分别对美国与日本、美国与韩国这两对权威关系进行纵向的历时研究和横向的比较研究，希望从其中得到美国在亚太地区权威的生成和维持机制，以及二者之间可能存在的异同。

---

① 对过程追踪方法在理论检验中的介绍，参见 Stephen Van Evera, *Guide to Methods for Students of Political Science*, Ithaca, N. Y. : Connell University Press, 1997, pp. 64 – 67。

② "战争相关因素（Correlates of War）"数据库，其网址为：http://cow2. la. psu. edu/。

③ "预期效用生成（Expected Utility Generation）"数据库，其网址为：http://www. eugenesoftware. org/。

④ "国际关系与安全趋势（Facts on International Relations and Security Trends）"数据库，由斯德哥尔摩国际和平研究所提供，其网址为：http://first. sipri. org/。

五　研究思路

本书拟对二战以来美国在亚太地区的权威进行阐述与分析，研究思路如下。

首先是问题的提出、关键概念的界定及文献回顾；其次从理论上对国际关系中的权威进行论述，包括权威及其不同类型、关系型权威的建立与维持、主要假设与论证逻辑；接着介绍美国在亚太地区权威的既有理论分析，从美国对区域外霸权的追求、亚太国家对美国的"邀请"、美国和亚太国家基于成本收益理性计算的合作，以及美国建立自己的"朝贡体系"四条路径对这一领域的研究进行了回溯；由于既有研究缺乏对权威的衡量，因此本书从政治、经济和军事三个维度对美国与亚太国家间关系的政治表态、经济依存度和军事合作进行了指标化的测量。其中，在政治维度主要考察的是美国与亚太国家对彼此关系的公开定位、领导人拜访彼此的位序和次数和亚太国家与美国在联合国投票的一致性；在经济维度主要考察的是亚太国家与美国的贸易依存度、投资依存度以及特殊经济关系；在军事维度主要考察的是美国在亚太国家（地区）的驻军与军事援助、亚太政治行为体对美国主导战争的支持程度，以及美国与亚太国家的情报共享和联合军演。在此之后，本书运用过程追踪法对美韩和美日权威关系进行了具体的案例分析，就两对权威关系形成过程中主导国和跟从国发挥作用的程度进行了考察。在结论部分，本书一方面对美国在亚太地区的权威分布进行了总结，另一方面就目前美国亚太权威受到的挑战进行了分析。最后言明进一步研究的方向。

第一章

国际关系中的权威

> 如果一个人向另外一个人提出一些要求，而且希望这些要求被他看做是有约束力且独立于内容的行动理由，那么他就在主张权威；当那个人如此对待这些要求时，他的权威就得到了承认；通常情况下，如果权威的主张得到了大体上的承认，那么权威就存在……只有在这种意义上，"合法权威"才是首要的：只有当一个人主张具有或被承认具有合法权威时，他才具有事实权威。
>
> ——〔英〕莱斯利·格林：《国家的权威》①

权威通常用来描述国内政治。因为在国内政治中，国家拥有一个具有强制力的中央政府，可以诉诸强制性权威。而国际政治与国内政治存在着本质的区别。在国际政治中，由于缺乏一个单一及最高的政治权威，国际体系通常被描述为无政府状态。国家为了维护自己的生存与安全，不能诉诸中央政府的强制性权威，只能依赖于自助。因此，在国际政治中，权威一直不为人们所承认。

在最广泛的意义上，国际体系的无政府状态毋庸置疑。然而，这并不意味着该体系内所有国家（各单元）之间的关系都必然处于无政府状态。政治权威不会止步于一个国家的边界，就如外交政策的一句名言所说的，不会"止于水边"（at the water's edge）。相反，单元之间存在着一定的权

---

① 〔英〕莱斯利·格林：《国家的权威》，毛兴贵译，北京：中国政法大学出版社，2013，第70页。

威关系，它以某种类似于等级制的形式表现出来。在本质上而言，它与体系的无政府状态并无矛盾，甚至是一致的，因为权威关系可能就存在于无政府状态之中。只是，这种权威与国内政治中的"正式－法律型权威"（form-legal authority）不同，它没有正式的、实体性机构，也没有强制的执行力，而是一种非正式型的权利义务关系，双方基于各自的利益考量，认可且自愿维持这一关系，是一种"关系型权威"。

第一节　权威及其不同类型

政治权威总是与等级制紧密相连。虽然在国家之上，缺乏一个超国家的权威机构，国际关系建立在"自治概念、自利国家和无政府状态的假设之上"，但在国际政治实践中，却是充满了各种各样的等级制。[1] 单元（通常为实力较弱的国家）以某个主导国（实力强大的国家）为中心，按照实力大小或与主导国联系的紧密程度，形成分层化的排列；它们在不同程度上认可并服从主导国的命令，主导国对它们拥有相应的政治权威。主导国与跟从国之间构成一种类似于国内政治的等级关系。这也就是说，在国际体系中，同样存在着政治权威。

一　权威与权力

在国际关系中，人们更常用到的是"权力"一词，它是国际政治的主要媒介。[2] 在罗伯特·达尔（Robert Dahl）的经典定义中，"权力是A使B做它在其他情况下不会去做的事情的能力"。[3] 权力来自很多资源，而且展现出多种形式。[4] 就其定义来说，权威与权力并不是对立、冲突的，权威是权力的一种形式。[5] 在一项权威关系中，B虽然受命于A，但它仍然可以

---

①　Katja Weber, "Hierarchy amidst Anarchy: A Transaction Costs Approach to International Security Cooperation," *International Studies Quarterly*, Vol. 41, No. 2, 1997, p. 321.

②　Katja Weber, "Hierarchy amidst Anarchy: A Transaction Costs Approach to International Security Cooperation," *International Studies Quarterly*, Vol. 41, No. 2, 1997, p. 21.

③　Robert A. Dahl, "The Concept of Power," *Behavioral Science*, Vol. 2, No. 3, 1957, p. 202.

④　参见 Steven Lukes, *Power: A Radical View*, London: Macmillan, 1977; Michael Barnett and Duvall Raymond, eds., *Power in Global Governance*, New York: Cambridge University Press, 2005。

⑤　R. B. Friedman, "On the Concept of Authority in Political Philosophy," In *Authority*, edited by Joseph Raz, New York: New York University Press, 1990, p. 59.

做一些在 A 没有命令时不会去做的事情，迎合 A 的偏好。①

　　然而，权威与权力毕竟不同。按照戴维·莱克的说法，将权威区别于权力其他形式的不是结果（即 B 的服从），而是权力运行的机制。② 在国际关系中，对权力的分析通常局限于强制。在强制关系中，A 发出威胁或者使用暴力——"伤害的权力"——使 B 改变自己的行为。③ B 可能选择服从 A 的要求，以免受到伤害（暴力威胁），或者一旦遭到强制（实际的暴力）就马上撤退。事实上，这正是 A 的目标——改变 B 的动机，这样 B 就会选择按照 A 指导的方式行事。很明显，A 的威胁与暴力使用并不总是导致 B 的服从，强制可能会失败。尽管如此，一般而言，A 威胁或强加的伤害越大，B 服从 A 命令的可能性就越大。

　　然而，作为正当的权力，就分析而言，权威在双方的权利和义务上与强制不同。以抢劫和纳税为例。尽管服从于一个占有优势的抢劫犯的要求或许是明智的，但他的要求是非法的，而你作为受害人，没有义务交出自己的钱财。加害者和受害人都不会将强制视为正当的。相反，通常我们承认政府有权收取我们收入或资产的一部分作为税收，而我们有缴纳的义务。作为纳税人，我们或许会抱怨，寻找漏洞，不情愿交给政府应交的份额，但我们一般都会接受国家对我们资产的主张。与抢劫犯一样，资产从纳税人手里转移给了国家，但在税收的案例中，汲取被认为是具有权利或正当的。这也就是说，权威和强制在概念上区分的一个重要依据是命令的正当性——即服从统治者的命令是一种责任。④

　　尽管二者不同，但政治权威和权力在一点上密切相关，那就是使用暴

---

①　ChristianReus-Smit，"International Crises of Legitimacy，"*International Politics*，Vol. 44，No. 2，2007，p. 160.

②　David A. Lake，*Hierarchy in International Relations*，Ithaca，N. Y. : Cornell University Press，2009，chap. 1.

③　Thomas C. Schelling，*Arms and Influence*，New Haven，C. T. : Yale University Press，1966，p. 2.

④　沃尔兹政治结构的第一及第三维度对权威与强制的区别进行了阐述。第一维度是排序原则，或是单元彼此间存在的方式。在沃尔兹的观念中，这是指单元之间的权威关系，体现在等级制和无政府状态之间的差异之中。第三维度是能力的分配，经常被误认为权力的分配。对沃尔兹而言，能力起作用是因为它们为强制创造了机会。拥有较多能力的国家能够将他们的意愿强加于他国，直到以及包括将国家剔除出独立实体；拥有较少能力的国家则忍受他国的意愿。沃尔兹在强调权力时仍然忠于其现实主义；但在某种程度上没有得到广泛认可的是，其政治结构的维度是通过不同的权力形式而定义的。参见〔美〕戴维·莱克《国际关系中的等级制》，高婉妮译，上海：上海人民出版社，2013，第 42 页。

力执行命令。当受到蔑视规则（其设计是为了约束行为）的刺激时，实施暴力的能力（并不意味着实际的暴力）对于支撑或维持权威非常必要。即使承认自己应当服从 A 的命令，任何人也有可能选择违犯规则。一项义务仅仅制造了一种对服从的期望，但这并没有产生或要求绝对的服从。A 命令的强制性也允许其对 B 的违规行为施以惩罚，这意味着下属在选择违犯命令的同时，也选择了接受统治者可能施加的制裁。而对 A 来说，由于受下属在特定情况下不服从的驱动，统治者必须使用暴力执行命令，并且杀鸡儆猴地阻止其他下属的背叛。尤其在搭便车行为可能出现的大群体当中，对于阻止广泛违犯命令以及由此造成的权威腐蚀，暴力十分必要。

然而，当权威和强制超越某些界限互为补充时，它们也能够在短期内或当统治者拥有强制能力的外生资源时互相替代。当权威遇到挑战，统治者可能使用强制试图留在权力的高位，通过在各个角落雇用公共警察或在每个团体中雇用线人来阻止挑战者。在短期内，这种做法通过遏制异议，或许有助于加强权威，但最终还是会失败，因为统治者没法依靠人们对征税或其他必要汲取物的服从而维持这一强制性的机构。一些政权在国内依赖强制而不是权威，经常被称为威权主义（authoritarian），或者暴政（tyrannies）。[①] 在国际关系中，一些国家在与其他国家的交往中依靠强制而不是权威，常常被认为是帝国主义者（imperialist）——按照莱克的说法，这反映的是一种统治策略，并非一个国家治理他国人民的事实。[②] 在一种帝国主义的策略中，一个国家试图通过武力主导另一个国家。这样，帝国主义就成为暴政的国际翻版。

尽管在分析上，权威和强制有着明显的不同，但在实践中，它们却很难区分。分析者很难推断（在任何给定的情形下）一个跟从国追随一个主导国的命令是出于义务还是武力。本书尝试将权威操作化，捕捉主导国与跟从国之间权威关系的正当性。但即使在这样的衡量中，权威也是由使用暴力的能力所支撑的。这并不是分析或衡量的失败，而是反映了政治权威与强制之间的紧密联系。

---

① JohnDay, "Authority," *Political Studies*, Vol. 11, No. 3, 1963, pp. 257 – 271.

② Stephen Howe, *Empire: A Very Short Introduction*, New York: Oxford University Press, 2002, pp. 22 – 28. 参见〔美〕戴维·莱克《国际关系中的等级制》，高婉妮译，上海：上海人民出版社，2013，第一章。

二　权威的政治本质

权威是统治者与被统治者（主导国与跟从国）之间通过实践而创造和维持的一项政治建构。具体而言：首先，权威不是统治者（主导国）擅自做出的主张，而是由被统治者（跟从国）授予的一种权利。只有当 B 承认其有遵从 A 意志的义务时，A 才拥有权威。① 服从不会从 A 的自说自话中产生。相反，A 期待服从的能力来自 B 对其统治的授权。

其次，权威不是一个常量，而是一个变量，在不同的时间和地点存在的程度或大或小。最为重要的是，以 A 的命令与 B 的偏好之间的最大分歧（即：在这一分歧下，B 仍然会服从）来衡量的话，权威的强度是多变的。当 A 只能希望 B 做其在任何情况下都会做的事情时，它的权威很微弱；当 B 在 A 的命令下愿意去做原本厌恶的行为时，A 的权威强而有力。同时，权威从来不是绝对的。经常会发生 A 发布命令而 B 可能违抗的情况。当然，从这一意义上来说，基于某些原因，权威的操作化并不容易。在平衡状态下，A 可能只对它所了解的 B 会同意去做的事情发出命令；如果不对 B 的偏好进行调查，就很难识别 B 是无论如何都会采取这一行动，还是只是因为 A 的命令才这样做，而通常 B 的偏好是很难被发现的。

再次，由于统治者与被统治者对双方关系的权利与义务、特权与限度的边际存有争议，权威通常是政治斗争的产物与所在。什么是权威性以及统治者与被统治者可能正当拥有哪些权利，要经过不断的谈判和再谈判。跟从国的哪些违规行为可能破坏统治者的容忍度，主导国的哪些规训行为可以划分跟从国遵从命令的限度，这些都是斗争的组成部分。权威是支配与从属的一种动态而不断演变的关系。

最后，在任何权威关系中，关键问题都是限制统治者对权威的滥用。② 权威在授予统治者发布和执行命令的同时，也给了统治者基于自身利益使用强制性力量的能力。例如，A 可能意欲强迫 B 以保证其自身实现持续统

① Chester I. Bernard, *The Functions of the Executive*, Cambridge, M. A. : Harvard University Press 1962, pp. 163 – 165; Simon 1976, p.146. 有些事实上的权威并不被统治者接受和支持。参见 Joseph Raz, *Authority*, New York: New York University Press, 1990, p. 3。

② Herbert A. Simon, *Administrative Behavior: A Study of Decision-Making Processes in Administrative Organization*, 3rd ed. , New York: Free Press Simon, 1976, p.134.

治，为其自身或其主要支持者汲取经济利益，或者仅仅是为了达到其自身妄自尊大的目的。因而，若将权威授予 A，则相应地 B 必须要确信其所授权威会得到合理的使用。因此，为得到这一授权，A 必须承诺限制其权威，使 B 可接受并信赖之。在各国内部，一种常见的建立信誉的方法是，创建相对较为民主的制度来分散权力，并保证民众偏好在政策过程中得到反映。① 在国家间，主导国的民主制度及其在海外实行的多边主义同样被用来增强信誉。尽管如此，限制统治者对权威的滥用仍然是必要的，并且是任何权威授予的第一步。正是这一暗含其中的统治者自我限制，对国际关系中的权威与强制、合法的命令与纯粹的权力政治进行了最为明确的区分。

综上所述，权威是一方服从另一方意志的关系，是以合法性（或正当性）为基础的政治建构。它通过统治者与被统治者的实践得以创造并维持。在国际关系中，主导国 A 要求跟从国 B 接受命令的权利是以 B 的认可为基础的。只有当 B 承认自身有遵从 A 意志的义务时，A 才拥有权威。② 同时，权威与权力不同，权力是以强制力为基础的国家能力，而权威则是建立在双方对权利义务互相认可基础上的社会关系。权威不是一个常量，而是变量，其在不同的时间和地点存在的程度大小不一。当 A 只能希望 B 做其在任何情况下都会做的事情时，权威程度较低；当 B 在 A 的命令下愿意去做原本厌恶的行为时，权威程度较高。而且，由于统治者与被统治者双方关系的权利与义务、特权与限度的边际存有争议，权威通常是政治斗争的产物与所在。在任何权威关系中，被统治者授予统治者发布和执行命令的权威，也给了它基于自身利益使用强制性力量的能力，因此，限制统治者对权威的滥用成为建立权威关系时考虑的关键。③

---

① Douglass C. North, and Barry R. Weingast, "Constitutions and Credible Commitments: The Evolution of the Institutions of Public Choice in 17th – Century England," *Journal of Economic History*, Vol. 49, No. 4, 1989, pp. 803 – 832.

② Chester I. Bernard, *The Functions of the Executive*, Cambridge, M. A.: Harvard University Press, 1962, pp. 163 – 165; Herbert A. Simon, *Administrative Behavior: A Study of Decision-Making Processes in Administrative Organization*, 3rd ed., New York: Free Press, 1976, p. 146. 不受被统治者支持的权威主张有时是事实上的权威。参见 JosephRaz, "Authority and Justification," In *Authority*, edited by Joseph Raz, New York: New York University Pres, 1990, pp. 115 – 141。

③ Herbert A. Simon, *Administrative Behavior: A Study of Decision-Making Processes in Administrative Organization*, 3rd ed., New York: Free Press, 1976, p. 134.

三　权威的不同类型

从意志服从的角度来看，权威以合法性为基础。权威的类型因合法性来源的不同而有所区分。在当今的政治生活中，权威的形成与维持很大程度上依赖于两大基础：法律或社会契约。在政治学，特别是国际关系中，对权威的讨论主要建立在国家法学理论基础上，依据这一路径，国家不可能凌驾他国之上享有权威；而另一路径建立在国家间社会契约的基础上，莱克将其称为关系型权威。

（一）正式－法律型权威

在正式－法律型权威中，A 命令 B 的能力以及 B 服从 A 命令的意愿都取决于 A 所拥有的法律地位或官职。[①] 这意味着："只有当 A 借助于那些已经建立的规则拥有权威时，权威才能被准确地宣称属于 A。"[②] 换言之，这一正式－法律的结构先于权威建立，并且反过来将权威授予其官职。它是一种自上而下的权威观念，其中，当官员依法行动时，法律将官员正当化。[③]

在主流的国际关系理论中，正式－法律型权威并没有获得足够关注。追溯至 20 世纪初，政治学作为一门独立学科出现之后，[④]国家不仅被视为一种规范性的理念，也成为政治学实证研究的核心分析单元。[⑤] 现行的法学理论将国家描述为凌驾于一定地域内政治共同体之上的最高权威的表现。据此界定，国家被视为等同于一个有其自我意志的法人（legal

---

[①] Max Weber, *Economy and Society*, 2 Vols, Berkeley: University of California Press, 1978, pp. 215 – 226.

[②] Richard E. Flathman, *The Practice of Political Authority: Authority and the Authoritative*, Chicago: University of Chicago Press, 1980, p. 35.

[③] 卢克斯认为，权威的正式－法律观完全来自统治者的视角。参见 Steven Lukes, "Perspectives on Authority," In *Authority*, edited by Joseph Raz, pp. 203 – 217, New York: New York University Press, 1990, p. 207。

[④] 这一讨论借鉴了施密特在 1998 年著作中对这一领域思想史的论述，参见 Brian C. Schmidt, *The Political Discourse of Anarchy: A Disciplinary History of International Relations*, Albany: State University of New York Press, 1998, pp. 69 – 159; 也见 Kahler Miles, "Inventing International Relations: International Relations Theory after 1945," In *New Thinking in International Relations*, edited by Michael W. Doyle and G. John Ikenberry, Boulder, C. O.: Westview Press, 1997, pp. 20 – 53。

[⑤] Brian C. Schmidt, *The Political Discourse of Anarchy: A Disciplinary History of International Relations*, Albany: State University of New York Press, 1998, p. 69.

person）。① 这暗示着国家在形式上彼此平等，并相互作用于无政府体系之中。②

法学理论家将不符合他们对合法国家定义的实体排除在国家体系之外。根据莱克的说法，他们认为那些缺乏明确建立起来的权威等级或其他不符合欧洲理念情形的"内部的无政府状态"是"不文明的"，并因此将之排除出国际体系。③ 基于仅对那些被认为是最高权威的单元所做的有限的分析，法学理论家将这些最初给定的国家等同于个人，并将他们理解为生活于一种自然状态之中。④ 建立于约翰·奥斯汀（John Austin）的法律观之上而视法律为"通过拥有权力的人进行的用于引导聪明人的一套规则"，这一路径更普遍地拒绝了国际法或国际权威的可能性，将其他人所认为的国际法视为人们行为的规范或向导，而不是"真正的法律或者……严格意义上所谓的法律"。由于法律只能来自正式建立的机构，国际法在概念上便已失去可能。⑤ 因此，在最初的陈述中，特定的国家观念直接导致了特定的国际体系观：只有正式建立的国家才是国际体系的成员，而且所有成员在这一缺乏任何权威的体系中都是形式上平等的。⑥ 由于在国家

---

① Brian C. Schmidt, *The Political Discourse of Anarchy: A Disciplinary History of International Relations*, pp. 79, 88.

② Brian C. Schmidt, *The Political Discourse of Anarchy: A Disciplinary History of International Relations*, pp. 79, 90, 171, 173.

③ Brian C. Schmidt, *The Political Discourse of Anarchy: A Disciplinary History of International Relations*, pp. 148 – 149. 参见〔美〕戴维·莱克《国际关系中的等级制》，高婉妮译，上海：上海人民出版社，2013，第一章。

④ Brian C. Schmidt, *The Political Discourse of Anarchy: A Disciplinary History of International Relations*, pp. 84, 159.

⑤ 韦伯认同这一观点，他写道，"众所周知，人们经常否认国际法可以被称作法律，正是因为在国家之上缺乏能够执行它的合法权威。从目前术语学的角度来看，这或许并无不妥，因为我们不能将'法律'称作一个制裁的系统，其中完全包括受害方的各种反对和报复的期望；而它因此在缺乏一个专门执法机构的情况下，（仅）通过协议和对自身利益的追求得以保证"。参见 Max Weber, *Economy and Society*, 2 Vols, Berkeley: University of California Press, 1978, pp. 34 – 35。

⑥ 这一法律上的国家观受到了两次世界大战之间多元主义者的挑战。他们否定国家的原始状态，并拒绝将国家权威置于许多构成社会并反过来构成国家本身的团体之上。这是一种激进的重新定位，直到 20 世纪 70 年代末至 80 年代国家被"带回原轨"才不再盛行。参见 Peter B. Evans, Dietrich Rueschemeyer, and Theda Skocpol, eds, *Bringing the State Back in*, New York: Cambridge University Press, 1985。尽管如此，国际关系是形式平等的各国所处的无政府状态的观念依旧持续，没有学派就国际体系是无政府状态及缺乏权威而产生任何争议。参见 Brian C. Schmidt, *The Political Discourse of Anarchy: A Disciplinary History of International Relations*, Chapter 1。

之上没有正式建立的法律权威，国家之间不可能存在权威。因此，甚至早在二战后政治现实主义学派主导国际关系研究之前，无政府状态的概念就已牢牢地扎根于各种主流世界政治理论之中。

肯尼思·沃尔兹在其著作中，对这一正式－法律的权威观及国际关系缺乏权威的含义赋予了最现代和最明确的形式。在《国际政治理论》一书中，沃尔兹提出了国际结构的三个维度：排序原则、单元分化以及能力分配。① 在这些维度中，只有排序原则直接含有对权威的论述。通过强调它们的正式属性，沃尔兹将排序原则定义为单元在彼此联系中的占位方式。根据沃尔兹的看法，在等级体系中，单元"在上下级关系中彼此对立……（其中）政治行为体根据其享有权威的程度不同而受到形式上的区别对待"。在这样的体系中，"有些国家有权发号施令，而其他国家则必须服从"。相反，在无政府体系中，"各个部分……处于协调的关系之中。形式上，各国都是平等的一员"。通过反向三段论，他得出结论，"没有任何一国有权发号施令，也没有任何一国必须服从"。② 沃尔兹依靠法学上的国家概念，得出了与早先法律学家同样的结论，即体系最先且最基本的维度是由单元所拥有（或没有拥有）的权威程度来定义的。国家本身兼具备内部的等级制特征及外部的无政府特征。

基于不同的排序原则，沃尔兹在国内政治与国际政治之间划了一条明确的界限。③ 在他的整个分析中，国际政治是由大国所定义的，在无政府状态的基础上，大国之间存在明确的互动；因此，在沃尔兹的观点中，体系是无政府状态的。由于依赖于一种正式的法律观念，国际关系拒绝了权威概念，认为其"与国际环境格格不入"。④

然而，正式－法律型路径并没有就权威如何从自然状态中产生给出令人满意的答案。如果政治权威来源于合法的机构，那么法律必须先于权威存在。但如果是政治权威创造法律，那么权威的确立就必须先于法律机

---

① Kenneth N. Waltz, *Theory of International Politics*, Reading, M. A.：Addison-Wesley, 1979, chap. 5.

② Kenneth N. Waltz, *Theory of International Politics*, Reading, M. A.：Addison-Wesley, 1979, pp. 81, 88.

③ 〔美〕戴维·莱克：《国际关系中的等级制》，高婉妮译，上海：上海人民出版社，2013，第 26 页。

④ Ian Clark, *Legitimacy in International Society*, New York：Oxford University Press, 2005, p. 11.

构。就像是先有鸡还是先有蛋的玩笑一样。当权威一旦建立，即使一种正式的法律观念有效，这样的一种路径也不能解释其自身的创建。因此，权威的来源必须依赖于一种与正式的法律秩序不同的东西。

也就是说，如果权威需要一个正式－法律的结构，那么那个正式－法律的结构本身可能永远不会存在。因此，对权威而言，它必须独立地存在于任何正式的法律结构之外。这对国际关系中关于无政府状态的主流观点构成了巨大冲击。在一般观点中，既然不存在一种国际的正式－法律秩序来向任何国家授予权威，那么，国家之间是不可能存在任何权威的——因此，体系必然是无政府状态的，其中各个单元之间的关系也是如此。但如果权威无法来自正式－法律秩序，那么，权威必定是与正式－法律秩序并存的，或者至少是伴随或先于正式－法律秩序由自然状态中产生的。这并不必然意味着国际体系中存在权威，而仅仅是说这样的情形中可以有权威。

（二）关系型权威

在正式－法律型权威路径之外，还有另外一种权威路径，即关系型权威。它从社会契约论的角度出发，认为权威是由统治者与被统治者之间的交易达成的。统治者向被统治者提供政治秩序，抵消被统治者附属于统治者所失去的自由；而被统治者授予统治者对其行为进行必要限制的权利，允许统治者将之拿来提供秩序。[①] 在平衡状态下，一个统治者提供恰好足够的政治秩序，来获取被统治者在维持秩序所需要的纳税及约束上的服从；而 B 的服从也恰到好处，以驱动 A 确实提供该秩序。A 获取了足够的回报来提供那套有价值的政治秩序，而 B 得到了足够的秩序来补偿由于准许 A 对其施予权威所带来的自由的丧失。如果 A 汲取的资源过多或提供的秩序过少，B 可以收回其服从，这样 A 就会失去权威。通过这种方式，关系型权威视统治者与被统治者二者的行为而定，是一种通过不断互动生产与再生产出来的平衡。

统治者与被统治者之间的关系型权威是一个自我执行的契约，双方提供的收益点是这一权威关系的黏合剂。如果统治者没有提供具有吸引力的收益点，被统治者就不会服从统治者的命令。而一旦没有得到或失去被统治者的服从，统治者也就失去了创造权威关系的途径。然而，这种自我执

---

① David A. Lake, *Hierarchy in International Relations*, pp. 28 - 29.

行的契约，很容易受到两种战略失误的冲击：其一，被统治者 B 要求更多的自主性，在寻求扩展自身自由选择的范围过程中，试探权威的限度；其二，统治者出现过度统治，导致权威流散或消失。①

在平衡状态下，无论统治者还是被统治者都必须从一项关系型权威契约中获益。统治者受益于权威关系本身，但为维持这一关系支付成本。被统治者受益于这一关系，及其带来的诸多好处，但放弃一定程度的自主权，接受命令，以它们在其他情况下可能不会选择的方式采取行动。统治者必须获得足够的收益，抵消其成本。被统治者必须发现这一权威关系可以提供比其他次优选择更大的净收益。② 这并不意味着被统治者与统治者从双方关系中平等受益。在一些情形下，被统治者或许能够利用统治者，并且能够从秩序创造的共同收益中汲取不成比例的份额——众所周知的弱联盟中的强力量。③ 但更常见的是，统治者可能利用其能力设置规则，使政治秩序偏向自己的利益。

但是，由于这一权威关系的创造本身并不平等，而且具有的分配影响也不同，统治者与被统治者会就前者所拥有而由后者所授予的权威的性质、含义和限度不断地进行斗争。即使在一项稳固的、有相当数量既得利益支持的权威关系中，统治者与被统治者也会对所生产的政治秩序的性质争论不已，尤其是对其利益分配和对该套秩序生产与再生产所必要的被统治者的限制。

---

① 主导国的过度统治与帝国过度扩张的观念（虽然）类似，但二者并不等同。在后者中，大国越过了边际收益等于边际成本的临界点。参见 Paul Kennedy, *The Rise and Fall of the Great Powers: Economic Change and Military Power from 1500 to 2000*, New York: Random House, 1987; Jack Snyder, *Myths of Empire: Domestic Politics and International Ambition*, Ithaca: Cornell University Press, 1991;〔美〕戴维·莱克:《国际关系中的等级制》，高婉妮译，上海：上海人民出版社，2013，第30—31页。
② 德沃金批评了权威是通过与自然状态下的生活相比较而进行合法化的这一假定。在他看来，满足这一条件"过于容易"而因此"正当得过头"。参见 R. M. Dworkin, "Obligations of Community," In *Authority*, edited by Joseph Raz, New York: New York University Press, 1990, p. 221。然而，正是这一条件将许多理论划归国际关系。
③ Robert O. Keohane, "The Big Influence of Small Allies," *Foreign Policy*, No. 2, 1971, pp. 161 - 82; Benjamin Klein, Robert G. Crawford, and Armen A. Alchian, "Vertical Integration, Appropriable Rents, and the Competitive Contracting Process," *Journal of Law and Economics*, Vol. 21, No. 2, 1978, pp. 297 - 326.

第二节 关系型权威的建立与维持

一 权威关系的构成：集体接受

政治权威是具有权利或正当的统治。① 当政治权威行使时，统治者（A）命令一组下属（B）改变它们的行为，其中的命令意味着 A 有发布这样一些命令的权利。② 从而，这一权利意味着如果可能，B 有遵守 A 命令的一种相关的义务或者责任。"如果 A 拥有权威 X，那么处于 A 管辖之内的 B 的人民因此会有一项或多项义务 Y。"③ 简而言之，B "交出了裁决权"，并接受了 A 的命令力。④ B 的义务意味着，在 B 违规时，A 有使其命令得到执行的进一步相关权利。⑤ 正如约翰·戴（John Day）指出的，"在政治生活中拥有权威的那些人，即统治者，经过授权，不仅可以制定法律和做出决策，而且在必要时使用强制力来确保人们遵守已制定的法律和同意已做出的决策"。⑥ 在一种权威关系中，个人可以选择是否服从统治者的命令，但这会受到统治者权利的约束，统治者会对个体的违规行为进行规训或惩罚。

权威以及具体的惩罚违规行为的权利最终依赖于对统治者统治权的集

---

① 关于权威的文献数不胜数。对于各种路径和争论的介绍，参见 John A. Simmons, "Political Obligation and Authority," In *Blackwell Guide to Social and Political Philosophy*, edited by Robert L. Malden, M. A.: Blackwell, 2002, pp. 17 – 37。

② 在本书中，A 指代统治者或主导国，B 指代被统治者或跟从国。

③ Richard E. Flathman, *The Practice of Political Authority: Authority and the Authoritative*, Chicago: University of Chicago Press 1980, p. 35.

④ 由于权威只能存在于彼此认可权利和义务的人类之间，学者们认为，这一关系及之后的政治斗争在原则上和统治者发布的具体命令相独立。他们将其作为评估是否满足统治者正当行为的条件，被统治者没有办法对命令本身做出判断。参见 R. B. Friedman, "On the Concept of Authority in Political Philosophy," In *Authority*, edited by Joseph Raz, New York: New York University Press, 1990, p. 64; J. M. Finnis, "Authority," In *Authority*, edited by Joseph Raz, New York: New York University Press, p. 176。

⑤ 安斯库姆（Anscombe）曾经指出，权威的独特之处在于人类在自然状态下所不能拥有的强制性权力。因而，进入一种权威关系，并不是向统治者出让权利，而是创造一种在其他情况下不可能存在的集体权利。G. E. M. Anscombe, "On the Source of the Authority of the State," In *Authority*, edited by Joseph Raz, New York: New York University Press 1990, p. 162。

⑥ John Day, "Authority," *Political Studies*, Vol. 11, No. 3, 1963, p. 260.

体接受或合法性。就像托马斯·霍布斯本人所承认的，"全能者（利维坦，the Leviathan）的力量基础只在于人们的舆论和信念之中"。① 如果得到认可，统治者就会要求获得惩罚个别人的能力——因为有其他人的广泛支持。在极端情况下，单独的个人可能会否认自己有任何服从 A 制定的法律的义务，但如果其所处的较大社团认可 A 的命令权力，并支持 A 拥有惩罚违犯这些命令的人或行为的权利时，那么这个人依旧会被认为附属于 A 的权威，并受其约束。② 同样，只要足够多数被统治者承认统治者命令的主体部分正当，即使遇到反对，统治者也能够强制执行一些具体的法令。在这两个例子中，A 执行其统治的能力依赖于集体的肯定，或许还有被统治者主动的准许。③ 由于相当一部分被统治者承认统治者及其法令合法，因此统治者能够针对个别搭便车者，甚至持不同政见者使用强力。反过来，明知有足够数量的其他人支持统治者，潜在的搭便车者和持不同政见者便不敢违犯规则，于是公开的强力就不再是必要的，至少不会常见。

从这一意义上来说，政治权威源于一个将权利授予统治者的集体，它不是某个统治者与某单独被统治者之间的二元关系。因此，在国际关系中，跟从国更适于被理解为组成独立集体的个人集合。承认对统治者权利的集体授予有助于解决一个明显的矛盾，即从集体的角度来看，服从正当的权威是自愿的；而从任何特定个体的立场来看，服从是强制性的。即使个人责成他们自己遵从 A 的命令，他们也能够集体选择是否接受 A 的

---

① 引自 Michael C. Williams, "The Hobbesian Theory of International Relations: Three Traditions," In *Classical Theory in International Relations*, edited by Beate Jahn, New York: Cambridge University Press, 2006, p. 265。

② Richard E. Flathman, *The Practice of Political Authority: Authority and the Authoritative*, Chicago: University of Chicago Press, 1980, p. 30.

③ Chester I. Bernard, *The Functions of the Executive*, Cambridge, M. A.: Harvard University Press, 1962, p. 169; Harold D. Lasswell, and Abraham Kaplan, *Power and Society: A Framework for Analysis*, New Haven, C. T.: Yale University Press, 1950, p. 133. 建立同意基础上的各种权威理论一直受到人们批评，理由是没有哪一个个人或甚至团体能被理所当然地认为"准许"受到一个持续并长期存在的国家的统治。参见 L. Green, "Commitment and Community," In *Authority*, edited by Joseph Raz, New York: New York University Press, 1990, pp. 240 – 267。然而，权威（及正当性）是一种由统治者和被统治者各种行为所生产并再生产的平衡。当然，这并不需要是有意识的图谋或同意的结果，但仍可以被视为一种对统治者统治权利的集体肯定形式。

权威。① 通过这种方式，权威成为强制与自由选择之间的桥梁，通过它，纯粹的强制转化为合法的统治。如彼得·布劳（Peter Blau）所说的，从下属集体的视角来看，服从权威是自愿的，因为他们向统治者授予了权利。而从任何单独的下属立场上来说，顺服是根植于集体实践的"无法抗拒的社会压力"的结果。就像布劳总结的，"在权威关系中，跟从国的顺服就如我们的着衣习惯一样心甘情愿"。②

关系型权威以统治者与被统治者之间的交易为前提，其中 A 向 B 提供一套有价值的政治秩序，足以抵消 B 附属于 A 所失去的自由；而 B 授予 A 权利对其行为进行必要的限制，以提供该秩序。在平衡状态下，一个统治者提供恰好足够的政治秩序，来获取被统治者在维持秩序所需要的纳税及约束上的服从；而 B 的服从也恰到好处，以驱动 A 确实提供该秩序。A 获取了足够的回报来提供那套有价值的政治秩序，而 B 得到了足够的秩序来补偿由于准许 A 对其施予权威所带来的自由的丧失。如果 A 汲取的资源过多或提供的秩序过少，B 可以收回其服从，这样 A 就会失去权威。通过这种方式，关系型权威视统治者与被统治者二者的行为而定，是一种通过不断互动生产与再生产出来的平衡。

二 权威的建立：利益交换的结果

在关系型路径中，权威的建立是主导者和从属者就它们所关心的利益达成的一种契约。这里，它们预期的利益收益点一般被认为是一种政治秩序，也就是对人身、财产及承诺的保护，是投资以及其他经济活动的前提条件。③ "法治"是目前公认的经济发展的一个根本因素。④ 在个人层次，政治秩序制造了大量的外部经济效应。也就是说，人身、财产和承诺的安全（以及随着这些保护而出现的繁荣）在一定范围的消费中是不完全排外和非竞争性的。因此，个人通常会寻求搭他人努力的便车；纯粹自愿的努力将无

---

① John Day, "Authority," *Political Studies*, Vol. 11, No. 3, 1963, p. 268.

② Peter M. Blau, "Critical Remarks on Weber's Theory of Authority," *American Political Science Review*, Vol. 57, No. 2, 1963, p. 312.

③ Mancur Olson, *Power and Prosperity*: *Outgrowing Communist and Capitalist Dictatorships*, New York: Basic Books, 2000.

④ 关于这方面的文献回顾，参见 Thomas Carothers, "The Rule of Law Revival," *Foreign Affairs*, Vol. 77, No. 2, 1998, pp. 95 - 106。

法产生满足预期的政治秩序，而且总体而言净结果也不会是最理想的。①

赫德利·布尔认为，即便在无政府状态下，一国的社会也会形成一种基本的秩序。② 正如前人的研究所展示的，在各国内部或国家之间，形式上平等的各行为体之间显然是有可能合作的。③ 拥有权威并不是政治秩序的一项先决条件。由于政治权威的持有者能够合法地强制执行各项规则，此类行为体尤其需要进行改变，以适于解决集体行动问题。它们可以汲取税收、劳动力或其他必要的资源，用来支付构建政治秩序以及限制那些可能削弱这一秩序的个人行为。统治者可以直接进行这一行动。另外，统治者也可以通过人们普遍所说的领导权而间接地生产秩序。举个例子，统治者实际上可能不会保卫财产权本身，但它们可能会促进财产持有者捍卫其自身权利的组织。只要统治者一一解决这样的集体行动问题，它们依然会获得被统治者的信任——因为它们履行的是社会契约当中自己的那一部分。④ 从而，由于被统治者预先造就了严格意义上自愿供应的次优性，它们向统治者授予了需要解决搭便车问题的权威，并通过实践，同意统治者所施加的资源汲取和行为约束。正是正当使用暴力的这一能力，使现代国家在大规模生产政治秩序上如此有效，也正是同一种力量，使国际关系中的权威成为可能。

具体而言，在国际关系中，一项权威关系，主要是跟从国割让自身主权（或部分主权），服从主导国命令的行为集合。这一关系若要维持长久，则主导国必须在安全、经济或跟从国亟须帮助的其他事务上提供保护或支援；权威的维持，是主权与物质间的交易以某种有形或无形的契约方式固定下来的过程。建立或维持权威关系的基础是双方对各自成本收益的考

---

① Mancur Olson, *The Logic of Collective Action*：*Public Goods and the Theory of Groups*, Cambridge, M. A.：Harvard University Press, 1965；Richard Cornes, and Todd Sandler, *The Theory of Externalities*，*Public Goods*，*and Club Goods*, New York：Cambridge University Press, 1986.

② Hedley Bull, *The Anarchical Society*：*A Study of Order in World Politics*, New York：Columbia University Press, 1977.

③ Elinor Ostrom, *Governing the Commons*, New York：Cambridge University Press, 1990；Kenneth A. Oye, ed.，*Cooperation under Anarchy*, Princeton, N. J.：Princeton University Press, 1985；Duncan Snidal, "The Limits of Hegemonic Stability Theory," *International Organization*, Vol. 39, No. 4, 1985, pp. 579 – 614.

④ Peter M. Blau, *Exchange and Power in Social Life*, New York：John Wiley & Sons Blau, 1964, pp. 213 – 215.

量。当各自认为从权威关系中获取的收益大于成本时，权威关系很有可能建立；当至少一方认为可能获取的收益与付出的成本不相匹配时，新的权威关系无法建立或已有权威无法有效维持。其中，双方各自付出的成本与可能获取的收益见表1-1。

表1-1　建立权威关系的一般成本与收益

	主导国	跟从国
收益	免受跟从国对自己安全的挑战与威胁； 在多边协商中获得跟从国对自己立场的追随； 达成或建立有益于自身的国际规则或秩序	减少自我防御开支； 享受与主导国贸易的优惠条件； 在与第三方的冲突中获得主导国的保护或支持
成本	为跟从国支付保护费用、提供援助，保证其生存和领土完整，限制第三方对其强制的企图；创造和巩固规则，为跟从国争取国际公共产品；"自缚手脚"，遵守契约	服从主导国命令，放弃自己在安全或经济等事务的自主权； 在主导国参与的战争或冲突中与其站在一起，卷入战争或冲突； 可能需要放弃与主导国敌对的第三方结盟

关系型权威的生成和维持建立在双方利益考量的基础上。一般而言，主导国和跟从国都必须从一项关系型权威契约中获取收益，才能达到一种平衡状态。而双方对自身利益的认知，主要受制于两个层次的因素：体系层次的结构压力和利益内化。

就体系层次的压力而言，沃尔兹对结构的定义包括三个要素：排序原则、单元之间功能差异和实力分布，在国际关系中，排序原则（无政府状态）和功能差异（相似的单元）这两个要素都是确定的，对国家行为变化起作用的是单元之间的实力分布。从这个意义上来看，所谓结构压力，实际上是一个大国在国际权力结构中位置的变化对其安全带来的压力。正是在国家关注权力位置的意义上，格里科将国家称作"位势主义者"，而兰德尔·施维勒把大国之间的关系视为一种"位势竞争"。

从实力分布的角度看，结构压力可以用两个指标来衡量：体系中的大国数量（极的数量）以及相对实力的变化（权力差距）。本书研究的主要是冷战时期和冷战后的美国权威，因此国际体系分为先两极后单极。在国际政治中，国家权力难以精确度量，本书仅从大致上考察主导国与跟从国之间的权力差距，主要体现在国家的总体经济规模、政府的财政收入、国家的人口总量及素质、领土面积、军费开支水平、军队规模、武器的性质与数量等方面。当然，从历史的视角看，这些不同的要素在国家权力衡量中的权重是不同的，比如在近代国际关系史上，国家的人口规模是国家权力指标中最为重要的构成之一，而在当今时代，人口总量的地位有所下降。

一般而言，在权力差距较大的情况下，国家面临的生存和安全压力较大，因此，结构压力较强，追随大国、寻求保护的动机也较强，建立权威关系的可能性也较高。

利益的内化是权威关系获得正当性的主要来源。在权衡是否建立权威关系的过程中，国家对自身能从中获取多少利益的考虑起着举足轻重的作用。当国家意识到自身利益的实现有赖于与它国的权威关系时，也就意味着其利益内化到了与该国的权威关系之中。反过来，该权威关系也通过这种方式得以正当化。

对主导国而言，是否与其他国家建立权威关系的主要考虑在于这项权威关系能够带来多少收益。判断的标准主要有以下四点。

第一，跟从国能不能满足主导国对安全的需求。这意味着三点：其一，跟从国本身不会对自己的安全造成挑战或威胁；其二，跟从国可以帮助主导国获得更多的安全，比如海外驻军或者建立军事基地，对潜在安全威胁进行威慑；其三，跟从国不会对主导国带来安全上的负担，将主导国拖入与第三方的冲突。

第二，跟从国能否在多边协商中追随主导国的立场，帮助主导国达成或建立有益于自身的国际规则或秩序。

第三，跟从国能否开放自身市场，为主导国带来经济上的收益。

第四，跟从国能否效仿主导国的政治体制，弘扬其价值观，为其影响力的扩散作出贡献。

对跟从国而言，与主导国建立权威关系的利益考核主要有以下三点。

第一，主导国能否满足跟从国对安全的需求。在无政府状态中，国家最关心的是生存和安全。如果主导国可以满足跟从国对安全的需求，那么至少跟从国的安全政策就会"投资"进主导国的权威当中，成为权威正当性的构成之一。

第二，主导国能否在经济收益等方面提供公益。为了让其他国家接受自身的权威，主导国仅靠军事上的强制和掌控并不充分，通常需要给予这些国家"有利可图"的收益。在国际关系领域，常见的"公益"主要有自由贸易、经济援助、冲突调解等。

第三，主导国能否建立一套得到普遍接受的国际规制，自己能够严格遵循这一规制，并且在少数国家违背时维护其公信力。主导国的意志通常体现在由自己主导建立并得到支配体系下的国家接受的一系列国际规制中，这些规制由一定的原则、规则、规范和决策程序构成。主导国需要维持规制的信誉，一方面自己要恪守这些规制，另一方面在少数国家违犯时要加以强制执行。

利益内化度的高低可以从两个方面影响权威的形成：一方面，影响主导国对跟从国施加影响力的成本，内化度越高，成本越小；另一方面，影响跟从国的国内政治，较高的内化度可能改变跟从国国内精英对威胁的认知、削弱其内部凝聚力，较低的内化度则会强化国内精英的威胁认知及其内部凝聚力，阻碍国家自主权的出让，即阻碍权威的建立。

三　权威的维持：自我执行的契约

关系型权威一旦建立，就是一种可以自我执行的契约，利益收益是这一契约关系中统治者与被统治者的黏合剂。如果没有预期的利益收益，被统治者就不会将自己依附于统治者的命令。而如果没有被统治者的服从，统治者也就失去了制造权威的途径。

无论在个人层次还是国家层次，行为体都需要在日常生活中获取各种各样的资产。个人需要购买财产，接受教育，培养一些适合特定行业的专业知识和技能，并进行养老储蓄。国家需要投资于基础设施，专门从事不同的行业和经济部门，以及发展向世界某一些地区（而不是其他地区）投送暴力的能力。部分资产将是通用的，很容易以很少的价值损失从一种用途转为另一种用途，或从一个政权转到其他政权。其他资产将高度适用于某一特殊的权威关系和其制造的各项政策，它们能够重新配置于其他用途，或在另外的政权下得以利用，只是价值会大大缩水。[1] 由于行为体投

---

[1] Oliver E. Williamson, *Markets and Hierarchies: Analysis and Antitrust Implications*, New York: Free Press, 1975; *The Economic Institutions of Capitalism: Firms, Markets, and Relational Contracting*, New York: Free Press 1985. 关于国际等级制中特定资产的作用，参见 David A. Lake, *Entangling Relations: American Foreign Policy in Its Century*, Princeton, N. J.: Princeton University Press, 1999。

资于跟权威有关的资产，它们开始依赖生产某套特殊秩序的权威结构，并反过来具有了动机支持统治者、压制可能出现的异见者（后者有可能颠覆这一权威结构）。这样，被统治者（作为一个归属于这套特殊秩序和关系的共同体）进一步将统治者的权威正当化。随着它们依赖权威获取的资产越来越多，权威关系也变得越来越稳固——越来越正当。

在国家内部，各种利益集团依赖于国际贸易。它们将自己的利益嵌入美国所拥有的国际领导权，就像在世界贸易组织（WTO）中一样。美国及其西欧和拉美的一些跟从国最初商议设定管理国际贸易的规则。① 美国在这些规则内率先实行贸易自由化。而随着自由贸易的增长以及先前帝国特惠制和贸易保护主义的拆除，所有成员国内各种经济行为体逐渐调整了自己的战略和投资，向开放市场的新世界靠近。由于贸易在比较优势的基础上进行了重新分配，输出国扩张；输入国负隅反抗，但最终还是在经济和政治上进行收缩；而跨国公司开始掌握规模经济和由经济开放可能造就的较低的交易成本。由于各国国内经济资产由相对劣势的部门重新配置到比较优势的部门，而且由于企业对其生产链进行拆分，将之扩展至全球，国内反对自由贸易的力量越来越弱，支持开放贸易的力量越来越强。这强化了自由贸易政策，反过来也强化了制定这些政策的国际规则。② 在一些特定情况和产业中，经济民族主义依然出现。20 世纪 90 年代末，以广大群众为基础的反全球化抗议凸显反对开放市场的潜在冲突，使其变得更为普遍。然而，全球化看起来不仅速度正在不断加快，而且获得了政治推动

① 1948 年底加入关税和贸易总协定的所有 18 个国家都来自北美、西欧、南美，或美国和英国的前殖民地。到 1953 年第三轮谈判结束时，该组织及其各项规则已具体化，（各国加入的）模式基本上雷同，只有印度尼西亚（前荷兰殖民地）和土耳其是例外。关于国际贸易机制的演变，参见 John H. Barton, Judith Goldstein, Timothy E. Josling, and Richard H. Steinberg, *The Evolution of the Trade Regime*: *Politics*, *Law*, *and Economics of the GATT and the WTO*, Princeton, N. J.: Princeton University Press, 2006。
② 关于进口竞争利益集团的清洗，参见 Oona Hathaway, "Positive Feedback: The Impact of Trade Liberalization on Industry Demands for Protection," *International Organization*, Vol. 52, No. 3, 1998, pp. 575–612。关于越来越多的出口企业的存在，参见 I. M. Destler, and John S. Odell, *Anti-Protection*: *Changing Forces in United States Trade Politics*, Washington, D. C.: Institute for International Economics 1987; Helen V. Milner, *Resisting Protectionism*: *Global Industries and the Politics of International Trade*, Princeton, N. J.: Princeton University Press, 1988。随着技术的不断发展，通过比较优势而进行资产重新分配始终是一个动态的过程，它不断地将一些新近产生的弱势部门和企业抛置身后——这意味着普遍自由贸易联盟难以建立。

力。这并不是因为任何自然法则，而是由于全球的经济行为体越来越归向国际市场的持续开放。

这种自我执行的契约容易受到两种战略失误的冲击。其一，被统治者B要求更多的自主性。在A所确保给予的利益基础上，B提出更多的自主权要求，寻求扩展自身自由选择的范围。在这一过程中，经常试探权威的限度。当A的权威被B所归化或被B欣然接受，以及当B没有认识到它对A所提供的政治秩序的依赖时，B的违规行为最有可能发生。在这种情形下，面对B对规则的违犯、不服从，甚至反抗，A要么选择规训B，恢复自己的统治，要么最终减小自己提供的秩序的范围，放宽B的自主权。其二，统治者出现过度统治。A主张的一些权利并没有受到下属的认可，最后出现过度统治。① 在这种情形下，A认为自己拥有比实际更大的权威。B可能会不服从A缺少正当性的命令，或者更为激进地抵制这些命令，撤销（自己授予的）合法性并解除双方关系。而且，A出现过度统治的行为会给其他行为体释放信号，认为其对权威契约的履行不足为信，并可能促使下属更普遍地撤销其对A的服从。当A出现过度统治，或坚持主张不被下属接受的权威时，它所能做的是，或者放弃要求——这样做会暴露自己外强中干；或者通过强制手段执行自己的意志——这样的话代价高昂。不论哪种情况，A都将显示为一个暴君或帝国主义者。乔治W.布什在入侵伊拉克上出现行为过度，此举不仅没有获得伊拉克人民的支持，也致使其他国家对美帝国主义产生普遍担心。②

在所有的权威关系中，既得利益都在其中起着缓冲作用，减轻各方在战略失误中的损失。对于被统治者而言，既得利益会有效抑制其不服从或

---

① 主导国的过度统治与帝国过度扩张的观念虽然类似但并不等同，在后者中，大国的行事越过了边际收益等于边际成本这一临界点。参见 Paul Kennedy, *The Rise and Fall of the Great Powers: Economic Change and Military Power from 1500 to 2000*, New York: Random House 1987; Jack Snyder, *Myths of Empire: Domestic Politics and International Ambition*, Ithaca: Cornell University Press, 1991。

② 关于美国在伊拉克的过度统治和在国内巩固支持的失败，参见 Ali A. Allawi, *The Occupation of Iraq: Winning the War, Losing the Peace*, New Haven, C.T.: Yale University Press, 2007; Rajiv Chandrasekaran, *Imperial Life in the Emerald City: Inside Iraq's Green Zone*, New York: Vintage Books, 2006; George Packer, *The Assassins' Gate: America in Iraq*, New York: Farrar, Straus and Giroux, 2005; Thomas E. Ricks, *Fiasco: The American Military Adventure in Iraq*, New York: Penguin Press, 2006。

反抗行为，并防止权威关系可能出现的破裂，从而避免出现严重的混乱。若统治者出现统治过度，既得利益会迫使其重订规则。尽管如此，权威始终是脆弱的，易于遭到破坏，无论是自上还是自下。

权威的脆弱性使其一旦失去就很难重新获得。如果被统治者从统治者那里撤回支持，它们就很难接受先前的权威契约或不再信任统治者会履行契约。因此，一旦权威赖以存在的秩序遭到破坏，统治者就必须更为努力地重建秩序，而一旦出现统治过度，统治者就必须恢复跟从国对其愿意接受契约限制的信心。第一项任务的代价非常高昂，第二项任务要求统治者更严格地自缚手脚。两项任务都使得权威关系对于统治者的价值下跌，并因此使统治者再去建立权威关系的可能性降低。而与国内权威相比，国际权威的脆弱性更大——因为支持权威关系的利益内化程度更低，范围更窄。一国在国内对其公民行使权威的程度通常很深，涉及的政策领域也非常广泛。国内权威关系中的既得利益比国际权威关系中的更为强大。① 即便在公民有着很大私人活动空间的最自由的社会中，国家权威也很可能较（比如说）美国对多米尼加共和国行使的权威要大。② 而在国际权威关系中，由于支持者数量很少，且不够坚定，这一关系更容易遭到挑战和改变。

作为统治集团，主导国确实对跟从国行使（或多或少的）权威，并将最终创造权威关系中的既得利益者。然而，由于通常在国际权威关系中的既得利益比在国内政治中的数量少，对这一关系的依赖程度低，国家之间的权威比国内权威更为脆弱，也更具有流动性。大多数情形下，在权威关系中创造既得利益的那些特定资产不会贬值或一夕之间失去全部价值。即使这些资产在某套新的关系甚至在无政府状态下有所贬值，它们也至少能通过恢复原状重获部分原有价值。因此，既得利益者即使面对改革，也将

---

① 正是在这一意义上，国际制度比国内制度所起的作用小很多。参见 Lisa L. Martin, and Beth A. Simmons, "Theories and Empirical Studies of International Institutions," *International Organization*, Vol. 52, No. 4, 1998, pp. 729 – 757。大多数的国际组织制造的既得利益微乎其微，而反过来，它们的支持力量也极为微弱。由于支持者不多，这些机构能够较为容易地放弃及改变，因而行为体缺少动力去向那些依赖于这些机构的维持及其相应政策的资产进行投资。一个难以逾越的障碍梗在这儿。无政府制度施加的权威有限，没有发展出强有力的既得利益，并因此而易于改变；由于这些制度易于改变，行为体就不会投资对这一关系而言特定的一些资产。因此，在无政府状态下，政治常常是没有"标签"的，因为缺乏一些在特定制度中拥有大量利益的行为体。

② 当然，这里缺乏一个精确比较的标准。这一评估仅仅凭印象得出。

继续为旧政权（ancien regime）摇旗呐喊。同时，相比主导国在与其公民关系中出现过度统治，他们相对更容易也有可能在与其跟从国的关系中出现过度控制。因此，战略失误在国际政治中比在国内政治中更为频繁，也致使国际权威更加脆弱和短暂。

就国内政治而言，为了获得必要的收入以履行其维持秩序、执行各项规则的责任，政府依赖于本国公民和纳税人。相比之下，国际关系中的主导国对从其跟从国汲取资源的依赖性通常更小。尽管主导国仍旧依赖于跟从国服从它们创建并推行的各项规则，并因此而存在于一种社会契约当中，它们通常并未从其跟从国中征用重要的资源，以作为提供秩序的回报。只有在极少数情形下，例如西班牙帝国在拉美、二战后苏联帝国在东欧[1]，以及现今的德国和日本（它们为维持美国在其土地上的基地和军队费用做出了相当大的贡献），主导国确实通过类似于国家处理与其自己国民之间关系的各种方式，直接对其跟从国"征税"。相反，就像封建领主受限于自己领地的财富或食利者国家受益于自然资源一样，主导国依靠自身内部资源提供秩序并对跟从国实行统治。例如，正是美国公民缴纳的税收，资助美国使用的军队，建立和维护其对他国的权威。[2] 相比跟从国统治者，这种资源的独立性赋予主导国更小或更少限制的约束。主导国更为直接地向其自己的公民负责，而不是他国之中的附属公民。这种对跟从国国民责任的缺失使主导国很有可能行事过头——在遭到抵抗时，试图通过强制手段将自身意志强加于他国。

第三节　基本假设与论证逻辑

就研究目的而言，本书研究的是国家在国际关系中将自身政策的自主权交予他国手中，服从他国命令或影响力的行为。这是一种经由主导国和跟从国互构生成的关系型权威。我们可以假设，在一定的结构压力下，主导国（或潜在主导国）可能通过提供一些跟从国需要的利益吸引跟从国的

---

[1] Zbigniew Brzezinski, *The Soviet Bloc*: *Unity and Conflict*, Cambridge, M. A.: Harvard University Press, 1967, pp. 285 – 286.

[2] 〔美〕戴维·莱克：《国际关系中的等级制》，高婉妮译，上海：上海人民出版社，2013，第 40 页。

服从，而跟从国可能无法抗拒这样的利益诱惑，宁愿放弃部分政策自主权也要获得这一收益。在这一过程中，关系型权威的生成和维持主要受制于两个层次的因素：体系层次的结构压力和国家层次的利益内化度。

一　基本假设

为了更细致地对不同体系结构下，国家实力差距和利益内化度对权威关系构建所起作用进行说明，本书提出三个基本假设。

假设1. 在多极结构下，与潜在主导国实力差距越大的国家受到的结构压力越大，服从主导国命令、建立权威关系的强度越高；潜在主导国制造的利益收益点越多，国家投资的可能性越高，建立权威关系的可能性越大。

在多极体系下，有三个或三个以上的强国进行竞争。这些强国之间的相对实力差距不大，能够提供公益的能力和对弱国施加权威的能力差距也不大。弱国选择建立权威关系的机会更为灵活，拥有的主动权也更大。

假设2. 在两极结构下，两个极国家来自对方的结构压力都较大，双方都需要建立自己的权威阵营，对其他国家的"争夺"也更激烈，允诺或实际提供给这些国家的利益更为有力。哪一方提供的利益更加诱人，其他国家与其建立权威关系的可能性越高。

两极体系下，由于两个极国家都具有威胁对方生存的能力，彼此感知到的结构压力都非常强大，因此会针对对方采取积极拉拢其他国家的行为，避免对方拉拢获得较大的相对优势。它们会通过提供具有诱惑力的利益，吸引其他国家加入自己的权威阵营；或者分化对方阵营中的权威关系，削弱对方的整体凝聚力。而其他国家为了获得生存或安全，一般都会理性选择追随其中的一方，哪一方提供的利益更加诱人，与其建立权威关系的可能性就越大。

假设3. 在单极结构下，主导国与潜在跟从国之间实力差距越大，建立权威关系的可能性就越大。主导国提供的利益收益点越多，其他国家与其建立权威关系的强度就越大；主导国提供的利益收益点越少，其他国家与其建立权威关系的强度就越小。

在无政府国际体系中，拥有超群实力的霸权国在一定程度上发挥准中央政府的作用，充当权威主导国的角色。霸权国实力越强大，这种角色也越明显，其他国家受到的结构压力越大。这样，受到霸权国强迫的可能性也越大，潜在或实际权威关系的强度也越大。一旦建立权威关系，那么主导国提供的利益收益点越多，权威关系的强度就越大；主导国提供的利益收益点越少，权威关系的强度就越小。

二 逻辑链条和解释模型

根据以上假设，结构压力和利益内化度是影响国家之间建立权威关系的主要因素。在不同的体系结构下，国家受到的结构压力不同。由于存在实力差距，对于小国而言，受到大国影响力的强度高低成为与其是否建立权威关系的动机之一。在同一体系中，利益内化度的高低决定着权威可被接受的程度，也就是权威正当性的高低，后者成为建立权威关系的另一个动机（见图 1-1）。

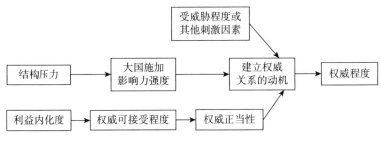

图 1-1　建立权威关系的逻辑链条

建立权威关系的动机组成除了结构压力和利益内化度之外，不能排除其他干扰变量的作用。有人或许会提出，国家对外行为会受国内政治精英的认知、利益集团的倾向、国内政治凝聚力等其他因素的影响。然而，由于这些国内变量过于繁杂，难以抽象出一个统一的核心变量，以及这些国内因素与国家的对外行为之间的因果链条之间的关联较近，容易陷入循环论证，再加上在某些情况下，国内变量本身会随着体系要素的变化而变化，很难制造出独立的因果效应，因此本书并未将其纳入其中。而选择将国家受到直接威胁的程度和其他刺激因素作为一个干扰变量加以考虑。社会科学研究的目的并不是发掘所有可能的影响因素，而是尽可能找出起主要作用的因素，构建简约而清晰的因果链条，加深我们对所要解释现象的理解。

总体上而言，结构压力影响着权威建立的倾向（可能性），而利益内化度决定着权威程度的高低。这样一来，权威关系建立的解释模型可以简化为表 1 - 2 所示。

表 1 - 2　权威建立的解释模型

		利益内化度	
		低	高
结构压力	强	权威建立的倾向较大 权威程度较低	权威建立的倾向最大 权威程度最高
	弱	权威建立的倾向最小 权威程度最低	权威建立的倾向较小 权威程度较高

　　极的数量和实力分布状况决定了体系内各国承受压力的总体状况。由于一种国际结构（极数）形成之后在一定时间内会相对较为稳定，实力分布整体上也较为稳定——但与极的数量变化相比，更易发生变化。因此，从研究的角度，我们将其简化为在极数不变的情况下，国家之间的实力差距。

　　国家对权威关系的利益内化程度，也就是国家对权威的依赖程度。一个国家投资进权威关系的利益程度深，范围广，则对权威的依赖程度高；投资进权威关系的利益程度浅，范围窄，则对这一权威关系的依赖程度低。

　　权威是一个连续体，其形态并非一成不变，而是根据条件的变化而变化。它以帝国 - 保护国及平等的合作者这两种形式为端点，在它们区间中不断变化，依照国家对权威关系的依赖程度高低和双方的实力差距大小，可以将其分为无权威关系、依附型权威、合作型权威（协调型权威）和竞争型权威（见图 1 - 2）。

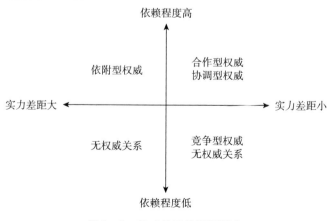

图 1 - 2　权威关系的不同形态

当实力差距大而依赖程度低时，两国之间没有权威关系存在。当实力差距大，而依赖程度高时，跟从国对主导国的依附较强，双方形成依附性权威关系。当实力差距小而依赖程度高时，根据具体情况的不同，呈现出两种形态：在利益重合的议题上，双方以合作型权威为主；在利益冲突的领域，双方以协调型为主。当双方实力差距小而相互依赖程度低时，要么为竞争型权威关系，要么没有权威关系。

小结　国际关系中的权威

主流国际关系理论中将国际无政府状态视为一种常态，认为在国家之上缺乏一个正式的终极的权威。这样一种正式－法律的权威观，并不能有效解释现实世界中一些国家对其他国家拥有权威而其他国家愿意甚至主动服从这些国家命令的现象。本章在对权威概念进行界定和进一步说明的基础上，指出在当前分析中固有的假定——即权威只能来源于法律——并不合适；并借用戴维·莱克的关系型权威概念，开辟了一条新的研究路径。在这一新的路径中，本章把权威界定为一种统治者与被统治者之间的契约，统治者提供利益，换取被统治者的服从。在这一过程中，双方对权威进行不断地重新协商和讨价还价。在定义上，正式－法律权威观排斥国家间存在权威的可能性，而关系型权威则允许甚至提倡国家间的利益交换。

本章认为，在国际关系中，权威关系的构成基础是跟从国的集体接受，而权威关系的建立则是主导国和跟从国在既有的结构压力下进行利益交换的结果。权威关系一旦形成，就具有了自我维持的内在机制。在具体的因果解释中，结构压力和利益内化度是影响国家之间建立权威关系的主要因素。结构压力影响着权威建立的倾向（可能性），而利益内化度决定着权威程度的高低。在这两个因素的作用下，国家之间的权威关系呈现出不同形态。

当今世界为美国主导下的单极世界，根据本章假设3，美国与其他国家之间实力差距越大，建立权威关系的可能性就越大；美国提供的利益收益点越多，其他国家与其建立权威关系的强度就越大。这一假设是否正确合理，需要进一步验证。

第二章

美国在亚太地区的权威：理论分析

无论是现实主义、自由主义，还是建构主义，学者们普遍认为自第二次世界大战以来，美国在世界体系中确立了主导性的地位，其在不同程度上对亚太事务形成了影响力，甚至塑造着部分国家的内外政策。既有研究中，学者们对美国在亚太地区主导性的势力存在赋予了多种称谓，例如"霸权"①、"帝国"②、"等级"③、"朝贡体系"④ 等。在本书看来，这些表述虽然各有侧重，但其共同点都集中于美国与亚太地区国家之间的某种不平等关系。这一关系在未遭受持续抵制并为区域内国家接受的情况下，意味着美国对这些国家拥有一定程度的权威。因此，无论是对"霸权"、"帝国"，还是对"等级"、"朝贡体系"的讨论，本书都将它们纳为对权威的理论分析。

---

① 〔美〕克里斯托弗·莱恩：《和平的幻想：1940 年以来的美国大战略》，孙建中译，上海：上海人民出版社，2009。

② Geir Lundestad, "Empire by Invitation? The United States and Western Europe, 1945 – 1952," *The Society for Historians of American Foreign Relations Newsletter* 15, September 1984, pp. 1 – 21; *The American "Empire" and Other Studies of US Foreign Policy in a Comparative Perspective*, Oxford-Oslo, 1990, pp. 31 – 115.

③ Evelyn Goh, "Hierarchy and the Role of the United States in the East Asian Security Order," *International Relations of the Asia-Pacific*, Vol. 8, 2008, pp. 353 – 377; David A. Lake, *Hierarchy in International Relations*, Ithaca, N. Y. : Cornell University Press, 2009, pp. 61 – 81.

④ Yuen Foong Khong, "The American Tributary System," *The Chinese Journal of International Politics*, Vol. 6, 2013, pp. 1 – 47.

第一节　美国对区域外霸权的追求

关于美国在亚太地区的权威存在，部分学者认为其是镶嵌于美国全球霸权目标中的重要一环。克里斯托弗·莱恩（Christopher Layne）在其《和平的幻想：1940 年以来的美国大战略》一书中，针对 20 世纪 40 年代以来的美国大战略进行全盘检视，指出美国并未像现实主义者的推论一样，只满足于地区的霸权地位（regional hegemony），相反，美国的战略方针长期受到"门户开放"需求的推动，持续追求"区域外的霸权地位"（Extra-regional Hegemony）。[1]

莱恩认为，现实主义对于美国大战略的两种推论路径都无法有力地解释美国在本区域外其他地区所追寻的霸权。首先，从防御现实主义观点来看，由于扩张主义政策成本高昂而且常常伴有风险，而且历史经验证明，具有侵略倾向的国家往往会引发其他国家的联手制衡，从而招致挫败。[2] 因此在一般情况下，国家多倾向于维持现状，国际结构中的安全处于充足状态，国家没有必要追求扩张和霸权。[3] 其次，进攻现实主义也不提倡国家对全球霸权的追求。米尔斯海默（John Mearsheimer）指出，尽管国家无法明确他国是否具有侵略性意图，也无法准确评估本国实力是否可以维护国家安全，这种不确定性将导致国家具有追求权力最大化的倾向，[4] 但由于受到庞大水体的阻隔，国家无法跨越海洋障碍长期推行有效的军力投射，因此其仅能追求区域霸权而非全球霸权。因此，一个国家一旦取得区域霸权地位，就应采取"离岸平衡战略"（offshore balancing strategy），依

---

① 〔美〕克里斯托弗·莱恩：《和平的幻想：1940 年以来的美国大战略》，孙建中译，上海：上海人民出版社，2009，第 40—41 页。
② 防御现实主义者认为，国家在面对潜在的强国崛起时，通常倾向于采取制衡而不是追随策略，参见 Stephen Walt, *The Origins of Alliances*, New York：Cornell University, 1987, pp. 149 - 178。
③ 莱恩指出，防御现实主义者强调国家在持续扩张过程中的战略成本迟早会超过所能获得的收益，从而造成过度扩张（over-expansion）的情况。参见〔美〕克里斯托弗·莱恩《和平的幻想：1940 年以来的美国大战略》，孙建中译，上海：上海人民出版社，2009，第 25—26 页。
④ 〔美〕约翰·米尔斯海默：《大国政治的悲剧》，王义桅、唐小松译，上海：上海人民出版社，2001，第 33—53 页。

靠其他地区的权力平衡格局组织新兴区域霸权崛起，仅在地区制衡失败时才亲自介入。① 因此，按照现实主义的逻辑，美国的最佳战略方案应该扮演离岸平衡手（offshore balancer）的角色。② 然而，莱恩指出，在现实中，美国并未采取离岸平衡战略，而是将维持甚至扩大本国在国际上的优势与霸权地位作为长期的战略追求。③

一　区域外霸权需要满足的条件

在莱恩看来，一国若要追求区域外霸权，必须满足三个条件：本区域的霸权地位、国际体系中的相对优势以及强大的物质能力。④ 而 20 世纪 40 年代之后的美国无疑具备这些条件：（1）在完成本国统一和控制北美形势后，美国持续扩大其在美洲地区的影响力，成功取得西半球区域内的霸权地位。⑤（2）第二次世界大战重新塑造了国际格局，传统的西欧大国在战争中受到重创，新兴的日本和德国战败，国际体系由多极转向两极，只有苏联和美国成为"超级大国"，而后者又远胜于前者实力，因此美国在体系中拥有相对的优势。⑥（3）由于推行霸权势必引起其他国家不同程度的抵制或反抗，美国必须确保自身在国防、经济与科学技术等领域的强大实力。保罗·肯尼迪（Paul Kennedy）指出，受到第二次世界大战的影响，美国在全球的权力达到"超级"水平，不论是财政、经济发展还是军事实力，美国的物质能力都处于全球领先地位。⑦ 基于上述条件，20 世纪 40 年代后的美国力图将

① 〔美〕约翰·米尔斯海默：《大国政治的悲剧》，王义桅、唐小松译，上海：上海人民出版社，2001，第 262—285 页。
② 〔美〕克里斯托弗·莱恩：《和平的幻想：1940 年以来的美国大战略》，孙建中译，上海：上海人民出版社，2009，第 36 页。
③ 〔美〕克里斯托弗·莱恩：《和平的幻想：1940 年以来的美国大战略》，孙建中译，上海：上海人民出版社，2009，第 34—40 页。
④ 〔美〕克里斯托弗·莱恩：《和平的幻想：1940 年以来的美国大战略》，孙建中译，上海：上海人民出版社，2009，第 41 页。
⑤ 〔美〕杰里·本特利、赫伯特·齐格勒：《新全球史（下）》，魏凤莲等译，北京：北京大学出版社，2007，第 980—981 页。
⑥ 〔美〕保罗·肯尼迪：《霸权兴衰史：1500 至 2000 年的经济变迁与军事冲突》，张春柏、陆乃圣主译，台北：五南图书公司，2011，第 452 页。
⑦ 〔美〕保罗·肯尼迪：《霸权兴衰史：1500 至 2000 年的经济变迁与军事冲突》，张春柏、陆乃圣主译，台北：五南图书公司，2011，第 452—454 页。

其影响力扩展至西半球以外，其目标主要集中于欧洲[①]、中东[②]和东亚[③]。

---

① 美国在 20 世纪 40 年代之后积极参与欧洲事务。例如，在经济上，利用"马歇尔计划"（Marshall Plan）协助欧洲各国重建经济；在安全上，促成"北大西洋公约组织"（North Atlantic Treaty Organisation，NATO），以集体安全的形式为西欧盟国提供安全保障。而在冷战之后，美国政府也积极推动北约东扩，将中、东欧国家纳入其中。参见 Alvin Rubinstein，"Alliances and Strategy：Rethinking Security," *World Affairs*，Vol. 3，No. 3，1999，pp. 59 - 62；〔美〕约翰·刘易斯·加迪斯：《长和平：冷战史考察》，潘亚玲译，上海：上海人民出版社，2011，第 59—81 页；〔美〕查尔斯·库普乾：《美国时代的终结：美国外交政策与 21 世纪的地缘政治》，潘忠岐译，上海：上海人民出版社，2004，第 143—188 页；甘逸骅：《北约东扩——军事联盟的变迁与政治意涵》，《问题与研究》2003 年第 4 期，第 1—19 页。

② 美国对中东事务的介入十分频繁。例如杜鲁门总统在"第四点计划"（The Point Four Program）中将中东国家纳入美国的国际援助计划当中；艾森豪威尔总统主张建立由伊拉克、伊朗、巴基斯坦、土耳其等国组成的"中部公约组织"（Central Treaty Organization，CENTO）；卡特总统在 1980 年 1 月 23 日宣布的"卡特主义"（Carter Doctrine），声称美国在中东地区拥有值得以武力捍卫的重大利益；里根政府设立了"中央司令部"（United States Central Command，USCENTCOM）；克林顿政府针对伊拉克与伊朗提出"双重围堵"（dual containment）战略；小布什政府在"9·11"事件后对阿富汗和伊拉克发动了反恐战争等。参见谢华《对美国第四点计划的考察和分析》，《美国研究》2010 年第 2 期，第 73—94 页；Alvin Rubinstein，"Alliances and Strategy：Rethinking Security," *World Affairs*，Vol. 3，No. 3，1999，pp. 59 - 62；Edward Chester，*United States Oil Policy and Diplomacy：A Twentieth-Century Overview*，London：Greenwood Press，1983，p. 29；Keith Crane and Andreas Goldthau，*Imported Oil and U. S. National Security*，Santa Monica：Rand Corporation，2009，p. 61；Richard Sokolsky ed.，*The United States and the Persian Gulf：Reshaping Security for the Post-Containment Era*，Washington D. C.：National Defense University Press，2003，p. 3；Bob Woodward，*Bush at War*，New York：Simon & Shuster，2002，pp. 282 - 283.

③ 东亚虽然在地缘上与美国相距甚远，但在 20 世纪 40 年代意识形态对抗逐渐升温，美国针对苏联采取"遏制战略"（Containment Strategy）等背景下，这一地区在美国整体战略布局中的重要性日益显著。美国在东亚的战略布局主要包括两个方面：首先，在具体战略方面，1950 年 1 月 12 日，时任美国国务卿的艾奇逊提出，在太平洋地区建立"环形防线"（Defensive Perimeter），麦克阿瑟（Douglas MacArthur）与凯南（George Kennan）等也先后针对西太平洋的战略部署态势提出建议；其次，在同盟建构方面，美国在本地区建立了以双边关系为主的"轮辐体系"（Hub and Spokes System）。这样，美国不仅可以更加周全地推进战略布局，而且也可以利用这一体系与东亚各国加强经贸关系。相关资料参见 The Secretary of Defense，*The United States Security Strategy for the East Asia-Pacific Region*，Washington D. C.：The Department of Defense，1998，pp. 5 - 68；Marvin Ott，"East Asia：Security and Complexity," *Current History*，Vol. 100，No. 645，2001，pp. 147 - 153；Ralph Cossa et al.，*The United States and the Asia-Pacific Region：Security Strategy for the Obama Administration*，Washington D. C.：Center for Strategic and International Studies，2009，pp. 3 - 75；约翰·刘易斯·加迪斯：《长和平：冷战史考察》，潘亚玲译，上海：上海人民出版社，2011，第 93—121 页；彼得·卡赞斯坦：《地区构成的世界——美国帝权中的亚洲和欧洲》，秦亚青、魏玲译，北京大学出版社，2007，第 53—64 页；周建明，《美国国家安全战略的基本逻辑——遏制战略解析》，北京：社会科学文献出版社，2009，第 178—187 页；〔美〕克里斯托弗·莱恩：《和平的幻想：1940 年以来的美国大战略》，孙建中译，上海：上海人民出版社，2009，第 4 页。

罗伯特·阿特（Robert Art）对这三大地区的战略价值曾做出更为细致的分析，通过引用各类统计数据，阿特指出美国借由长期的经营，已在三大地区拥有重要的经济贸易、能源供应、同盟与安全战略规划等利益。[①] 也因此，在美国的战略考虑中，对亚洲局势的发展予以高度的关注，并一直努力介入其中。

二 美国追求区域外霸权的原因

而至于美国为何追求区域外的霸权地位，莱恩认为其原因在于美国政府长期秉持的"门户开放"观念。这一观念来自一个基本假设，即美国的安全、繁荣和基本价值的维系，都取决于国际体系的开放程度，如果其他国家对美国采取封闭与拒绝往来等政策立场，最终将会对美国构成深远的伤害。莱恩指出，美国政府长期秉持一种信念，即其他国家的闭关自守（closure）将危害美国的核心价值。[②] 这种观点将国际环境的开放程度与美国国内的安定与发展联结在一起，要求美国"塑造国际环境"，塑造一个自由开放的国际格局。具体而言，在经济领域，建立并维持自由开放的国际经济体系。这衍生出两项要求，使其成为推动美国建立区域外霸权的动力[③]：其一，美国必须积极参与具有重要经济利益的区域，并扮演区域稳定器（regional stabilizer）角色，维持区域内的稳定和平，避免战争与国际政局不稳对经济发展造成的损害；其二，美国必须说服或在必要时颠覆奉行闭关自守的外国政府，使相关国家愿意融入开放的经济体系当中。[④] 在政治价值领域，推行自由民主的政治价值与政府体制。美国领导人深信，如果国际社会存在持有不同意识形态的强大竞争对手，将对美国的自由、

---

① 在三大地区当中，东亚与欧洲地区和美国的经贸和投资利益密切相关，中东的主要价值呈现在能源供应上。同时，三大地区都是美国全球安全战略规划的重点。参见 Robert Art, *A Grand Strategy for America*, New York：Cornell University Press, 2003, pp. 123 – 136。
② 〔美〕克里斯托弗·莱恩：《和平的幻想：1940 年以来的美国大战略》，孙建中译，上海：上海人民出版社，2009，第 43 页。
③ 〔美〕克里斯托弗·莱恩：《和平的幻想：1940 年以来的美国大战略》，孙建中译，上海：上海人民出版社，2009，第 49 页。
④ 〔美〕克里斯托弗·莱恩：《和平的幻想：1940 年以来的美国大战略》，孙建中译，上海：上海人民出版社，2009，第 43 页。

民主和人权等核心价值构成挑战。如果对手控制欧亚大陆等地区，则美国会在国际上遭到孤立。而在意识形态敌对的世界中，美国必须集中资源，应对威胁。^① 因此，美国一方面必须对抗甚至消灭敌对意识形态，另一方面必须塑造门户开放的国际环境，推广自身的政治价值与意识形态。约翰·欧文（John Owen）指出，推广意识形态是美国战略的重要环节，美国政府在二战之后积极推广自由主义，使得日本、西欧国家都由自由主义精英执政，他们与美国之间虽有分歧，但彼此共享核心政治价值，建立了坚实的互信基础，使美国在相关国家的支持下维护自身的霸权事业。^②

整体而言，美国对包括东亚在内的世界其他地区的介入是其追求区域外霸权的组成部分。长期以来，美国并未采取防御现实主义者提倡的防御战略，也未采取进攻现实主义者所主张的离岸平衡战略。而是秉持对国际经济体系与政治价值门户开放的追求，利用其自 20 世纪 40 年代以来所掌握的物质能力、国际权力和区域霸权等优势，跨越西半球，积极介入亚太、欧洲和中东等，建立并扩大美国的影响力，确保门户开放，维护美国的国家利益与安全。

第二节 "受邀请的帝国"

一 亚太诸国对美国的邀请？

关于美国在包括亚太在内的世界地区所拥有的权威，吉尔·兰德斯塔德（Geir Lundestad）认为，这是"受邀请的帝国"（Empire by Invitation）发挥作用的结果。在其《美国世纪中"受邀请的帝国"》一文中，兰德斯塔德以亨利·卢斯（Henry R. Luce）提出的"美国世纪"（The American

---

① 有观点认为这一现象已在冷战期间美苏的意识形态对抗中形成，参见 Chalmers Johnson, *The Sorrows of Empire: Militarism, Secrecy, and the End of the Republic*, New York: Verso, 2005, pp. 15 – 216。

② John Owen, "Transnational Liberalism and American Primacy; or, Benignity Is in the Eye of the Beholder," in John Ikenberry ed., *America Unrivaled: The Future of the Balance of Power*, Ithaca: Cornell University Press, 2002, pp. 239 – 259。

Century）① 为起点，认为"受邀请的帝国"这一表述不仅可以运用于美国与欧洲的关系②，也可用于分析美国与世界其他地区的关系。当谈及亚太时，兰德斯塔德指出，不仅是澳大利亚和新西兰与美国保持有紧密关系，亚洲一些国家也同样进行了一场虚拟的运动（virtual campaign），将美国进行拉拢，使其站在自己一边。③ 二战之后，出于对共产主义威胁的担心，韩国和中国台湾地区等国家和地区急切需要美国的支持，尤其是在朝鲜战争爆发后，李承晚和蒋介石政权对美国极力拉拢，分别于1953 年和 1954 年与其签订安全条约。但就像南希・塔克（Nancy B. Tucker）所认为的，倘若说 1950 年台湾还面临被杜鲁门政府抛弃的可能性时，到 1954 年，安全条约的签订则纯属多余，因为台湾当局早已编织了一个大网，在政治、经济和军事各方面与美国建立了紧密的联系。④ 当韩国和台湾地区感到自己受其他国家威胁时，它们对美国的依赖却丝毫没有动摇。

关于日本，由于其在 1945—1951 年因战败被美国军队占领，在兰德斯塔德看来，"一个被占领的国家谈及'邀请'，并无意义"。⑤ 然而，日本在被占领期间引入的政治体制和美国为其设计的 1947 宪法却完整继承并一直保持下来。虽然民意调查显示，日本人对美国的好感不高，但对1951 年签订的美日安保条约的支持，却一直很强（除了越南战争期间）。在 20 世纪 70 年代以后，2/3 的日本人一贯支持该条约。对日本而言，将大部分安全防御交予美国照顾，而自己则集中于经济发展，是项不错的安排。随着 1997 年美日防卫指南的发布，美日关系更趋向于传统上所

---

① Henry R. Luce, "The American Century," *Life*, February 17, 1941, pp. 61 - 65; Geir Lundestad, "'Empire by Invitation' in the American Century," *Diplomatic History*, Vol. 23, No. 2, 1999, pp. 189 - 217.

② Geir Lundestad, "Empire by Invitation? The United States and Western Europe, 1945 - 1952," *The Society for Historians of American Foreign Relations Newsletter* 15, September 1984, pp. 1 - 21; *The American "Empire" and Other Studies of US Foreign Policy in a Comparative Perspective*, Oxford-Oslo, 1990, pp. 31 - 115, particularly, pp. 54 - 70.

③ Geir Lundestad, "'Empire by Invitation' in the American Century," *Diplomatic History*, Vol. 23, No. 2, 1999, p. 207.

④ Nancy Bernkopf Tucker, *Taiwan, Hong Kong, and the United States, 1945 - 1992*, New York: Twayne Publishers, 1994, p. 35.

⑤ Geir Lundestad, "'Empire by Invitation' in the American Century," *Diplomatic History*, Vol. 23, No. 2, 1999, p. 208.

说的盟友关系，而不是像之前呈现出来的一样，是美国单方面的安全保证。①

在谈及东南亚时，兰德斯塔德认为，在美国领导建立东南亚国家组织（South-East Asia Treaty Organization，简写 SEATO）的过程中，当地的一些国家（例如菲律宾、泰国和巴基斯坦）比美国更想要建立一个更强大的类似于北约（NATO）的组织。尤其菲律宾和巴基斯坦，两个国家一直致力于建立紧密的国际组织，而且日益成功地从美国那里获得安全保证。在兰德斯塔德看来，它们的动机在于希望获得经济和军事援助和支持，反对邻国或镇压反政府群体。虽然后来 SEATO 如美国设想的一样，成为一个松散的组织，但这一背景下却透露出一项事实，即当地国家鼓励美国在地区内扮演更为积极的角色，不论是在经济事务，还是军事事务上。②

东南亚国家组织在 1975 年因"环境变化"③ 而逐步停止，美国与东南亚国家的关系主要承载在东盟的框架内。在美国与东盟的关系上，兰德斯塔德认为比较复杂。一方面，马来西亚和苏哈托（Suharto）掌权的印度尼西亚谴责美国在人权、民主和其他一些问题上的政策。美国不得不在 1991 年放弃其在菲律宾的传统基地。另一方面，大部分东盟国家希望美国在该地区维持一定程度的军事存在，制衡日益崛起的中国。为了达到这一目的，部分东盟国家（甚至包括马来西亚）都暗地加强与美国的军事合作，

---

① Akira Iriye, *Japan and the Wider World*: *From the Mid – nineteenth Century to the Present*, London, 1997, pp. 88 – 119, particularly, pp. 118 – 119, 128 – 131, 151 – 152, 179 – 180; Glenn D. Hook, *Militarization and Demilitarizationin Contemporary Japan*, London, 1996, particularly 119 – 122; Michael Richardson, "U. S. CalmsAsians on Troop Levels," *International Herald Tribune*, 17 March 1997; Robert D. Eldridge, "The 1996 Okinawa Referendum on U. S. Base Reductions," *Asian Survey* 37, October 1997, pp. 879 – 904.

② Gary R. Hess, "The AmericanSearch for Stability in Southeast Asia: The SEATO Structure of Containment," in *The Great Powersin East Asia*, *1953 – 1960*, ed. Warren I. Cohen and Akira Iriye, New York, 1990, pp. 272 – 295; Nick Cullather, *Illusions of Influence*: *The Political Economy of United States-Philippines Relations*, *1942 – 1960*, Stanford, 1994, pp. 141 – 152; Robert J. McMahon, *The Cold War on the Periphery*: *The United States*, *India*, *and Pakistan*, New York, 1994, pp. 154 – 188.

③ Peter Teed, *Dictionary of Twentieth-Century History*, *1914 – 1990*, Oxford: Oxford University Press, 1992, p. 435.

甚至允许美国军事设施的存在。①

兰德斯塔德主张，所有对美国角色的反对都不应该只看表面。他认为，中国政府虽然对美国在该地区内所有军事基地持有反对态度，但也明白，美国在韩国和日本的军队实际上起到稳定局势的作用，要是撤销，就会增加朝鲜半岛局势的冲突机会，而日本也会迅速建立自己的军事力量。②这也是说，包括中国在内的众多国家都或明或暗地"邀请"美国进驻亚洲，成为亚洲的掌舵者。

二 美国领导的地区等级秩序

兰德斯塔德的观点受到了很多人的批评，"帝国"一词也为美国政界所不喜。③ 尽管如此，他对美国在亚太地区主导地位的论述得到了部分学者的共鸣。吴翠玲虽然没有像兰德斯塔德那样直接指出美国在亚洲的权威是出于"受邀请"，但她更进一步地指出，在东亚的安全秩序中，美国并不是一个区域外的行为体，而是区域内成员，是构建区域稳定与秩序的核心力量。她认为，尽管东亚的安全政治及中国在其中的决定性作用，越来越成为国际安全的重要组成部分，当前的地区秩序仍是由美国的战略利益和承诺所构建（而不仅仅是塑造或界定）的。美国虽然受困于伊拉克，但其物质能力和理念能力依然在东亚占据主导地位。其在该地区有明确的军事存在（军事部署和双边同盟）；是地区内所有国家最大的贸易伙伴和投资者；在整个亚太的外交、教育和大众文化上，具有非常重要的规范性影响；而其技术实力也仍保持着无与伦比的竞争力。

与莱恩和兰德斯塔德不同，吴翠玲认为，美国在东亚的主导地位并不是帝国（imperial）或霸权式的（hegemonic）。这是因为，一方面，美国的

---

① M. L. Smith and D. M. Jones, "ASEAN, Asian Values and Southeast Asian Security in the New World Order," *Contemporary Security Policy*, Vol. 18, December 1997, pp. 126 – 156; Gerald Segal, "How Insecure Is Pacific Asia?" *International Affairs*, Vol. 73, No. 2, 1997, pp. 235 – 249, particularly 245 – 248; Allen S. Whiting, "ASEAN Eyes China: The Security Dimension," *Asian Survey*, Vol. 37, April 1997, pp. 299 – 322; Jose T. Almonte, "Ensuring Security the 'ASEAN Way'," *Survival*, Vol. 39, Winter 1997 – 98, pp. 80 – 92.
② Geir Lundestad, "'Empire by Invitation' in the American Century," *Diplomatic History*, Vol. 23, No. 2, 1999, p. 209.
③ Yuen Foong Khong, "The American Tributary System," *The Chinese Journal of International Politics*, Vol. 6, 2013, p. 5.

优势得到了这些国家的相对接受（至少没有直接挑战）；另一方面，美国在很大程度上也依赖于和其他国家的合作，维持其权力。因此，美国在亚洲的主导地位应当被理解成某种形式的等级制。1945 年之后，东亚的稳定与动荡，都与美国在该地区等级位置中的相对稳定紧密关联。美国管理该地区秩序的承诺越不确定，东亚地区的安全程度也越低。同时，吴翠玲也不同意康灿雄所认为的在东亚存在一种以中国为中心的等级化政治关系的历史传统的看法。她认为，这一传统随着中国的相对落后，于二战之后变为美国主导，整个地区内的主要国家也都接受了一种以美国为中心的地区等级秩序。①

吴翠玲虽然对美国在东亚的权威给予了充分肯定，也认为其对东亚地区秩序的稳定起着重要的作用。但她未有充分说明的是，美国为什么会在东亚地区拥有等级制，也就是权威？这一点，在同样主张国际等级制的戴维·莱克那里得到了很好的解答。

第三节　理性交换基础上的国际等级

美国与其他国家建立权威关系是基于双方对成本收益理性计算的结果，这一看法受到戴维·莱克、卡塔·韦伯（Katja Weber）和邝云峰（Yuen Foong Khong）等学者的支持和主张。② 在他们的著述中，美国在世界其他地区所拥有的权威，或者以等级制（hierarchy）的形式表现出来，或者与古代中国在东亚的"朝贡体系"（tributary system）相类似。

一　大国建立国际等级的动机

莱克在《国际关系中的等级制》一书中，认为权威是衡量等级制程度高低的媒介。他对美国在世界各个地区的等级制模式进行了量化分析，将

① Evelyn Goh, "Hierarchy and the Role of the United States in the East Asian Security Order," *International Relations of the Asia-Pacific*, Vol. 8, 2008, pp. 353 – 377.
② David A. Lake, *Hierarchy in International Relations*, Ithaca, N. Y.: Cornell University Press, 2009, chapters 2, 3; Katja Weber, "Hierarchy amidst Anarchy: A Transaction Costs Approach to International Security Cooperation," *International Studies Quarterly*, Vol. 41, No. 2, 1997, pp. 330 – 336; Yuen Foong Khong, "The American Tributary System," *The Chinese Journal of International Politics*, Vol. 6, 2013, pp. 1 – 47.

权威大小作为衡量等级制程度高低的媒介。① 因此，建立等级制的原因和动机，也成为建立权威关系的原因和动机；对等级制的衡量，也间接地成为对权威大小的衡量。

　　莱克认为，关系型权威契约的核心是主导国为跟从国提供政治秩序以换得跟从国的服从，双方的共同需求是政治秩序。② 莱克分别对主导国、跟从国在同一政治秩序中的收益和成本作了专门分析。在他看来，主导国看重的收益主要有：（1）免受跟从国对自己安全的挑战和威胁；（2）建立有益于自己的国际秩序；（3）从跟从国处获得针对第三方行动的合法权。跟从国看重的主要收益有：（1）依靠主导国对自己安全的保证，减少自我防御的开支；（2）享受与主导国贸易的优惠条件和跟从国之间的贸易开放；（3）在与第三方的冲突中获得主导国的支持和保护。与此相对的，主导国可能付出的成本有：（1）确保跟从国的生存和领土完整，限制第三方对跟从国的强制企图；（2）创造和巩固规则，提供公共产品；（3）自缚手脚，遵守规则；（4）惩罚跟从国的背叛行为。而跟从国在权威关系中需要付出的代价则主要包括：（1）服从主导国的命令，放弃部分自主权；（2）在主导国参与的战争中与主导国站在一起，追随主导国进入原本或可避免的战争；（3）放弃与主导国不和的第三方结盟的机会；（4）接受主导国的惩罚。③ 主导国和跟从国通过对这些成本和收益进行衡量，决定是否建立权威关系。

　　在地区层面，以权威为基础的等级是如何生成的？莱克在专门论述地区等级的文章中认为，大国有着强烈的动机来建立地区等级，主要有三个方面。一是正外部性，主导国在地区建立的等级秩序会扩展到地区的其他国家，一定程度上这些国家可以免费获取社会公共秩序的收益。二是等级秩序的规模效应，主导国制造秩序必须投资技术装备来远距离投射军事力量，发展地区公共设施和基地。一旦这些庞大的固定资本在具体地区投入

---

① David A. Lake, *Hierarchy in International Relations*, Ithaca, N. Y. : Cornell University Press, 2009, chapters 2, 3.
② 政治秩序的基本内容包含：人身不受暴力伤害的安全、财产不受挑战的保证以及对已有承诺和协议得到遵守的期望。参见 David A. Lake, *Hierarchy in International Relations*, Ithaca, N. Y. : Cornell University Press, 2009, p. 94。
③ 高婉妮：《国际政治的等级状态？——〈评国际关系中的等级制〉》，《国际政治科学》2010 年第 1 期，第 120 页。

下去，将社会秩序扩展到第二个跟从国的边际成本将会非常低。在这一过程中，主导国为跟从国提供社会秩序的成本降低，跟从国得到更多的社会秩序的同时放弃的主权变少。三是合法性，多个跟从国将主导国在地区内的等级合法化，允许主导国更大程度和更为有效地执行统治。[①]

除了戴维·莱克，卡塔·韦伯（Katja Weber）也从理性主义的角度出发，对国际关系中的等级现象作出了论述。他虽然没有直接提出权威与等级间的内在联系，但其对为什么国家会选择程度不同的等级结构作出了回答，而这与本书的问题（国家之间为什么会选择建立不同程度的权威关系）有很大的相关性。

具体来说，国家在什么情况下会选择不同程度的等级类型？韦伯选取了两个变量对此加以解释：一为外部威胁的程度；二为交易成本。[②] 外部威胁越严重，越需要安全保证，国家越会放弃一些行动自由，进入约束性等级安排的可能性越大。交易成本越高，国家越会选择约束性强的等级安排。因此，在高威胁和高交易成本的情况下，邦联最可能形成。如果低威胁，高交易成本，国家可能选择较低约束性安排。相反，如果高威胁，低交易成本，国家会选择约束性联盟。因此，高威胁和高成本是邦联形成的必要条件（各自是必要条件），但任何一个都不是充分条件（两个联合起来才是充分条件）。

关于外部威胁的衡量，韦伯认为主要依靠两个指标：国家的军事能力（军事潜力）和地理邻近度。[③] 国家的军事能力越强，给他国造成的威胁越大，被威胁国寻求约束性高的等级安排。同样，地理邻近度高，潜在威胁大，越需要约束性高的等级安排。

至于交易成本，则和三个因素有关。（1）不确定性的程度。[④] 交易的不确定性越高，交易成本越高，越需要制度化的结构来规范和促进参与方

---

① David A. Lake, "Regional Hierarchies: Authority and Local Production of International Order," *Review of International Studies* 35 (2009), pp. 41 - 43.

② Katja Weber, "Hierarchy amidst Anarchy: A Transaction Costs Approach to International Security Cooperation," *International Studies Quarterly*, Vol. 41, No. 2, 1997, p. 330.

③ Katja Weber, "Hierarchy amidst Anarchy: A Transaction Costs Approach to International Security Cooperation," *International Studies Quarterly*, Vol. 41, No. 2, 1997, p. 331.

④ Katja Weber, "Hierarchy amidst Anarchy: A Transaction Costs Approach to International Security Cooperation," *International Studies Quarterly*, Vol. 41, No. 2, 1997, p. 331.

的交流与合作。不确定性低，国家会偏向更大的行动自由而不是约束性的制度安排。随着不确定性的增加，国家可能选择更有约束性的安全安排。因为国家担心联盟方的机会主义行为危及自身的安全。衡量不确定性主要靠两个变量：一是大国数量，大国数量越多，国家背离安全安排的可能性越大，不确定性越高，因为其他国家会提供更为诱人的利益。相反，在两极体系下，国家的机会主义概率降低，不确定性小。二是国家收发的信号（签署的条约，武器谈判，坚持协定的程度等）。具体来说，发出的信号越清晰，越一致，在约束性安全安排中寻求再保证的可能越少，当然前提是信号表达的意图是善意的。反之，发出的信号越不清晰，越不一致，国家越关心他国的意图，越需要约束性安全结构来抵制机会主义行为。

（2）物品特性。[1] 物品特性是指物品是否和在多大程度上可以转化为他用或转手其他使用者。如果物品能很容易地转为他用或转手他人，买卖双方可以轻易重新寻找到其他替代资源，不必担心机会主义，也就没有必要进入等级结构。反之，买卖双方肯定担心他者的机会主义，就可能会设计具体的治理结构，走出市场关系进入等级结构。安全关系同样如此。物品越具体，国家肯定担心联盟中他国的机会主义行为，这更可能形成约束力强的安全等级。相反，如果物品用途多样，一个煞费苦心的制度结构是没有必要的，因为国家面对的交易风险小，机会主义成本低。因此，交易中物品越具体，国家越可能选择邦联而不是联盟，因为在更有约束力的安全等级下，机会主义的概率会大大减少。

（3）国家的异质性。[2] 异质性越大，国家之间语言沟通越困难，越容易造成误解和歧见，越需要翻译、裁决和高成本的协调，交易成本越高。换句话说，国家之间的宗教、语言、文化、政治背景越多样，交易成本越高，越需要约束性强的等级结构。但是，高度的异质性既不是邦联形成的必要条件，也不是充分条件。[3]

---

① Katja Weber, "Hierarchy amidst Anarchy: A Transaction Costs Approach to International Security Cooperation," *International Studies Quarterly*, Vol. 41, No. 2, 1997, p. 332.

② Katja Weber, "Hierarchy amidst Anarchy: A Transaction Costs Approach to International Security Cooperation," *International Studies Quarterly*, Vol. 41, No. 2, 1997, p. 333.

③ 花勇：《国际等级体系的生成、功能和维持》，《国际政治科学》2011 年第 3 期，第 139—140 页。

无政府状态下，自利国家尽管相互敌对，但也愿意接受某种程度的等级。等级治理结构的产生是因为等级能保证更大的安全，降低交易成本。韦伯并没有讨论等级内部的层级关系和权威关系，但其对国家在什么情况下，会进入什么程度的等级结构这一问题的讨论对于本书研究国家在什么情况下，会建立什么程度的权威关系具有很好的借鉴和启发意义。

二　美国在世界范围内的等级制

莱克重点对美国在世界各地所拥有的权威进行了衡量。他从1950—2000年美国与其他国家交往的历史中抽取了安全和经济两组衡量指标。安全方面：（1）主导国 A 在跟从国 B 领土上部署的军事力量的多少；（2）跟从国 B 拥有的独立联盟的数量。经济方面：（1）以汇率制度定义的 B 的货币政策的自主权；（2）A、B 之间贸易的相互依存度（主要为 B 对 A 的经济依存度）。这些经验性指标的设置，将主导国对跟从国的权威与单纯的强制区别开来，指出了权威是"正当的"强制。通过这些指标的考察，莱克指出，在当今的国际体系中，美国对拉美（尤其加勒比海沿岸国家）、西欧和东北亚的一些国家之间行使着程度不一的权威，而与非洲、中东和亚洲其他地区的国家则很少存在权威关系。[①]

美国与东北亚国家间的权威关系主要以美日关系与美韩关系为核心。[②]从20世纪50年代开始，尤其在朝鲜战争达到顶峰的时期，日本和韩国驻扎了大量的美国军事力量，而且，两国在排他性的双边协定中成为美国的伙伴国——这种协定几乎没有给予两国任何的"外部选择"。到了60年代，安全上的权威关系反而达到一种代表牢固势力范围的相对稳定状态。虽然美国在安全上的权威随着时间推移呈现逐渐下降的趋势，但是在2000年西欧发生变化之前，冷战的结束并没有导致其发生重大的变化。为了应对石油危机，日本和稍晚一点的韩国都强调对美国的出口导向型增长方

[①]　高婉妮：《国际政治的等级状态？——〈评国际关系中的等级制〉》，《国际政治科学》2010年第1期，第119页。

[②]　东北亚地区界定为朝鲜、韩国、日本和中国台湾。令人遗憾的是，朝鲜和台湾地区经济等级的数据完全缺失，在地区"内"仅剩下韩国和日本方面的数据。关于日本安全等级1950年和1951年的数据也已经找不到。由于战争的缘故，美国在韩国的驻军超出一般；莱克在1955年之前的安全等级指数中排除了韩国。

式，美国在经济上的权威在 70 年代显著增加，但在 1980 年以后又回到其历史水平，大致组建了一个比西欧更为微弱的经济区。美国在经济上的权威在 20 世纪 90 年代后期大幅下降。直到今天，美国对东北亚国家至多仅是拥有一种微弱的势力影响。

在东北亚之外，美国对亚洲其他国家行使的权威更为微弱。在东南亚，美国的权威一直主要局限于菲律宾（安全和经济）、澳大利亚（安全）、新加坡和泰国（经济）。总体而言，美国享有的安全权威程度较低，而经济权威随着时间的变化稳定增长。相比之下，过去 50 年里，中亚和南亚是美国在安全政策上唯一没有行使权威的地区。①

第四节　"美国的朝贡体系"说

在美国的国家组成中，除了物质能力，一些特定的规范、认同和价值观也占据着重要位置。"山巅之城"（the city on the hill）、"新世界"（new world）等一直是美国对自身的定位，②推广自由、民主，建立自由世界，让其他国家效仿自己，成为美国自认为必须肩负的使命。③ 这样，美国与其他国家的交往一直掺杂着对自由、民主的推广。而其他国家对这些价值观的认可和接受，也成为其与美国之间建立权威关系的重要推手。关于这点，值得关注的是邝云峰提出的"美国的朝贡体系"说，他将传统上用来形容古代东亚秩序的"朝贡体系"概念用于当今美国在世界各地的权威描述，认为如今美国在世界上建立了最为成功的朝贡体系。④

一　中美朝贡体系对比

在《美国的朝贡体系》一文中，邝云峰列出了古代中国朝贡体系的

---

① David A. Lake, *Hierarchy in International Relations*, Ithaca, NY：Cornell University Press, 2009, Chapter 3.

② Yuen Foong Khong, "The American Tributary System," *The Chinese Journal of International Politics*, Vol. 6, 2013, p. 7.

③ Yuen Foong Khong, "The American Tributary System," *The Chinese Journal of International Politics*, Vol. 6, 2013, pp. 28 – 31.

④ Yuen Foong Khong, "The American Tributary System," *The Chinese Journal of International Politics*, Vol. 6, 2013, pp. 1 – 47.

各项特点，在此基础上，将美国在当今世界享有的霸权地位与之对比，得出结论，美国拥有类似的朝贡体系（关于中美朝贡体系的对比，参见表 2-1）。

表 2-1 中美朝贡体系特点对比

中国	美国
中国中心主义（Sinocentricism）	美国例外主义（Exceptionalism）
推崇文明的伟大	推崇国家至上：屹立之国，看见未来
等级制或不平等	霸权或领导者
建立在文化效仿基础上的吸引力	建立在政治－意识形态消防基础上的吸引力
仁道或非强制性	善意的霸权或提供公共物品
外交仪式	外交仪式
使节进贡	国家到访与峰会
磕头仪式	年度人权报告或国会演讲
授职仪式	承认抑或不承认
国内—国际联系	国内—国际联系
天子或天下的统治者	自由世界的领导者

资料来源：Yuen Foong Khong, "The American Tributary System," *The Chinese Journal of International Politics*, Vol. 6, 2013, p. 15。

二 认同和规范：美国对权威的追求

具体来说，美国的朝贡国包括两类国家：一为与美国签订正式协议的盟友；二为非正式的战略伙伴，主要包括允许美国在自己领土范围内拥有军事基地和设施的一些国家。美国霸权在为这些国家提供政治经济"公共产品"的同时，要求对方施以回报。这些回报主要有：承认并认可美国的权力或霸权；效仿美国的政治体制和理念。① 这些国家对美国世界第一大国地位的认同，以及反过来，追求美国对自身国家领导人和政权的承认成为双方权威关系合法性的来源。

---

① Yuen Foong Khong, "The American Tributary System," *The Chinese Journal of International Politics*, Vol. 6, 2013, p. 2.

领导自由世界，推行民主成为美国对外交往的第二维度。对五种自由（演讲、出版、集会、宗教和领导人选举）的追求深入美国人内心①，"意识形态和权力共同（交互）作用于美国的外交决策"。② 美国要求其他国家效仿自己的政治体制和意识形态。在邝云峰看来，虽然可以将美国的盟友和战略伙伴归为美国的朝贡国，然而这一称呼并没有得到这些国家的认可，它们更倾向于将自己视为美国的朋友、盟友或伙伴，因为可以显示出双方关系的平等性——虽然现实并非如此，因为当美国领导人用轮毂比喻其与东亚盟友的战略联系时，东亚的盟国并未表现出不满。因此，可以断定，美国与其盟友之间的不平等关系一定程度上得到了双方的承认。美国的朝贡体系确实存在。

综上，虽然我们无法测知，对美国规范、价值观的认同在一些国家与美国的权威关系构建中究竟占据多大的分量，但不可否认的是，美国对自由、民主的推行和其他国家对美国政治体制和主要价值观的效仿，成为双方成功建立权威关系的重要因素。

小结　美国亚太权威理论分析存在的不足

就以上的理论探讨来看，无论是对区域外霸权的追求，还是作为被邀请的帝国，无论是基于理性成本收益的计算，还是要建立发扬美国价值观的朝贡体系，学者们对于美国拥有权威这一事实的认识较为一致，无论使用哪种术语或称谓，都承认美国在其国界之外，对其他国家享有一定的主导权和影响力。既有的研究对美国在亚太地区甚至世界范围内的权威进行了个同角度和方面的分析，这些探讨对于美国权威的性质、范畴、形式甚至意义都提出了卓有成效的洞见。然而，对于如何衡量权威以及美国在亚太地区的权威，既有的理论分析并没有给出明确的答案——尽管莱克利用两组指标对美国的等级制进行了衡量，然而他的关注点在美国在世界范围内的等级分布，对于美国在亚太国家（和地区）的权威却并没有进行深入

① Yuen Foong Khong, "The American Tributary System," *The Chinese Journal of International Politics*, Vol. 6, 2013, p. 30.
② Yuen Foong Khong, "The American Tributary System," *The Chinese Journal of International Politics*, Vol. 6, 2013, p. 31.

的考察——而这一问题却尤为重要。为弥补这一缺失，接下来的三章分别从政治、经济和军事领域对美国在亚太国家（或地区）的权威进行操作化的衡量。在这之后，对于权威的形成和演变过程，将选择美韩和美日关系进行具体的案例分析。

第三章

美国与亚太国家间权威关系的政治维度

虽然在国际关系实践中，我们能够轻易地发现权威的存在，然而，对于其存在的具体领域、程度的高低和范围的大小，很少有人做系统的衡量和估计。虽然学术界对美国在亚太地区的主导权或者霸权的论述不在少数（它们触及权威这一命题），但很少对其进行具体的衡量和剖析。本书从政治、经济和军事三个维度出发，试图对美国在亚太地区的权威大小和程度高低进行数据化的统计。为此，提出了三组（九个）衡量指标。其中，在政治维度主要考察战后美国与亚太国家间关系的政治表态，包括（1）美国与亚太国家对彼此关系的公开定位；（2）美国与亚太国家领导人拜访的位序和次数，以及（3）亚太国家在联合国投票上与美国的一致性。

第一节　美国与亚太国家对彼此关系的公开定位

衡量两个国家之间的关系，最直接的指标就是双方对彼此关系的公开定位。① 这一定位主要有两个方面的来源：双方政府对两国关系的公开声明及国家主要领导人在公开场合的表述。② 总体而言，在国家关系的定位上，通常可归纳为三种基本模式：结盟关系（alliance）、伙伴关系（part-

---

① 虽然国家之间的公开定位并不总是充分和真实地反映双方关系，但无疑是最直接的表现，因此列为衡量标准的第一个指标。

② 由于本书主要考察美国与亚太众多国家间的权威关系，因此这一指标以美国的公开定位为准，其他国家的定位为辅。

nership），及非结盟非伙伴关系。

结盟关系一般是主权国家之间为维护安全或扩大权势而做出的关于相互间军事合作的正式或非正式安排。[①] 本书这里特指通过签订正式的军事合作条约而达成的结盟关系。依此标准，直到目前，战后亚太国家中与美国结成正式盟友的有日本、韩国、澳大利亚、菲律宾、泰国。[②]

"伙伴关系"这一外交工具的使用自 20 世纪 90 年代以来越来越频繁，地位也越来越重要。在不愿意与他国建立正式联盟关系的情况下，建立"伙伴关系"处理邦交成为各国越来越频繁的方式。与联盟或安全协议不同，"伙伴关系"并没有明确规定双方国家的义务，结成伙伴关系的两国不受条约约束，可根据自身需要自由行事，在处理双边关系上提供了相当的灵活性。伙伴关系的安排更类似一个愿景，表示两国致力于成为伙伴，但是在实际执行时，经常出现问题，因为对方国家常常不清楚需要做出哪些举措改善双边关系。

一　美国在亚太的结盟关系

（一）美国—日本盟友关系的确立及变化

日美两国是紧密的盟友，它们之间关系发展的主要脉络有：1945 年 9 月至 1951 年 9 月，日本处于美国直接军事占领之下。1951 年 9 月 8 日，美签订片面《对日和平条约》（即《旧金山和约》），结束对日占领。同日，日美签订《日美安全保障条约》，结成军事同盟关系。1960 年 1 月 19 日，日美修改该条约。1996 年 4 月 17 日，日美发表《日美安保联合宣言》。1997 年 6 月，日美发表新的防卫合作指针中间报告，提出"周边事态"新概念，同年 9 月双方批准最终报告并发表联合声明。2006 年 5 月，日美举行安全磋商委员会会议（"2＋2"会议），就驻日美军重新部署达成一致，发表日美《关于实施驻日美军重新部署的路线图》以及"2＋2"会议联合声明。"9·11"事件后，日全力支持美反恐行动，先后通过《反恐特别措施法》和《伊拉克复兴支援特别措施法》。2005 年 2 月、2005 年 10 月、2006 年 5 月、2007 年 5 月、2011 年 6 月，日美举行"2＋2"磋商，发表

---

① 王帆：《美国的亚太联盟》，北京：世界知识出版社，2007，第 139 页。
② 这里不包括新西兰，因其在 20 世纪 70 年代退出《澳新美条约》。

了题为《日美同盟：面向未来的转型与重组》（2005 年 10 月）、《关于实施驻日美军重新部署的路线图》（2006 年 5 月）、《迈向更加深入、广泛的日美同盟——在 50 年伙伴关系的基础上》和《驻日美军重组的进展》（2011 年 6 月）等文件。2012 年 4 月，野田首相访美，与奥巴马总统举行会晤，日美发表题为《面向未来的共同蓝图》的联合声明。① 2016 年 12 月 28 日，奥巴马在夏威夷州史密斯兵营同访美的安倍晋三举行会晤，安倍晋三在奥巴马陪同下参观了美海军"亚利桑那"号战舰纪念馆，并在珍珠港 - 希卡姆联合基地发表讲话。2017 年 2 月 10 日至 12 日，日本首相安倍晋三访美，与特朗普总统会谈，双方发表《联合声明》，表示将加强两国在安全领域的同盟关系并深化双边经贸联系。在安全政策上，双方表示，美日军事同盟是"亚太地区和平、繁荣的基石"，美国致力于使用包括常规武器和核武器在内的全部军事实力保卫日本，这一承诺"不可动摇"。美国将会加强在该地区的军事存在，日本也会在美日同盟关系中扮演更重要的角色，承担更多责任。②

在此期间，日美双方对于彼此关系的公开定位主要如下。

日本是美国在太平洋西侧的"自然之锚"：冷战期间，日本成为美国的战略核心之一。在占领期结束之后③，1952 年 8 月，杜鲁门政府就确认继续施行美国国家安全委员会第 68 号文件（NSC68）的第 135/1 号文件（NSC135/1），在强调构筑自由世界力量的同时，确认了日本、西德的战略重要性。文件中主张，"十分友好"的日本是美国在太平洋西侧的"自然之锚"，"能对亚洲的自由世界作出重要贡

---

① 中华人民共和国外交部网站资料，网址：http://www.fmprc.gov.cn/mfa_chn/gjhdq_603914/gj_603916/（最后访问日期：2014 年 4 月 14 日）。
② 《安倍"深情握手"特朗普难掩日美尴尬情谊》，新华网，网址：http://news.xinhuanet.com/world/2017-02/13/c_136051770.htm（最后访问日期：2017 年 7 月 31 日）。
③ 战后初期美军对日本的占领并不能算作两个独立国家之间的交往。因为在接受《波茨坦公告》的交涉中，明确规定日本的最高权力由驻日盟军总司令（SCAP）掌握，天皇和日本政府均处于从属地位。自占领一开始，美国与日本的外交关系就已不存在，取而代之的是盟军最高司令官总司令部（General Headquarters，在日本通称为"GHQ"）与日本政府之间的上下级关系。参见〔日〕柴山太、楠绫子《日美战争与占领日本（1941—1952）》，载于〔日〕五百旗头真编著《日美关系史》，周永生等译，北京：世界知识出版社，2012，第 162 页。

献"。① 这一文件表达了对日本潜在力量的期待，也表现出战后初期美国对日本的基本战略定位。

1953 年 10 月，艾森豪威尔政府在美国国家安全委员会第 162/2 号文件（NSC162/2）中，提出美国在远东强化日本的方针，呼吁重建日本的经济力量和军事力量。1955 年 4 月，美国国家安全委员会第 5516/1 号文件（NSC5516/1）分析道，"日本对美国的经济、军事和外交的依赖程度严重影响其对美关系"，特别指出"美国是日本最大的客户和原料供应国"，但"日本或许正在力求减少对美依赖，扩展同中苏关系，扩大国际行动的自由"。但是，……现在，日本同美国的关联，部分取决于我国的支援。随着日本的强大，依赖的减少，共同的目标，相互的利益，实务上的合作关系或许被替代……强大的日本是危险的，但比起现在脆弱的日本还是让人期待的。副国务卿罗伯特·森在 NSC5516/1 号文件进展报告书中解释道，"如果美国把日本视为在太平洋地区的牢固的同盟国来维持与日本关系的话，那么日美关系正处于调整期，需要更多的相互性"。②

鸠山内阁虽然标榜"自主外交"，但也"再三强调自己坚持吉田内阁时期构建紧密日美关系的强烈决心"。③

"日美关系进入'新时代'"：1957 年 6 月，岸信介访美，与艾森豪威尔会谈后，在共同声明中，称赞"日美关系进入了新时代"。

"日本是美国西太平洋防卫的钥匙"：1960 年 6 月，美国国家安全委员会第 6008/1 号文件（NSC6008/1）对日政策文件中写道，"日本是西太平洋防卫的钥匙……在经济上是美国的第二大出口市场，最大的农作物购买国，美国是日本最大的制造品进口国"。

"日本是美国在东亚最重要的同盟国"：1962 年春，美国国务院"对日政策——行动方针"取代 NSC6008/1 指出，日本是美国在东亚

---

① 〔日〕佐佐木桌也、中西宽：《美国治下的和平——战后日本（20 世纪 50 年代）》，载于〔日〕五百旗头真编著《日美关系史》，周永生等译，北京：世界知识出版社，2012，第 179 页。

② 〔日〕五百旗头真编著《日美关系史》，周永生等译，北京：世界知识出版社，2012，第 194 页。

③ 〔日〕五百旗头真编著《日美关系史》，周永生等译，北京：世界知识出版社，2012，第 188 页。

最重要的同盟国，是美国第二大贸易伙伴，是美国重要军事设施的接纳国，持有贡献于南亚和东南亚经济开发的技术力量和资本，有希望发展成为针对中国的强大的对抗力量。

"比在珍珠港黑暗时代面临的挑战更加严重"：1971 年，尼克松政府施行新经济政策，表露了对日本的不满。当时，美国对日贸易赤字达到 30 亿美元。尼克松在退役军人面前的讲话中，对强有力的经济对手带来的威胁甚至断言："比在珍珠港黑暗时代面临的挑战更为严重。"[1]

"新太平洋主义的第二支柱"：1975 年 12 月，福特总统在夏威夷发表"新太平洋主义"，修复尼克松时期受损的日美关系。他强调，维持太平洋地区的均衡最重要的是美国的强大，其次是美日关系，后者是新太平洋主义的第二支柱。

"同盟国"：1979 年 5 月，大平正芳访美，在白宫欢迎仪式的答词中称美国为"同盟国"——在对伊朗石油禁运的运动中，日本没有追随美国，两国关系受挫，日本为弥补，重新回归以对美协调为基轴的"西方一员"的外交。

"在日美共有的民主主义和自由主义的价值基础上构筑两国同盟关系"：1981 年 5 月，铃木善幸首相访美，与里根会谈，发表共同声明，称"首相和总统将在日美共有的民主主义和自由主义的价值基础上构筑两国同盟关系"。——"同盟关系"这一说法第一次被明确使用。

"日本像（美国）不沉的航空母舰一样"、"命运的共同体"：1983 年 1 月，中曾根到访华盛顿，在华盛顿邮报发行人的早餐会上发言，称日本"对于逆火式轰炸机的侵入，理应像是巨大的载满据点的不沉母舰那样"，《华盛顿邮报》对其公开报道。而与里根举行日美首脑会谈时，中曾根指出，"日美之间隔着太平洋，作为命运的共同体，理应承诺为世界和平，尤其是东亚太平洋的繁荣和稳定相互合作"。[2]

"主人和食客"：80 年代，针对日美经济摩擦，日本通商产业官员

[1] 〔日〕五百旗头真编著《日美关系史》，周永生等译，北京：世界知识出版社，2012，第235页。

[2] 〔日〕五百旗头真编著《日美关系史》，周永生等译，北京：世界知识出版社，2012，第264页。

天谷直弘直言，"日本的幸存，就像跟在桃太郎后面的猴子一样，尽可能跟在美国的后面寻求保障，就是在美国这个主人的庇护下过着寄人篱下的生活。主人和食客下棋，一旦输了就会被踢走"。① 之后，1989 年，美国出台了通商法第 301 条，据此法条，认定日本为不公正贸易国。

"面向 21 世纪的同盟"：1996 年 4 月，克林顿总统访日，和桥本首相发表共同宣言"面向二十一世纪的同盟"，也就是所谓的"安保再定义"。

"支持以同盟国美国为首的战争"：伊拉克战争后，小泉首相明确表态，"我国，以我们国家的自身利益作为出发点，同时作为国际社会负责任的一员，支持以我们的同盟国美国为首的对伊拉克动武。"

"21 世纪的新日美同盟"：2006 年 6 月，小泉首相在华盛顿出席任内最后一次日美首脑会谈，与布什总统发表了"21 世纪的新日美同盟"的宣言，确认"日美关系是历史上最成熟的两国关系之一"，歌颂了"共同的价值观和利益，在地区乃至世界形成了日美合作的基础"，由此推进了自由、人权、民主、市场经济和法制建设，"稳固的日美合作激发了中国的活力，维持了东北亚的和平与安宁"。② ——所谓的安保再定义

"日本是美国的忠实盟友"：2015 年 4 月 29 日，日本首相安倍晋三在访美期间发表演讲，声称"我们明确支持美国'再平衡'，从而加强亚太地区的和平与稳定……我们身先士卒、坚持到最后并且全程支持美国的努力"。安倍此次演讲重点在于强调日美同盟，并向美国发出一个明确的政治信号，即日本是美国的忠实盟友，愿意与美国在亚太地区展开合作，支持美国的战略。

---

① 〔日〕五百旗头真编著《日美关系史》，周永生等译，北京：世界知识出版社，2012，第 265 页。

② 《历史上最成熟的两国间关系》，《朝日新闻》，2006 年 6 月 30 日。同样表述"成熟的"，日文用的是"成熟下"（seijuku shita），而官方的英文文本则用的是与"mature"字面意思一样的"accomplished"。日本外务省：《日美最高首脑会晤：新世纪的日美同盟》，2006 年 6 月 29 日，http://www.mofago.jp/region/us/summint0606.html.（最后访问日期：2014 年 4 月 13 日）。

（二）美—韩关系：21 世纪战略同盟

韩美 1949 年 1 月建交。1953 年 10 月韩美签署《韩美共同防御条约》，确立军事同盟关系。美国在韩驻军，掌握韩军战时指挥权，对韩国负有安全防卫义务。2008 年 4 月，李明博总统访美，双方宣布建立面向 21 世纪韩美战略同盟关系，提出韩美同盟应以"价值同盟、互信同盟、和平同盟"三项原则为基础，扩大各领域共同利益。8 月，布什总统访韩。2009 年 4 月，李明博总统和美国总统奥巴马在二十国集团领导人伦敦峰会期间会晤。6 月，李明博总统访美，双方发表《韩美同盟共同展望》。11 月，奥巴马总统访韩。2010 年 6 月和 11 月，李明博总统和奥巴马总统分别在二十国集团领导人多伦多峰会和首尔峰会期间会晤。10 月，李明博总统访美，与奥巴马总统会晤。2013 年 5 月，朴槿惠总统访美。其间，韩美两国发表了《纪念韩美同盟 60 周年共同宣言》（Joint Declaration in Commemoration of the 60th Anniversary of the Alliance between the Republic of Korea and the United States of America）。在过去 60 年里，韩美同盟作为韩美关系发展和东北亚和平与繁荣的根基，鉴于 21 世纪多元化的国际秩序、东亚内部的权力格局的变化、韩国国际地位的加强等新的环境因素，重新评价两国间的合作框架及合作领域的扩大。这次"共同宣言"中评价"韩美同盟是亚洲和太平洋地区和平及安全的核心轴（linchpin）"，强调"继续加强并调整同盟关系，以挑战新的安保威胁"。

2017 年 6 月 28 日，文在寅就任韩国总统 51 天后，首次出访即为美国。文在寅与特朗普在首脑会谈结束后签署并发表由 6 个领域组成的《韩美联合声明》，具体包括加强韩美同盟、加强对朝政策合作、营造公平贸易环境以促进经济增长、加强其他经济领域合作、作为全球性伙伴加强合作、韩美同盟未来等。但在另一方面，双方在重谈韩美自贸协定（FTA）方面态度各异，特朗普表示韩美正在重谈，文在寅则称双方没有就此达成一致。双方在韩美联合声明中仅表示将扩大贸易合作领域，建立高级别经济协议机制。①

---

① 《文在寅结束访美启程回国　未能谈妥韩美自贸协定》，中新网，http://www.chinanews.com/gj/2017/07 - 02/8266834.shtml（最后访问日期：2017 年 8 月 17 日）。

(三）美澳同盟：全面同盟

澳美于 1940 年 3 月 6 日建交。1951 年澳、新（西兰）、美三国签订《澳新美安全条约》后，澳美结成同盟关系。"9·11"事件后，澳启动《澳新美安全条约》，派兵参加美对阿富汗和伊拉克战争。近年来澳总理、外交部部长、国防部长多次访美。2003 年 10 月，美国总统布什访澳。2005 年 7 月，澳美签署澳参与美导弹防御计划谅解备忘录，澳同意美在澳北部建立联合军事训练中心。2005 年 11 月，两国签署《澳美联合训练中心备忘录》。2006 年 3 月，美、澳、日举行首次外长级战略对话。12 月，澳美举行首次年度国防、外交双部长磋商。2007 年 12 月澳总理陆克文就任后，布什总统打电话表示祝贺。2008 年 1 月，澳外长史密斯访美；3 月，澳总理陆克文访美。2009 年 3 月，澳总理陆克文再次访美；4 月，澳外长史密斯、国防部长菲茨吉本与美国国务卿克林顿、国防部长盖茨在华盛顿举行澳美双部长级会议；9 月，澳外长史密斯再次访美，双方就澳美关系、阿富汗、伊朗核问题等交换意见；10 月，澳贸易部长克林访美并在华盛顿举行澳美年度部长级贸易对话；11 月，澳总理陆克文访美并会晤美总统奥巴马。2010 年 9 月，澳外长陆克文访美；11 月，美国国务卿克林顿、国防部长盖茨赴澳举行第 25 次澳美年度双部长会议；2011 年 3 月，澳总理吉拉德访美；9 月，澳外长陆克文、国防部长史密斯访美，与美国国务卿克林顿、国防部长帕内塔举行第 26 次澳美年度双部长会议，并纪念澳美同盟 60 周年；11 月，澳总理吉拉德赴夏威夷出席亚太经合组织领导人非正式会议，美国总统奥巴马访澳。2012 年 4 月，澳外长卡尔访美；11 月，美国务卿克林顿、国防部长帕内塔访澳，与澳外长卡尔、国防部长史密斯举行第 27 次年度双部长会议。2013 年 3 月、5 月，澳外长卡尔、国防部长史密斯分别访美。[①]

2016 年，在奥巴马执政的最后几个星期，美国与澳大利亚政府达成一项难民安置协议，美国同意收容澳大利亚设于太平洋岛国瑙鲁和巴布亚新几内亚的两处境外难民留置中心的约 1250 名难民。这些难民许多来自伊朗、伊拉克、苏丹和索马里。对此，新任总统特朗普指责特恩布尔企图将

---

① 中华人民共和国外交部网站资料，http://www.fmprc.gov.cn/mfa_chn/gjhdq_603914/gj_60 3914（最后访问日期：2014 年 4 月 13 日）。

"下一个制造波士顿爆炸案的人"送到美国，并抱怨这一协议将断送他的政治生命。特恩布尔对外界称，特朗普依然会尊重双方协议，并表示不管别人如何评价特朗普，显然他是个有个性的人。对于特恩布尔的评价，特朗普回应："我十分尊敬澳大利亚，我爱这个国家，但我们存在问题。"参议员麦凯恩（McCain）在一份声明中也称澳大利亚是"美国的老朋友和坚定盟友之一"。[①] 2017年5月，澳大利亚总理特恩布尔访问美国，在欢迎晚宴上，他表示美澳两国会携手合作，应对朝鲜核危机，并且共同打击阿富汗境内的恐怖组织。[②]

（四）美国—菲律宾：战略同盟

2004年阿罗约再次当选菲律宾总统后，新任外交部部长罗慕洛在正式上任仪式上的讲话中表示，菲律宾与美国在全球反恐行动中的战略同盟关系对菲国家安全来说非常重要，菲律宾将寻求加强与美国的反恐合作。[③]

2013年4月2日，美国国务卿约翰·克里（John Kerry）在会晤菲律宾外交部部长阿尔伯特·德尔·罗萨里奥（Albert del Rosario）时表示，菲律宾与美国的联盟关系对处理当前的南中国海紧张局势尤为重要。目前东南亚一些国家对海洋疆界及地处海上重要战略航道的岛屿主权存在争端，菲律宾是其中之一。双方在美国国务院会晤之前，克里对新闻记者说，美国支持建立一个行为准则，并希望看到争端通过仲裁程序解决。

菲律宾外长罗萨里奥说，菲律宾致力于和美国共同努力，巩固两国的条约联盟关系，加强两国的战略伙伴关系。[④] 尽管菲律宾宪法明文规定禁止外国军队在菲建设军事基地，但2014年菲美签订的《加强防务合作协议》准许美军使用菲律宾军事基地，在菲兴建军事设施以及在菲存放、部署武器。2016年3月，菲美两国发表联合声明，美军获准使用菲律宾5个

① 《怒摔电话后特朗普示好澳大利亚：我尊敬这个国家》，中华网，网址：http://news.china.com/internationalgd/10000166/20170204/30230788.html（最后访问日期：2017年8月25日）。
② 王骁：《特朗普举行晚宴欢迎澳大利亚总理到访　1月曾挂其电话》，观察者网，网址：http://www.guancha.cn/america/2017_05_05_406829.shtml（最后访问日期：2017年8月25日）。
③ 陈奕平：《菲美安全合作及其对中国安全环境的影响分析》，《东南亚研究》2004年第6期，第68页。
④ The Office of the U. S. Trade Representative, "Philippines, U. S. Reinforce Their Alliance," http://iipdigital.usembassy.gov/st/chinese/inbrief/2013/04/20130403145184.html? CP.rss = true # axzz2wbtgEFyX（最后访问日期：2014年4月13日）。

军事基地。

2016 年 6 月，菲律宾新总统罗德里格·杜特尔特上台后，尽管多次表示要求美国从菲撤军的意愿，且辱骂美总统奥巴马，但美国与菲律宾之间的军事合作关系并无任何实质性的倒退。而美国在面对这一问题上，从最先开始的"不敢相信"，到逐渐转向"不得不承认"，再到现在的"束手无策"，都表示目前美在菲建立军事基地的计划只是美国的一厢情愿，在杜特尔特仍是菲律宾总统的情况下，除非发生戏剧性的事变，不然美菲军事合作与政治关系将止步不前，两国的战略同盟关系将面临十分尴尬的境况。

（五）泰国：美国在亚洲最早的盟友

2012 年 11 月 18 日，美国总统奥巴马访问泰国，在与泰国总理英拉·西那瓦（Yingluck Shinawatra）共同出席在总理府（Government House）举行的新闻发布会时指出："在美国大选结束后，我选定亚洲作为我首次出访的地区并选定泰国作为此行的第一站，这绝非偶然。作为全世界增长最快的地区，亚太地区将在今后的一个世纪中打造我们的安全和繁荣的诸多方面，对于为美国人民创造就业和机会亦至关重要。"他指出，美国战略的基石是其牢固持久的条约同盟，其中包括与泰国的同盟。他说："泰国是美国在亚洲最早的盟友。2013 年将是两国建交 180 周年。"

奥巴马强调说，美国和泰国一直是条约同盟国，近 60 年来一直致力于双方的共同防御。美国和泰国正在深化双边安全合作。两国军队定期进行联合训练和演习，在防范恐怖主义及打击非法毒品贩运中成为亲密伙伴。他指出："我们将提高我们的军队协同行动的能力，而且我们将帮助泰国军队在该地区承担起更大的职责，包括在海事安全、救灾以及防范海盗等领域。"同时，"我尤为赞赏泰国加入旨在防止大规模毁灭性武器扩散的《防扩散安全倡议》（Proliferation Security Initiative）"。加强军备控制及防止核扩散一直是奥巴马政府外交政策的基石。

泰国总理英拉指出："在经济领域，为了促进增长并为泰国人民和美国人民创造就业机会，奥巴马总统和我同意加倍努力增进贸易和投资以及民间交流。我们还将加强在能源和粮食安全方面的合作。"她表示，两位领导人还一致认为泰国处于联通东南亚国家联盟（Association of Southeast Asian Nations，ASEAN）和东盟经济体的战略位置和枢纽地位。美国和泰国要共同努力让有关地区成为一个发展引擎，为全球经济稳定和持续发展做出贡献。在计划采取扩大贸易和投资的新举措时，两国也将就《跨太平洋伙伴关系》发起谈判，召集所有参与方参加，并将经过必要的国内立法程序将其付诸实现。奥巴马宣布，在美国和平队（Peace Corps）到泰国展开工作 50 周年之际，美国和泰国正在发展新的伙伴关系以推动发展并维护人民尊严。①

二　美国与亚太新兴国家间的伙伴关系

国际关系中通常沿用的"伙伴关系"主要分为：伙伴关系、全面伙伴关系、合作伙伴关系、全面合作伙伴关系、战略伙伴关系、战略合作伙伴关系、全面战略伙伴关系、全面战略合作伙伴关系、全面战略协作伙伴关系等。这些关系之间的差异并没有明确定义。战略伙伴关系多指在双边或多边国际事务中，在重大国际和地区问题上，相互协调、相互配合、相互支持。全面伙伴关系涉及伙伴国间共同关心的所有问题。这些"伙伴关系"的确立一般以双方元首联合声明为标志，在声明中确定合作领域，并建立交往和磋商机制保障伙伴关系。近年来，美国与亚太国家间建立的伙伴关系主要包括如下几个。

（一）美国与印度：主要的国防伙伴

印度作为南亚次大陆的大国，在整个亚太地区占有重要地位。美印关系自 1947 年印度独立，经历了最初的友好合作，到冲突与对抗，再到调整和全面快速发展三个大的时期。美国作为超级大国，其外交、防务政策和贸易方针对印度的外交政策和国内政治都有着直接的影响，而由于实力差距，印度缺乏类似的影响力。印美关系中，美国在更大程度上起着主导作用。

2005 年 7 月，印美宣布建立全球伙伴关系。2006 年 3 月，美国总统布什访印。双方就印度核设施分离计划达成协议，制定两国贸易三年内翻番的目标，宣布成立科技委员会，探讨民用航天合作；12 月，美国国会通过《印美民用核能合作法案》。

---

① Merle David Kellerhals Jr., "Obama Opens Asia Trip in Thailand," http://translations. state. gov/ st/chinese/ article/2012/11/20121119138847. html? CP. rss = true#axzz2wcFhQWZ2 （最后访问日期：2014 年 4 月 13 日）。

2009 年 7 月，美国国务卿希拉里·克林顿 20 日分别会见印度总理曼莫汉·辛格和外交部部长 S. M. 克里希纳，商讨如何加深双方更紧密关系。希拉里有望在军购等方面与印方达成具体协议，为美企业角逐军购大蛋糕铺路。根据计划，希拉里 20 日晚与印度外长克里希纳会晤后将签署有关美国武器出口的"终端用户监控"协议。这一协议允许美国对出售的尖端武器最终使用方实施监督，避免这些武器落入其他国家或者被用于军购协议上未提及的其他目的。美国法律规定，只有与购买方达成"终端用户监控"协议，先进武器装备才被允许出售。印度军方正计划在之后 5 年内采购 126 架多功能战斗机，价值总额约 104 亿美元，眼下已吸引俄罗斯、法国、瑞典等国军工企业竞标。"终端用户监控"协议得到落实，将为包括洛克希德－马丁公司在内的美国军工业巨头竞标扫清最后障碍。不过，希拉里一天前提及期望印度与发达国家一样承担减排责任的要求时，印方反对态度坚决。印度环境和林业国务部部长贾伊拉姆·拉梅什说，西方国家"根本没有理由"就减少碳排放向印度施压，因为以人均碳排放量来衡量，印度是碳排放最低的国家之一。

2010 年 4 月，印度总理辛格出席在美国华盛顿举行的核安全峰会，并会见美国总统奥巴马。美国财长盖特纳访问印度，双方建立印美经济金融伙伴关系；6 月，印度外长克里希纳访美，举行首次印美战略对话；7 月，美国国家安全顾问琼斯访印；11 月，美国总统奥巴马访印。

2011 年 5 月，美国国土安全部长纳波利塔诺访印，同印度内政部长齐丹巴拉姆举行首轮印美国土安全对话，并发表《联合声明》。6 月，印美第二次经济金融伙伴关系对话在华盛顿举行。7 月，美国国务卿希拉里与印度外长克里希纳在新德里共同主持印美第二轮战略对话，并发表《印美战略对话联合声明》。

2012 年 5 月，美国国务卿希拉里访印。6 月，美国防部长帕内塔访印。印外长克里希纳与美国国务卿希拉里在华盛顿共同主持第三次印美战略对话，发表《2012 年印美战略对话联合声明》；10 月，印美第三次经济金融伙伴关系对话在新德里举行，美国财长盖特纳率团出席。①

---

① 中华人民共和国外交部网站资料，http://www. fmprc. gov. cn/mfa_ chn/gjhdq_603914/gj_ 603914（最后访问日期：2014 年 4 月 13 日）。

2017 年 6 月，印度总理莫迪出访美国。美国总统特朗普在记者会上表示，美印关系正处于历史最好水平。两国在科技、清洁能源、基础设施建设等领域有着广阔的合作空间。他表示，期待与莫迪展开合作，促进两国的经济、就业增长，同时构建公平、互惠的贸易关系。在防务合作方面，特朗普表示，美印防务合作至关重要，两国将合力打击恐怖主义。他表示，美、印、日三国海军将于 7 月在印度洋举行联合演练，这将是在印度洋举行的最大规模联合演练。莫迪 26 日在记者会上表示，印度将美国视为在经济社会转型过程中的首要合作伙伴，两国将全面加强各领域的合作。在随后的联合声明中，双方表示："美国和印度期待着在先进的防御设备和技术上相结合，双方以最亲密的盟友和合作伙伴相称。"美国承诺将印度视为"主要的国防伙伴"。①

（二）美国与中国：从战略竞争对手到新型大国关系

中美关系历来非常复杂，单纯对其进行概括性描述很困难。中美建交以来，两国官员采用了几种不同的表述来定位双边关系，包括非敌非友、战略合作伙伴、战略竞争对手、建设性合作者、利益攸关者等，而美国对华的定位也从盟友、异类、威胁、伙伴、竞争对手转变到合作者。

2005 年 11 月，小布什访问中国，和国家主席胡锦涛举行了会谈。两国元首一致同意，增进了解，扩大共识，加深互信，全面推进 21 世纪中美建设性合作关系。

2009 年 11 月，奥巴马访华，中美两国元首共同确立建设 21 世纪积极合作全面的中美关系定位。2011 年 1 月，中国国家主席胡锦涛与美国总统奥巴马举行会谈，发表《中美联合声明》，重申致力于建设 21 世纪积极合作全面的中美关系，同时又提出致力于共同努力建设相互尊重、互利共赢的合作伙伴关系。美方重申"欢迎一个强大、繁荣、成功、在国际事务中发挥更大作用的中国"；中方"欢迎美国作为一个亚太国家为本地区和平、稳定与繁荣作出努力"。这一新的定位体现了双方对彼此地位和身份的确认：中美之间也许不是朋友和盟友，也不应成为敌人和对手，"合作伙伴"体现了"积极合作全面"关系的本质特点，显示双方是致力于合作的伙

---

① 《特朗普自称与印度总理莫迪同为社交媒体"达人"》，中国新闻网，http://www.chinanews.com/gj/2017/06－27/8262367.shtml（最后访问日期：2017 年 8 月 25 日）。

伴。① 2013 年，中美提出建立新型大国关系。

（三）美国—越南：全面伙伴关系

越南与美国于 1995 年 7 月 12 日建立外交关系。1997 年 5 月双方首任大使抵任。2006 年 5 月，越美就越加入世界贸易组织达成协议，结束双边市场准入谈判；11 月，美国不再把越南列入"宗教特别关注国家"；12 月，美国给予越南永久正常贸易关系待遇。两国实质合作进展较快，先后建立副防长级政治、安全和国防战略对话和副防长级防务磋商机制，2012 年 6 月举行第五次政治、安全和国防战略对话；2012 年 2 月，越南政府副总理武文宁访美；6 月，美国国防部长帕内塔访越；7 月，美国国务卿希拉里·克林顿访越。2013 年 7 月，越南国家主席张晋创访美，在白宫与美国总统奥巴马共同宣布建立两国"全面伙伴关系"，使得两国在越战结束近 40 年后关系日趋紧密。2013 年 12 月克里访越，便是落实两国元首达成的共识，推进美越两国全面伙伴关系的发展。

2012 年以来，越南经济增长速度一直放缓，经济持续低迷。而美国是目前越南最大的出口市场，越南对美国存在较大的贸易顺差。在此情形下，对外贸依存度极高的越南更是迫切希望美国对越南增加投资，以拉动本国经济发展。2013 年 7 月，美越就加强区域自由贸易协议谈判达成共识。此外，对于越南急切加入泛太平洋战略经济伙伴关系协议（TPP）的愿望，美国也表示全力支持。②

（四）美国与新西兰：新型战略伙伴

新西兰与美国于 1942 年建交。1951 年，新西兰、美国、澳大利亚缔结《澳新美安全条约》，新西兰成为美国盟国。20 世纪 80 年代中期，工党政府奉行反核政策，拒绝美国核舰访新，美国将新西兰从盟国降为友好国家，并中止与新西兰防务合作。90 年代，国家党政府积极改善与美国关系。1995 年和 1999 年，新西兰总理博尔格、希普利先后访美。1999 年 9 月，美国总统克林顿访新。1999 年，工党政府上台后，坚持无核政策，强调根据现实利益处理与美国关系，无意恢复《澳新美安全条约》关系。

---

① 《中美关系新定位开启两国合作新篇章》，2011 年 1 月 20 日，人民网，http://politics.people.com.cn/GB/1026/13780729.html。
② 《美国国务卿克里将访东南亚 拉近与东南亚各国关系》，2013 年 12 月 10 日，国际在线，http://gb.cri.cn/42071/2013/12/10/7311s4352271.htm（最后访问日期：2014 年 4 月 13 日）。

"9·11"事件后，新西兰支持美国反恐行动，并派特种部队配合美国在阿富汗军事行动。2003年3月，新西兰总理克拉克访美；10月，新西兰总理克拉克与美国总统布什在出席泰国亚太经合组织领导人非正式会议期间短暂会晤。2004年6月，新西兰总督卡特赖特出席美国前总统里根葬礼，反对党领袖布拉什访美。2007年3月，新西兰总理克拉克访美。2008年7月，美国国务卿赖斯访新。2009年4月，新西兰外长麦卡利访美；5月，新西兰贸易部长兼国际气候变化谈判部长格罗泽访美；9月，美国太平洋战区司令基廷访新。2010年1月，新美签署《科技合作协定》；4月，新西兰总理约翰·基访美并出席核安全峰会。美国参谋长联席会议副主席卡特赖特将军访新；5月，新西兰与美国、日本举行联合军演；9月，新西兰贸易部长兼国际气候变化谈判部长格罗泽访美；10月，新西兰副总理兼财长英格利希访美；11月，美国国务卿希拉里·克林顿访新，两国签署《惠灵顿宣言》，将两国关系提升为"新型战略伙伴"关系。新西兰总理约翰·基出席日本亚太经合组织领导人非正式会议期间会见美国总统奥巴马。2011年2月，新西兰克赖斯特彻奇市地震后，美国向克市派出地震救援队并提供40吨物资等援助；3月，美国国家情报总监克拉珀访新；5月，新西兰外长麦卡利访美；7月，新西兰总理约翰·基访美；9月，新西兰贸易部长兼国际气候变化谈判部长格罗泽访美，出席由世界主要碳排放国代表参加的"主要经济体论坛"；10月，新西兰议长史密斯访美；11月，新西兰副总理英格利希出席在夏威夷举行的亚太经合组织领导人非正式会议。2012年1月，美国国会议员代表团访新；4月，新西兰国防军和美军在新举行联合军演；5月，新西兰外长麦卡利和国防部长科尔曼访美并出席北约芝加哥峰会；新西兰贸易部长格罗泽访美；美国国土安全部长那波利塔诺访新；6月，新西兰国防部长科尔曼访美，并与美国国防部长帕内塔签署两国国防部间的《华盛顿宣言》；美国海军陆战队官兵访新并出席美国协防新西兰70年庆祝仪式；新西兰海军参加美国组织的2012年环太平洋军事演习；9月，美国国防部长帕内塔访新。2013年5月，第五届新美合作伙伴论坛在美国华盛顿举行，新西兰外长麦卡利、贸易部长格罗泽、国防军司令琼斯以及美副国务卿伯恩斯出席。麦卡利外长与美国国务卿克里举行会谈；同月，新美第四次战略对话在华盛顿举行，新西兰外交贸易部秘书长艾伦、国防军司令琼斯、财政部秘书长瓦尔特以及美国国防部、国土安全部代表参加，美国副国务卿伯恩斯出席开幕式。

（五）美国与新加坡：主要安全合作伙伴

长期以来，新加坡奉行"大国平衡"，主张在亚太建立美、中、日、印战略平衡格局；突出经济外交，积极推进贸易投资自由化，已与新西兰、日本、欧洲自由贸易协会、澳大利亚、美国、约旦、韩国、印度和巴拿马签署双边自由贸易协定，与新西兰、智利、文莱签署了首个地跨三个大洲的自贸协定，并与巴林、埃及、科威特和阿联酋就商签双边自贸协定达成共识。倡议成立了亚欧会议、东亚—拉美论坛等跨洲合作机制。2005年，美国和新加坡签订了《安全合作战略框架协议》①，美国称新加坡为主要安全合作伙伴。

（六）美国与蒙古：第三邻国和全面伙伴关系

蒙古国与美国于1987年1月正式建立外交关系。建交初期，两国关系并没有实质性的进展。20世纪90年代初，蒙古掀起民主化运动，特别是苏联解体和东欧剧变后，蒙古摒弃了向苏联"一边倒"的外交政策，制定和实施了"多支点"外交政策，平衡发展与中、俄两个邻国的关系，并视美国为"第三邻国"，认为美国是其政治和军事安全的保障。而美国全力支持蒙古的民主改革，更看重其在中俄之间的战略地位，也愿做蒙古的"第三邻国"。因为互有所需，蒙美关系近年来发展迅速。

蒙美通过重要的高层互访和美国国会多次出台对蒙的支持案，有效地提升了两国的政治关系，拉近了"邻国"距离。其中有影响的互访有如下几次。

（1）1990年8月和1991年7月，时任美国国务卿的詹姆斯·贝克两度访蒙，他表示，美国今后"将全面地、坚决地支持蒙古的民主改革运动"。贝克还声称，美国很乐意充当蒙古的第三邻国。② 这是美国官方第一次公开表示做蒙古的邻国。

（2）1998年5月，美国国务卿奥尔布赖特访蒙时指出，蒙古与美国虽

---

① 《美国与新加坡签订安全合作战略框架协议》，http://www.cetin.net.cn/cetin2/servlet/ce-tin/action/Html DocumentAction；jsessionid = 057E3519376E44286B FF67ABEF3B565C?baseid = 1&docno = 238143（最后访问日期：2014年2月18日）。

② 美国前国务卿詹姆斯·贝克第四次访蒙时在蒙方欢迎宴会上的讲话，2006年3月21日，参见 http://www.olloo.mn（最后访问日期：2014年2月20日）。

然相隔遥远，但都情系民主主义价值观，并实行开放式经济，从这个意义上说，两国又是邻居。① 这是美国官方第二次表示做蒙古的邻国。

（3）"9·11"事件之后，蒙美政治关系进一步密切。2001年11月时任蒙古国总理的恩赫巴亚尔访美，成为"9·11"事件后第一批访美的10个外国领导人之一。他表示，蒙古坚决支持美国的反恐斗争。

（4）2004年7月蒙古国总统巴嘎班迪访问美国时，两国发表联合声明，将两国关系正式确认为"全面伙伴关系"。②

（5）2005年11月美国总统布什访蒙，两国发表联合声明，美国对蒙古向伊拉克和阿富汗派兵表示感谢，蒙古则表示将继续为构建国际和平做出贡献。此次，两国正式确立了"第三邻国"关系，布什发表演讲时称"美国为能成为你们的第三邻国而感到骄傲"。③

此外，美国国会自20世纪90年代以来先后通过8次支持蒙古的决议，赞扬蒙古同时进行政治、经济改革以及在向市场经济过渡方面做出的努力，还支持蒙古成为北约和平伙伴关系国。2006年6月美国国会又专门通过了支持"大蒙古国800周年"的决议，并重申美国是蒙古的"第三邻国"。

（七）美国和印度尼西亚：全面伙伴关系

2010年11月，美国总统奥巴马和印度尼西亚总统尤多约诺（Yudhoyono）发起了美国——印度尼西亚全面伙伴关系（U. S. - Indonesia Comprehensive Partnership），旨在加强世界第二大民主国家和第三大民主国家之间的合作。④ 这一全面伙伴关系的年度联合委员会会议（Joint Commission Meeting，JCM）由印度尼西亚外长和美国国务卿主持，包括下文详述的6个工作组。除了这6个领域的工作以外，全面伙伴关系还在包括卫生、科学、技术和创业等一系列广泛的问题上显著增进了合作。

---

① 忽海：《美国悄悄走进蒙古渗透中亚牵制中俄两国》，2004年11月15日，http://www.news.tom.com（最后访问日期：2014年2月20日）。
② 娜琳：《论蒙古国与美国的双边关系》，《当代亚太》2007年2期。
③ 美国总统布什访蒙时的演讲，2006年11月16日，http://www.olloo.mn（最后访问日期：2014年2月20日）。
④ U. S. Department of State，"State Dept. Facts on U. S. - Indonesia Comprehensive Partnership，" http://iip digital. usembassy. gov/st/english/texttrans/2013/10/20131008284176. html#axzz2wbtgEFyX（最后访问日期：2014年2月21日）。

（1）民主和公民社会工作组（Democracy and Civil Society Working Group）谈判达成了关于南南合作和三角合作（South-South and Triangular Cooperation，SSTC）的谅解备忘录（Memorandum of Understanding，MOU），将在第三方国家中加强民主机构建设、善治和救灾准备等方面的合作。2013 年 10 月，印度尼西亚成为开放政府伙伴关系指导委员会（Open Government Partnership Steering Committee）的首席主持国。该工作组的活动也包括跨信仰对话；青年人的参与；官僚体制改革、媒体、法治、议会和选举程序方面的交流；妇女的经济和政治自主权以及和公民社会的正规磋商。

（2）教育工作组（Education Working Group）实施的美国国际开发署（USAID）为期 5 年、金额达 1.65 亿美元的高等教育伙伴关系（Higher Education Partnership）将拓展双边学习和研究交流的各种机会，加强大学的伙伴关系并提高教育质量。富布赖特计划（Fulbright）的规模居全世界首列，和平队（Peace Corps）也在中断 45 年后于 2010 年重返印度尼西亚，是美国对印度尼西亚教育制度以及人民与人民之间的纽带的长期承诺的一个标志。根据美国国际开发署为期 5 年、金额为 8300 万美元的"优先计划"（PRIORITAS），美国也正在努力加强印度尼西亚低年级学生的基本教育。

（3）安全工作组（Security Working Group）正在推动印度尼西亚的防务现代化努力，以加强印度尼西亚在地区和全球安全方面的作用。这些努力包括"多余防卫物资项目"（Excess Defense Article，EDA）的 F－16 战机的转让，为"小牛导弹"（Maverick missiles）和其他不可或缺的设备启动"对外军备销售"（Foreign Military Sales，FMS）方案，以满足印度尼西亚的防务要求。2014 年，印度尼西亚与美国签署协议，向美国购买八架新型"阿帕奇"直升机（Apache helicopters）。美国和印度尼西亚也启动了"防务规划对话"（Defense Planning Dialogue），以加强双边防务合作，交流组织和管理防务部门的最佳规范，并支持印度尼西亚领导的改革努力。

（4）环境和气候工作组（Environment and Climate Working Group）使印度尼西亚气候变化中心（Climate Change Center）机制化的努力取得了进展，从而确保了科学在环境决策中的核心作用。2011 年，印度尼西亚和美国完成了第二个"以债务换自然"（debt-for-nature swap）的交换项目，美国免去印度尼西亚 2850 万美元的债务，印度尼西亚则以承诺保护林区及减少砍伐森林造成的温室气体排放为交换。根据世纪挑战集团（Millennium Challenge Corporation，MCC）3.325亿美元的"绿色繁荣项目"（Green Prosperity Project），两国确定对两个优先地区进行环境影响评估，以此推动可持续的土地使用和森林管理规范。

（5）能源工作组（Energy Working Group）促使美国和印度尼西亚合作推动清洁能源技术和政策，以帮助满足印度尼西亚日益增长的能源需求，扩大获得能源的途径，减少印度尼西亚能源部门的温室气体排放。这项合作包括世纪挑战集团3.325亿美元的"绿色繁荣项目"（Green Prosperity Project）、美国国际开发署1620万美元的"印度尼西亚清洁能源开发工程"（Indonesia Clean Energy Development），通过美国贸易开发署（U.S. Trade and Development Agency，USTDA）给"印度尼西亚地热开发行动计划"（Indonesia Geothermal Development Initiative）提供的300多万美元工程资金，以及能源部（Department of Energy）新启动的120万美元的"印度尼西亚边远地区电网可持续能源工程"〔Sustainable Energy for Remote Indonesia Grids（SERIG）Project〕。

（6）贸易和投资工作组（Trade and Investment Working Group）促使美国和印度尼西亚携手努力排除现有的贸易和投资壁垒，推进1996年的《双边贸易和投资框架协议》（Trade and Investment Framework Agreement，TIFA）。重点工作包括确立双边商务对话（Commercial Dialogue），提出美国贸易开发署基础设施发展计划和商业倡导行动，促成印度尼西亚雄狮航空公司（Lion Air）购买价值224亿美元的200多架波音737-max型飞机协议（这是波音公司有史以来最大的一笔商用飞机销售），此外还促成两笔价值4亿多美元的机车交易。2012年的双向商品贸易额超过260亿美元。①

三　美国在亚太的非结盟非伙伴关系

近年来，除了加强传统结盟关系和拓展伙伴关系之外，美国与亚太其他国家的关系定位也各有特色，主要有美国与巴基斯坦、朝鲜、柬埔寨、缅甸等国家关系。

---

① 中华人民共和国外交部网站资料，http://www.fmprc.gov.cn/mfa_chn/gjhdq_603914/gj_603914（最后访问日期：2014年4月21日）。

（一）美国和巴基斯坦：不稳定的战略对话

冷战期间，巴美关系密切。此后，巴基斯坦因核试验和政变招致美国制裁。"9·11"事件后，巴基斯坦参加国际反恐战争，助美打恐，并采取措施打击国内极端主义势力。美国奥巴马政府上台后，出台对阿富汗、巴基斯坦新战略，加大对巴基斯坦军事和经济投入。2009年10月，美出台5年内向巴基斯坦提供75亿美元援助的"克里－卢格法案"。两国建立了战略对话机制。

同时，两国间信任赤字严重。巴基斯坦对美无人机频频进入巴基斯坦境内打击恐怖分子十分不满。2011年，受本·拉登在巴基斯坦境内被击毙、北约越境空袭巴基斯坦边境哨所事件等影响，巴基斯坦关闭境内北约后勤补给线，一度中断同美高层互访。美暂停部分对巴基斯坦军事援助。两国关系降至低点。

2012年以来，两国高层逐渐恢复接触；4月，巴基斯坦议会通过关于调整对美关系和整体外交政策的指导原则，要求美尊重巴基斯坦主权，就越境空袭事件无条件道歉，停止无人机越境打击等；7月，美方就越境空袭事件正式道歉，巴基斯坦随后重开北约后勤补给线。两国关系逐步得到改善。2013年6月谢里夫总理执政后，主张改善与美关系，同时反对美对巴进行无人机袭击；7月底，美国国务卿克里访巴，双方同意重启巴美战略对话。

（二）美国和朝鲜：难有进展的"高级别对话"

朝美尚未建交。2010年8月，美国前总统卡特访朝，朝鲜最高人民会议常任委员会委员长金永南会见，朝方释放非法入境的美国公民戈梅斯。2011年4月，美国前总统卡特率国际长者会代表团访朝，金永南会见；6月，朝中社代表团访美，朝同意美联社在平壤设立分社；7月和10月，朝鲜外务省第一副相金桂冠与美国对朝政策特别代表博斯沃斯分别在纽约和日内瓦举行两次高级别对话。2012年2月，朝鲜外务省第一副相金桂冠和美国对朝政策特别代表格林·戴维斯在北京举行第三次高级别对话，并于2月29日分别对外发表了朝美第三次高级别对话有关共识；4月13日，朝鲜发射"光明星3号"卫星，美国暂停原计划向朝鲜提供的食品援助；4月17日，朝鲜宣布不再受朝美"2·29"共识约束。2012年底以来，朝鲜发射"光明星3号"卫星、进行第三次核试，安理会先后通过两个涉朝决议。朝谴责美对朝敌视政策，朝美关系再度陷入僵局。朝鲜第四次核试验以来，韩国与美国加快在半岛部署"萨德"防御系统，双方态度强硬，美朝关系越发恶化。

（三）美国和柬埔寨：撤销禁令，加倍援助

柬美两国 1950 年建交。2006 年，美驻柬使馆宣布恢复为柬民众办理赴美签证。美参议院宣布撤销对柬军事援助的禁令，承诺向柬提供 100 万美元援助。2007 年向柬提供 5580 万美元直接援助。2009 年 7 月，副首相兼外交国际合作部大臣贺南洪出席东盟区域论坛等相关会议期间会见美国国务卿希拉里·克林顿；9 月，美国总统特使访柬；同月，柬埔寨副首相兼外交国际合作大臣贺南洪访美。2010 年 9 月，柬埔寨首相洪森访美并出席第二次东盟与美国领导人峰会；11 月，美国国务卿希拉里·克林顿访柬。2012 年 6 月，柬埔寨副首相兼外交国际合作部大臣贺南洪访美。近年美军方频繁访柬，双方多次举行军演。2012 年，美国总统奥巴马出席在金边举行的东亚峰会，这是有史以来在任美国总统首次访柬。

（四）美国和缅甸：减轻制裁，允许投资

1948 年缅甸和美国建交。缅军队接管政权后，美把驻缅使馆降为代办级，停止对缅提供经济援助和禁毒援助，撤销给缅的贸易普惠制（GSP），对缅实行武器禁运，阻止国际金融机构向缅提供援助，不向缅高官及其家属发放入境签证。2009 年 9 月，奥巴马政府公布对缅新政策，在维持现有制裁同时，恢复与缅直接接触并有条件扩大对缅人道援助。2009 年 9 月，吉姆·韦布在纽约会见前来参加联合国大会的缅总理吴登盛。2009 年 11 月，奥巴马在新加坡与包括缅总理吴登盛在内的东盟国家领导人举行会晤。2009 年 11 月和 2010 年 5 月，美国务院助理国务卿坎贝尔两次访缅。2010 年 12 月，美国务院助卿帮办约瑟夫·云访缅。2011 年 5 月，约瑟夫·云再次访缅。2011 年 6 月美共和党参议员麦凯恩访缅。2011 年 8 月，美参议院批准关于米德伟（Derek Mitchell）担任美国缅甸事务特使，米德伟先后于 9 月和 10 月访问缅甸。9 月 29 日，美助理国务卿坎贝尔、助理国务卿波斯纳和缅甸问题特使米德伟分别在华盛顿会见缅外长吴温纳貌伦。11 月 30 日，美国务卿希拉里对缅甸进行历史性访问，成为 50 多年来第一位到访缅甸的美国国务卿，此后两国关系开始改善。2012 年 1 月 11 日，美国总统奥巴马宣布减轻对缅甸制裁，准许美国公司在缅甸投资。

2012 年 11 月 19 日，美国总统奥巴马访问缅甸。奥巴马此行使其成为首位在位期间访缅的美国总统。2013 年 5 月，缅甸总统吴登盛访美，成为 47 年来首位访问美国的缅甸国家元首。

(五) 美国和马来西亚：物品役务相互支援

2005 年，美国副国务卿罗伯特·佐利克（Robert Zoellick）和时任马来西亚副总理的纳吉（Najib）续订了《物品役务相互支援协定》（Acquisition and Cross Servicing Agreement），该协定为双边军事合作提供了基础架构。同时，马来西亚官员得以持续赴美国接受军事训练，美国派遣军事代表访问马来西亚位于普拉达（Pulada）的军队丛林战训练中心（Army's Jungle Warfare Training Center）。而美马双方在人道救援、灾难救助、反海盗与反恐上有共同的利益，因此也相当看重相关的合作项目。每一年美国都有 15—20 艘海军军舰造访马来西亚，而例行性的联合军事演习活动也几乎包括所有军种分部的参与。并且马来西亚也向美国购买了重要军事装备，包括 F－18/D 战斗机等。

对美国而言，在东南亚地区找寻能够提供其作为非军事用途的口岸，以确保美国在东南亚的主导地位，是其全球大战略的重要环节。虽然马来西亚与美国的安全关系建立在更广泛的东盟架构之中，但马来西亚毗邻东南亚的重要交通隘口马六甲海峡，对美国来说，马来西亚自然极具重要战略意义。

紧密的经济交流是美马关系中的重要基础之一。双边贸易总金额在 2005 年即达到 360 亿美元。马来西亚是美国的第十大贸易伙伴，胜过位居第十一位的新加坡。美国也是马来西亚第一大贸易伙伴和最大的外商投资国。2004 年 5 月，华盛顿和吉隆坡缔结了贸易暨投资架构协议（Trade and Investment Framework Agreement, TIFA），主要目标为两国之间贸易投资的拓展及自由化。TIFA 也替美马自由贸易协定铺路。然而，也在这个时期，马来西亚与中国的贸易不断扩大。2002 年马来西亚取代新加坡，成为中国在东盟最大的贸易伙伴。此后，中国在马对外贸易比重不断升高，到 2009 年超过新加坡和美国，成为马来西亚最大贸易伙伴，是最大进口来源地和第二大出口目的地。马来西亚自 2008 年起，取代新加坡，成为中国在东盟的最大贸易伙伴。与此同时，美国自 2009 年起，滑落至马来西亚的第三大贸易国，2009 年美国对马来西亚的投资，也落后于日本与香港，屈居第三。不过，美国、马来西亚和中国之间的贸易，也存在着微妙的相互联结。以产品别来看，马国和中国出口到美国的商品有一定程度的重叠，在马国出口美国的前十大商品之中，有四项和中国出口到美国的商品重叠，而其中两项，也是马来西亚和中国双边进出口最大宗的两项产品。另外，中国对美国有巨额顺差，2012 年之前马国对中国有相当数额之顺差。但美国与马来西亚之间，马国对美国则始终保持顺差，虽然每年顺差规模略有变化。①

（六）美国和孟加拉国：伙伴关系对话

1972 年 4 月美国承认孟加拉国。至今，美国累计已向孟加拉国提供 40 多亿美元援助。2000 年 1 月，美国太平洋战区总司令布莱尔海军上将访问孟加拉国；3 月 20 日，美国总统克林顿访孟，并与孟总理、总统举行会谈，克林顿高度评价孟加拉国的民主进程及发展努力并同意继续以孟为其发展伙伴，减免部分债务，增加对孟援助；10 月 17 日，孟加拉国总理哈西娜开始对美国为期 4 天的正式访问并与克林顿总统举行会谈，孟敦促美与其签署引渡条约，早日遣返杀害孟国父杀手。2001 年 7 月，美太平洋舰队司令布莱尔访孟；8 月，美前总统卡特率大选观察代表团访孟；"9·11"事件后，孟朝野一致谴责恐怖主义，孟看守政府致电美总统布什表示慰问，并同意美方使用孟机场、港口等有关设施；11 月孟外长巴德鲁杜扎·乔杜里访美，与美国务卿鲍威尔就地区及双边问题举行了会谈。孟加拉国政府为摆脱贫困，寻求外援，积极谋求发展同美国的关系。美重视孟"温和穆斯林"人口大国和地区战略地位，一直是孟最大的贸易和投资国。据统计，截止 2015—2016 财年，孟使用美国援款 35.5 亿美元，占所使用援款总额的 5.1%。② 近年来，两国元首、高官保持密切接触。2012 年 5 月，美国务卿希拉里·克林顿访孟，两国宣布建立"伙伴关系对话"机制。美承诺未来 5 年内向孟提供 10 亿美元援助，并提供数千万美元用于气候变化、卫生、粮食安全等领域。③

---

① 中华人民共和国外交部网站资料，http://www.fmprc.gov.cn/mfa_chn/gjhdq_603914/gj_603914（最后访问日期：2014 年 4 月 23 日）。

② 《孟加拉接受国际援助概况》，2017 年 5 月 30 日，中华人民共和国商务部网站，www.mofcom.gov.cn/article/i/dxfw/cj/201705/20170502583538.shtml（最后访问日期：2018 年 2 月 25 日）。

③ 中华人民共和国外交部网站资料，http://www.fmprc.gov.cn/mfa_chn/gjhdq_603914/gj_603914（最后访问日期：2014 年 4 月 23 日）。

（七）美国和老挝：正常贸易关系

老挝和美国 1950 年建交。1975 年后两国维持代办级外交关系，1991 年 11 月升格为大使级外交关系。1992 年 8 月，双方恢复互派大使。2005 年，美给予老方正常贸易关系待遇。双方关系进一步发展，美向老禁毒、清除未爆炸弹、民生等领域提供援助。2010 年，老副总理兼外长通伦访美，成为老挝人民民主共和国成立以来访美的最高级别官员。2012 年 7 月，美国国务卿希拉里·克林顿对老挝进行正式访问。这是美国务卿 57 年来首次访老，也是老挝人民民主共和国成立后访老的美国最高级别官员。

表 3-1 美国与亚太地区国家之间关系公开定位

亚太国家	与美国的关系定位	时间
中国	战略伙伴	1998 年
	战略竞争对手	2000 年
	共同努力建设相互尊重、互利共赢的合作伙伴关系	2011 年
	新型大国关系	2013 年
日本	面向 21 世纪的同盟	1996 年
	21 世纪的新日美同盟	2006 年
韩国	自由贸易协定伙伴	2007 年
	面向 21 世纪韩美战略同盟关系	2008 年
	韩美同盟是亚洲和太平洋地区和平及安全的核心轴	2013 年
澳大利亚	条约同盟国[a]	1951 年
	自由贸易协定伙伴	2004 年
新西兰	新型战略伙伴关系	2010 年
菲律宾	安全同盟	1952 年
	经济增长伙伴关系	2011 年
泰国	条约同盟国	1954 年
	美泰防务联盟共同愿景声明	2012 年
新加坡	自由贸易协定伙伴	2003 年
	主要安全合作伙伴（安全合作战略框架协议）	2005 年
越南	全面伙伴关系	2013 年
印度尼西亚	全面伙伴关系	2010 年

续表

亚太国家	与美国的关系定位	时间
印度	全球伙伴关系	2006 年
	印美经济金融伙伴关系	2010 年
	主要的国防伙伴	2017 年
孟加拉	拟建立"伙伴关系对话机制"	2012 年
巴基斯坦	建立战略对话机制	2009 年
缅甸	贸易与投资框架协议[b]	2013 年
蒙古国	全面伙伴关系	2004 年
	第三邻国	2005 年
马来西亚	物品役务相互支援协定[c]	2005 年

注：这里亚太地区国家与美国的关系定位指的是双方任何一国在没有引起对方国家抗议的情况下对彼此关系的公开定位。

a《美国与澳大利亚加强同盟关系　但无法回避中国》，2014 年 1 月 22 日，侨报网，http：//news. uschina press. com/2014/0122/967112. shtml（最后访问日期：2014 年 2 月 25 日）。

b《美国与缅甸签署贸易与投资框架协议》，http：//www. cetin. net. cn/cetin2/servlet/cetin/action/Html DocumentAction？baseid＝1&docno＝533417（最后访问日期：2014 年 2 月 24 日）

c 左正东、黄琼萩：《强权政治与马来西亚的自由贸易协定策略：以马美自由贸易协定谈判为例》，发表于 2013 年东南亚研究学会年会，宜兰：佛光大学公共事务学系，2013 年 5 月 31 日至 6 月 1 日。

资料来源：根据各国政府新闻网站资料整理而成。

第二节　领导人拜访彼此的位序和次数

在权威的政治维度中，领导人拜访彼此的位序和次数是一个相对带有意味性的指标。通常情况下，主导国与跟从国之间的领导人互访次数和级别、到访国的接待规格等会呈现出明显的不对等，跟从国在访问次数上多于主导国，而出访领导人级别也会是条件允许下的最高代表。这也意味着，在权威关系中双方地位的不对等，涉入权威关系的程度不一样。

一国领导人对另一个国家的访问通常分为国事访问（或国是访问，state visit）、正式访问（也称"友好访问"或"正式友好访问"）和非正式访问（包括工作访问、私人访问等）。

国事访问指一国国家元首应另一国国家元首的邀请，对该国进行的正式外交访问，是两个国家间最高规格的外交交流。接待规格完全按外交礼仪安排，红地毯、检阅仪仗队、鸣礼炮 21 响，这些都是不可少的仪式。按照以往的安排惯例，美国接待"国事访问"的外国元首包括四大亮点：白宫草坪鸣 21 响礼炮、白宫国宴、外国元首下榻布莱尔国宾馆、外国元首在国会发表演说。美国在接待外国元首或首脑到访的时候，"国事访问"是最高规格，非常少见。其目的或者是对外显示同盟关系，比如接待日本或者英国领导人时表现出与众不同的亲密；或者是想在政治上拉拢某些国家以及一些资源丰富的国家，比如印度。中美两个大国虽然不是盟友，但却相互不可忽视，中国领导人对美国的访问，常常受到高规格的接待。

正式访问，指一国领导人应他国领导人正式邀请，对其进行的访问。有时称友好访问或正式友好访问。工作访问，规格低于国事访问，不需要烦琐的仪式，领导人为磋商重大问题举行的会晤往往采用这种形式。就内容而言，与国事访问的区别并不明显。私人访问，国家领导人以私人身份进行的访问称为私人访问，途经某国所进行的访问可称为"顺道访问"，由于某种原因不便公开的访问称为秘密访问。这些则都属于"非正式访问"的范畴。非正式访问礼仪活动一般从简，则根据客人的愿望安排活动。表现在接待规格上以"国事访问"为最高级，其次为正式访问、工作访问、私人访问。这里美国与亚太领导人互访主要包括双方之间的国事访问和正式访问。

一 美国与主要盟国间的领导人互访

美国一直非常重视与其盟国之间的关系。奥巴马当选美国总统后，尤其重视与亚太盟国的关系。以日本为例，时任日本首相鸠山由纪夫提出要建立"对等的日美关系"，奥巴马表示欢迎。2009 年 11 月，奥巴马访问日本，与鸠山由纪夫就深化日美同盟达成意见共识，认为"日美同盟关系是亚太地区稳定的基轴"。两国领导人探讨碳捕捉与封存技术、核设施防震技术等问题，双方还携手致力于发展"绿色科技"，并达成统一意见。访日期间，奥巴马在东京发表演讲，提出日本是亚洲稳定的关键，要继续维护、保持存在已久的美日同盟关系。2013 年 2 月 22 日，他向到访的日本首相安倍晋三表明，美日同盟的重要性，是美国在亚太安全和政策的基石。

表 3 - 2 2000 年以来美国与其亚太盟国间领导人互访次数

| 亚太国家 | 与美国领导人互访的级别和次数 | | | |
| | 访美 | | 美访 | |
	领导人级别（最高）	访问次数	领导人级别（最高）	访问次数
日本	首相	10 次	总统	4 次
韩国	总统	9 次	总统	3 次
澳大利亚	总理	5 次	总统	2 次
菲律宾	总统	6 次	总统	2 次
泰国	总理	1 次	总统	3 次

资料来源：笔者根据各国政府新闻网站资料自制而成。

亚太盟国领导人与美国领导人（总统）之间的拜访级别基本都是国家元首，这一点看不出来权威的明显存在。但是，他们拜访彼此的次数对比很明显地显示出两国关系的不对等：美国总统对各个盟国的访问次数比较平均，而盟国领导人拜访美国的次数却总体上多于前者。日本首相拜访次数最多，而且几乎每个首相都是甫一上任，便向美国"报到"。这说明，在形式的膜拜上，日本表现得最为突出。而比较有特点的是，美国和菲律宾领导人互访多为在东盟相关的多边首脑会议上，这也说明，菲律宾对美国的意义更多地体现在东盟的大框架之下。美国和泰国之间的互访对比，体现出美国对泰国的重视。

而在"亚太再平衡"战略提出之后，美国与亚太盟国之间的首脑互访并没有显示出大的变化，而部长级会议却更加频繁和机制化。美国国务卿访问盟国的次数大幅提升（参见表 3 - 3）。

表 3 - 3 "亚太再平衡"战略下美国与其亚太盟国间领导人互访

| 国家 | 美国领导人访问亚太地区 | | 亚太国家领导人访问美国 | |
	时间	领导人	时间	领导人
日本	2012.07	国务卿克林顿	2012.04	首相野田佳彦
	2013.04	国务卿克里	2013.02	首相安倍晋三
	2014.02	国务卿克里	2015.04	首相安倍晋三
	2014.04	总统奥巴马		
	2016.05	总统奥巴马		

国家	美国领导人访问亚太地区		亚太国家领导人访问美国	
	时间	领导人	时间	领导人
韩国	2012.03	总统奥巴马	2013.05	总统朴谨惠
	2014.04	总统奥巴马	2015.10	总统朴槿惠
澳大利亚	2011.11	总统奥巴马	2011.02	总理吉拉德
			2016.01	总理特恩布尔
菲律宾	2013.12	国务卿克里	2012.06	总统阿基诺三世
	2014.04	总统奥巴马		
	2015.11	总统奥巴马		
泰国	2012.11	总统奥巴马		

资料来源：笔者根据各国政府新闻网站资料整理而成。

特朗普就任美国总统以来，除了2017年5月出访沙特阿拉伯之外，尚未对亚太其他国家进行访问。反过来，美国的亚太盟国中，2017年2月，日本首相安倍晋三访问美国；2017年5月，澳大利亚总理特恩布尔访问美国，与特朗普首次会面；2017年6月底7月初，韩国新任总统文在寅上任51天即出访美国（首访）。菲律宾和泰国尚未拜访特朗普。

二 美国与亚太新兴国家间的领导人互访

近年来，随着亚太地区的发展，美国加紧与地区内国家的交往和联系，与新兴国家之间的领导人互访次数和级别也不断提升。

表 3-4 2000 年以来美国与亚太新兴国家间领导人互访次数

亚太新兴国家	与美国领导人互访的级别和次数			
	访美		美访	
	领导人级别（最高）	访问次数	领导人级别（最高）	访问次数
新加坡	总理	7次	总统	2次
马来西亚	总理	3次	总统	1次
印度尼西亚	总统	2次	总统	1次
越南	主席/总理/越共中央总书记	6次[a]	总统	3次[b]
柬埔寨	首相	1次	总统	1次
缅甸	总统	1次	总统	1次

续表

亚太新兴国家	与美国领导人互访的级别和次数			
	访美		美访	
	领导人级别（最高）	访问次数	领导人级别（最高）	访问次数
印度	总理	6次	总统	3次
中国	主席	6次[c]	总统	6次

注：a 2007年6月，越南国家主席阮明哲访美；2013年，越南国家主席张晋创访美。除此之外，2005年、2008年和2010年，越南总理潘文凯和阮晋勇分别访美，2016年7月，越共中央总书记阮富仲访美，开创了历史上越南共产党最高领导人访问美国的先例。

b 分别为2000年克林顿总统访问越南、2006年小布什总统访问越南，及2016年奥巴马访问越南。

c 目前为止，胡锦涛于任内三次访美（其中包括2002年4月时任副主席期间访美）、习近平于任内三次访美，包括2017年4月，习近平在访问芬兰后，抵达美国，与特朗普进行双边会晤。

资料来源：根据各国政府新闻网站资料，作者自制而成。

其中，美国和中国领导人的互访次数和级别尤其引人瞩目。小布什任内，曾四次到访中国，奥巴马上台后，也将首次出访定为中国，后于2014年11月应习近平邀请对中国进行访问。中国国家主席胡锦涛和习近平在就任期间都曾正式访问美国。胡锦涛主席任职期间曾分别于2006年、2011年访问美国，习近平就任之后虽然没有将美国定为初访国，但2013年6月的"庄园会晤"和2015年9月的国事访问也尽显出两国领导人之间胜于一般的关系。中美领导人互访的特点比较明显：级别平等，次数类同。这一定意义上可以看出，两国关系比较平等，不存在一国领导人向另一国领导人表示膜拜的情形。

除了正式的国事访问，领导人在各种国际场合也频繁会晤。由于这部分数据较难统计，而且也很难判断这样的会晤与两国之间权威的关系，因此不计入统计范畴。

三　"亚太再平衡"政策主导下的领导人互访

2011年11月，美国总统奥巴马在亚太经济合作组织（APEC）非正式首脑会议上正式提出了亚太"再平衡"战略。其战略要点主要包括：在亚太地区日益成为世界财富与权力中心的背景下，将美国军事、政治和外交资源的分配向该地区倾斜，强化与亚太盟国、伙伴国的关系，将南亚次大陆纳入亚太战略范围，并开始接触缅甸、柬埔寨等非伙伴国；通过参与主导跨太平洋伙伴关系协议（Trans-Pacific Partnership Agreement，TPP），介入亚太经济的一体化进程；增强美军在亚太的超级优势，并制定以威慑和击败中国的"反介入"实力为主要目标的新军事战略。这一战略的最终目标是强化美国的亚太"领导"地位，实现亚太地区内部的"再平衡"。①

在"亚太再平衡"战略中，增强和提升美国在这一地区的影响力被列为支柱之一。为这一目标，美国和亚太地区领导人之间进行了高频次和开拓性的互访（具体见表3-5）。

表3-5　2011年以来美国与亚太领导人互访情况

国家	美国领导人访问亚太地区		亚太国家领导人访问美国	
	时间	领导人	时间	领导人
日本	2012.07	国务卿克林顿	2012.04	首相野田佳彦
	2013.04	国务卿克里	2013.02	首相安倍晋三
	2014.02	国务卿克里	2015.04	首相安倍晋三
	2014.04	总统奥巴马	2017.02	首相安倍晋三
	2016.05	总统奥巴马		
韩国	2012.03	总统奥巴马	2013.05	总统朴谨惠
	2014.04	总统奥巴马	2015.10	总统朴槿惠
			2017.06	总统文在寅
澳大利亚	2011.11	总统奥巴马	2011.02	总理吉拉德
			2016.01	总理特恩布尔
			2017.05	总理特恩布尔
菲律宾	2013.12	国务卿克里	2012.06	总统阿基诺三世
	2014.04	总统奥巴马		
	2015.11	总统奥巴马		
泰国	2012.11	总统奥巴马	2011.11	总理英拉·西那瓦
马来西亚	2014.04	总统奥巴马		
新加坡	2012.11	国务卿克林顿	2013.04	总理李显龙
			2016.08	总理李显龙
新西兰	2012.09	国防部长帕内塔	2011.07	总理基

① 韩召颖、王石山：《美国的亚太再平衡战略及其负面影响》，《人民论坛·学术前沿》2012年第12期，第6页。

续表

国家	美国领导人访问亚太地区		亚太国家领导人访问美国	
	时间	领导人	时间	领导人
越南	2013.07	国务卿克里	2013.07	主席张晋创
	2016.05	总统奥巴马	2016.07	越共中央总书记阮富仲
缅甸	2012.11	总统奥巴马	2013.05	总统吴登盛
			2016.09	国务资政昂山素季
文莱	2013.10	国务卿克里	2013.03	苏丹哈桑纳尔
柬埔寨	2012.11	总统奥巴马	2012.06	副首相贺南洪
老挝	2012.07	国务卿克林顿		
孟加拉	2012.05	国务卿克林顿		
巴基斯坦	2013.07	国务卿克里	2013.10	总理谢里夫
印度	2012.05	国务卿克林顿	2012.06	外长克里希纳
	2012.06	国防部长帕内塔	2016.06	总理莫迪
	2012.10	财长盖特纳	2017.06	总理莫迪
中国	2012.09	国务卿克林顿	2013.06	主席习近平
	2013.04	国务卿克里	2015.09	主席习近平
	2014.02	国务卿克里	2017.04	主席习近平
	2014.11	总统奥巴马		

资料来源：笔者根据各国政府新闻网站资料整理而成。

2011年以来美国与亚太领导人互访情况表现出两个特征：其一，美国与其传统盟友之间的互访已经常态化，通常为通过领导人拜访美国次数多于美国领导人拜访盟国次数，双方通过部长级会议等实现了磋商的机制化；其二，美国领导人注重对新兴国家的访问，尤其是东南亚一些和中国在南海问题上存在激烈冲突的国家。这显示了在亚太再平衡战略下，美国外交策略上极强的针对性。除此之外，美国国务卿和部长级高官的定期性到访也成为两国关系态势稳定的表现之一。

总体上而言，自2000年以来，尤其是奥巴马政府上台以来，美国对亚太地区的重视程度越来越高，美国与亚太国家的领导人的互访次数也越来越频繁，呈现出三种特点。其一，美国总统对盟国的访问频率较为稳定和平均，盟国最高领导人对美国的访问次数比较频繁，且多数将美国作为就任后的初访地点。美国与其亚太盟国之间部长级对话越来越呈现出例行性和常规性的趋势。其二，美国与亚太其他国家间的领导人互访越来越频繁，但呈现出明显的"突击性"和不稳定性。其三，美国与亚太各国领导人互访结构呈现明显的不对称性。除了中国和美国领导人之间的互访表现出对等性之外，日本、韩国、澳大利亚、新加坡、新西兰、菲律宾、蒙古都向美国表现出明显的"主动示好"态度，印度、越南、马来西亚和印度尼西亚流露出轻微"示好"迹象。而自特朗普政府上台以来，主动拜访美国新任领导人的亚太国家领导人多为美国盟国领导人，比如日本首相安倍晋三、韩国总统文在寅、澳大利亚总理特恩布尔；此外，亚太地区大国中国与印度的领导人习近平与莫迪也分别于 2017 年 4 月与 2017 年 6 月赴美会晤特朗普。

表 3 - 6   2000 年以来美国与亚太国家领导人互访级别和次数

亚太国家	与美国领导人互访的级别和次数			
	访美		美访	
	领导人级别（最高）	访问次数	领导人级别（最高）	访问次数
日本	首相	10 次	总统	3 次
韩国	总统	9 次	总统	3 次
澳大利亚	总理	5 次	总统	2 次
新加坡	总理	7 次	总统	2 次
新西兰	总理	4 次	国务卿	1 次
菲律宾	总统	4 次	总统	2 次
泰国	总理	1 次	总统	3 次
马来西亚	总理	3 次	总统	1 次
印度尼西亚	总统	2 次	总统	1 次
越南	主席/总理/越共中央总书记	6 次[a]	总统	3 次[b]
柬埔寨	首相	1 次	总统	1 次
缅甸	总统	1 次	总统	1 次
孟加拉	总理	1 次	总统	1 次
巴基斯坦	总理	1 次	国务卿	5 次
印度	总理	6 次	总统	3 次
蒙古国	总统	1 次	总统	1 次
老挝	副总理兼外长	1 次	国务卿	1 次

续表

亚太国家	与美国领导人互访的级别和次数			
	访美		美访	
	领导人级别（最高）	访问次数	领导人级别（最高）	访问次数
文莱	苏丹	1 次	国务卿	1 次
中国	主席	6 次	总统	6 次

　　a 2007 年 6 月，越南国家主席阮明哲访美；2013 年，越南国家主席张晋创访美。除此之外，2005 年、2008 年和 2010 年，越南总理潘文凯和阮晋勇分别访美；2016 年 7 月，越共中央总书记阮富仲访美。

　　b 分别为 2000 年克林顿总统访问越南、2006 年小布什总统访问越南和 2016 年奥巴马访问越南。

　　资料来源：根据各国政府新闻网站资料，笔者自制而成。

第三节　亚太国家与美国在联合国投票的一致性

　　联合国是各国在国际社会频繁接触的重要场所。自成立以来，尤其是 20 世纪 90 年代中期以后，各国不约而同开始重视并加强了在这一多边国际组织中的作用。两个国家在联合国的投票一致率（voting coincidence percentage）反映了在多大程度上这两个国家分享共同的目标和价值观，是考察两国在联合国投票情况的重要指标[①]，在一定程度上反映了

---

① U. S. Department of State, *Report to Congress on Voting Practices in the United Nations*, Washington, D. C. : Congressional Information Service, Inc. , 1985, pp. 1 - 3. 美国国会和政府对联合国资料的需求推动了学术界对联合国的投票研究和数据积累工作，取得了很多成果。从 1946 年起，美国总统和国务院开始向国会提交关于《美国与联合国》及《美国参与联合国》的年度报告，国会也举办相关听证会，发布《美国与联合国听证会报告》。美国政府和国会提交的报告见于：US House of Representatives Committee on Foreign Affairs Subcommittee on International Organizations, Hearing : U. S. Participation in the United Nations and UN Reforming, Washington, D. C. : Government Printing Office。从 1985 年起，美国国务院向国会提交关于联合国投票表决情况的年度报告，这些报告对系统研究联合国投票情况具有重要的参考价值。国外一些大学的图书馆也有专门的联合国投票情况的资料积累。美国学者从 20 世纪 50 年代开始对联合国投票情况进行研究，这些研究伴随着科学行为主义的方法论和计算机技术的兴起而发展，大多运用统计学进行定量分析，研究内容大多集中在政策与投票行为的相关性分析，主要关注美国的对外政策是否能够影响联合国其他成员国在联合国大会的投票行为。目前学术界的研究主要针对美国与多个国家在联合国大会的投票行为，也就是一对多的研究。

两国在国际舞台上的外交政策相似度。① 分析亚太国家与美国在联合国的投票一致率，一方面可以帮助我们总结亚太国家和美国在联合国的投票规律，更好地理解这些国家的联合国政策；另一方面，在一定程度上暴露出亚太国家与美国的关系亲疏。曼海姆（Jarol B. Manheim）和里奇（Richard C. Rich）提出，两国联盟关系的强弱和双方在联合国里的投票一致性密切相关。两国联盟关系越强，双方在联合国里的投票一致性越高。对联盟关系强弱的有效测量值将与联合国投票倾向一致的测量值成正比。② 而权威关系也是如此。考察亚太国家与美国在联合国投票的一致性，一定程度上可以捕捉双方之间权威关系，为我们理解国际权威带来新的证据。

需要说明的是，考察美国与亚太国家间在联合国投票上的一致性，主要考察在联合国大会上的投票情况，不包括在安理会的投票。因为安理会采取一票否决制，体现了大国一致的原则。冷战之后，五大常任理事国在国际安全事务上倾向于合作，而不轻易使用否决权。同时，安理会非正式磋商不断增多，大国在会前通过各种方式尽量对相关议案达成一致，在投票上保持高度一致。所以，在安理会，投票一致性的高低无法代表国家间在特定议题上观点或利益分歧的大小，这也就是说，在安理会，投票数据并不能充分体现国家间的利益斗争和交换。③ 因此，本书的研究并不包括亚太各国在安理会的投票行为。

这里考察的亚太各国在联合国大会的投票情况，只包括联合国大会的投票记录和结果，不涉及具体投票的过程（如在非正式会议中的磋商情况等）。在联合国大会方面，学者研究的投票主要有两类，一类是点名投票

---

① 目前，学界衡量国家间外交政策相似度的标准主要有三种：依据同盟责任考察外交政策相似度的 Tb 系数；利用多维数据建立空间模型的相似度分值（similarity scores）；根据联合国大会投票计算各国外交政策的相合程度。本书之所以选择亚太国家与美国在联合国大会投票上的一致性作为衡量亚太国家与美国权威关系的指标之一，一方面是因为前两种方法的适用性局限（Tb 系数的研究对象是同盟国家，不符合本文考察对象；而相似度分值在应用时不能就投票所针对的特定议题做出具体区分，无法观察成员国各自议题偏好），另一方面也是因为通过联大投票考察国家间外交政策相似度具有的显著优势。联合国是主权国家广泛参与的国际舞台，是成员国利益协调与交换的主要场所。联合国大会就地区及全球性议题进行讨论，并赋予全体会员国相同的投票权。这一点至关重要。

② 〔美〕加罗·曼海姆、理查德·里奇：《政治学方法论》，冷则刚、任文珊译，台湾：五南图书出版股份有限公司，1999，第 92 页。

③ 戴颖：《冷战后中美在联合国大会投票行为研究及影响因素研究（1991—2006 年）》，《国际论坛》2008 年第 2 期，第 48—54 页。

（identical votes），另一类是重要投票（important votes）。以往的研究显示，研究不同类型的投票可能会带来不同的结果。为了保证结论的全面性，本书把这两类投票都作为研究对象。

点名投票指的是在联合国大会上全体会议（plenary votes）和主要委员会进行的通过率在90%以下的投票，不包括一致通过或是实际上一致通过的投票（这里定义为超过90%的国家持同种观点的投票）。重要投票指的是那些涉及美国核心利益的议案的投票情况，这些议案是美国国务院从联合国大会表决的所有议案中挑选出来的，一般每年有10—16项，内容大多涉及人权、中东地区等领域。美国政府把重要议案的投票一致率作为衡量其他国家对美国支持程度的量度标准，要求外交人员在联合国进行重点游说，争取尽可能多的国家在重要议案上支持美国的立场，以实现本国的战略目标。因此，在考察美国和亚太国家在联合国的投票行为时，双方在重要议案上的投票一致率非常值得关注。

本书的投票数据包括亚太国家与美国在联合国大会点名投票和重要投票的一致率，这些数据来源于美国国务院向国会提交的关于联合国投票表决情况的年度报告。[①]

一　亚太国家与美国在联合国的点名投票倾向

联合国大会覆盖的议题涉及多个领域，包括和平与安全、裁军、经济和社会发展、人道主义、人权，等等。这些在美国认定的国家利益中占据重要地位。一国在联合国的行为通常与其和其他国家的双边关系密切相关。在美国看来，国家的投票记录是衡量这一国家与美国关系的唯一尺度。[②] 双边的经济、战略和政治议题通常对美国的利益有着非常直接的影响。因此，考察其他国家与美国在所有点名投票中的倾向一致性，是衡量

---

① U. S. Department of State, Report to Congress on Voting Practices in the United Nations, 1985 – 2006。美国国务院1997年以后发表的《联合国表决情况》全部可以在其网站上查阅，http://www.state.gov/p/io/rls/rpt/。这份资料记录了1984年以来，所有成员国在联合国大会、所有常任理事国和非常任理事国在安理会的投票情况。该资料把联合国大会的投票分为全体投票和重要投票，计算其他国家在这两类投票上与美国的投票一致率，比较各国和各个国家集团与美国的投票情况。

② U. S. Department of State, Report to Congress on Voting Practices in the United Nations 2012, p. 2.

该国在公开场合对美国的"崇拜"程度和美国对其所拥有的权威程度的一种直观有效的工具。

本书考察了1995—2016年联合国全部成员国的所有投票情况，将其与美国的投票记录进行比照后发现，这些国家与美国投票的一致率在时间特征上可以分为三个阶段，在国家分布上可以分为三组。具体如下。

在时间特征方面，可以分为明显的三个阶段：在1995—2000年，亚太多数国家与美国的投票一致率维持比较稳定，2001年开始，所有国家与美国的投票一致率急剧下降，出现历史冰点，直到2009年，投票的一致率才得以恢复。

在国家的分布上，呈现出明显的三个梯队。第一梯队为澳大利亚、日本、新西兰和韩国。这些国家与美国投票一致率最高，平均达到50%以上。其中日本在1995—2000年达到一个峰值，澳大利亚在2009年之后持续走高。整个梯队中，澳大利亚的一致率最为稳定，即使在所有国家的一致率降到本国历史最低的2001、2002年，澳大利亚与美国的一致率仍维持在50%以上。而日本、韩国、澳大利亚和新西兰在2013年之后，与美国的一致率整体上跃升，超过60%，澳大利亚在2016年的投票一致率甚至高达86.6%（参见表3-7、表3-8）。

表3-7　亚太国家与美国在联合国大会点名投票的一致性（1995—2005年）

单位：%

年份\国家	1995	1996	1997	1998	1999	2000	2001	2002	2003	2004	2005
澳大利亚	60.0	64.5	67.8	64.8	66.7	63.5	55.6	52.1	58.1	56.7	58.1
孟加拉国	39.7	35.4	35.8	35.1	31.5	33.9	22.7	21.3	16.3	8.6	15.3
柬埔寨	43.8	44.6	**	**	21.0	35.6	19.0	19.4	16.3	11.8	18.2
中国	21.5	29.7	27.6	27.3	21.1	25.0	17.2	17.6	13.2	8.8	13.0
朝鲜	8.7	13.0	4.3	5.0	4.1	4.7	2.1	10.9	9.2	3.3	3.0
印度	17.2	23.1	20.0	19.2	21.9	21.8	18.0	21.2	19.7	20.0	19.2
印度尼西亚	33.3	31.9	31.8	32.2	30.0	32.8	20.9	22.1	16.9	8.3	14.5
日本	75.4	72.4	67.3	60.4	63.3	58.8	48.3	48.6	39.4	42.9	47.3
老挝	27.0	25.5	18.4	20.0	16.1	21.2	7.3	5.4	13.9	5.0	7.2
马来西亚	39.4	40.3	35.4	35.0	32.4	33.3	19.7	22.4	17.1	8.6	14.6
蒙古国	47.9	46.8	45.3	40.4	32.4	39.3	26.6	27.4	18.9	14.7	16.9

续表

年份 国家	1995	1996	1997	1998	1999	2000	2001	2002	2003	2004	2005
缅甸	25.4	30.8	26.2	27.8	21.0	22.6	12.1	15.9	12.2	11.8	13.2
尼泊尔	46.4	38.5	38.7	32.7	30.0	33.3	22.7	22.7	17.7	12.7	15.4
新西兰	64.2	61.5	65.6	62.5	62.1	59.3	50.8	44.0	38.6	40.6	41.3
巴基斯坦	28.4	36.2	31.3	25.0	25.0	15.7	13.2	19.4	17.9	9.7	8.5
菲律宾	43.8	39.4	32.8	33.3	31.9	35.0	24.6	24.1	17.7	13.0	19.5
韩国	64.3	60.0	62.5	60.0	61.4	52.2	45.3	45.7	38.3	39.3	38.8
新加坡	43.7	43.3	36.1	37.0	31.7	36.8	23.8	23.9	19.7	13.6	19.5
斯里兰卡	36.2	35.4	33.8	31.6	32.4	33.9	21.2	19.7	18.3	12.9	16.9
泰国	40.0	40.3	36.9	37.3	33.8	36.2	24.2	24.7	17.6	14.9	16.7
越南	18.8	26.2	17.0	18.8	15.3	22.6	9.3	9.0	8.2	6.0	5.9

注：** 指联合国非参与会员国（non-participating UN member）

资料来源：笔者根据 U. S. Department of State, Report to Congress on Voting Practices in the United Nations（1995 - 2005）整理而成。

表 3 - 8　亚太国家与美国在联合国大会点名投票的一致性（2006—2016 年）

单位:%

年份 国家	2006	2007	2008	2009	2010	2011	2012	2013	2014	2015	2016
澳大利亚	61.3	55.4	56.9	76.6	73.0	79.7	71.0	80.9	75.0	83.3	86.6
孟加拉国	14.4	9.8	17.6	28.6	32.9	40.3	37.3	40.0	36.9	31.1	47.8
柬埔寨	13.1	9.0	16.0	33.9	30.9	38.4	33.3	42.5	36.1	32.4	47.9
中国	16.1	9.3	16.5	27.3	29.9	39.7	30.3	40.0	35.9	30.3	38.1
朝鲜	6.1	8.3	9.0	7.4	11.7	10.8	6.3	11.9	15.9	12.1	11.1
印度	15.9	14.7	23.7	30.0	25.4	33.8	29.7	27.4	26.5	25.8	33.8
印度尼西亚	14.9	7.5	15.1	27.5	30.9	38.9	33.3	35.1	33.8	31.5	41.2
日本	42.9	37.3	40.6	58.2	57.6	70.8	57.1	67.2	63.0	64.4	74.4
老挝	13.8	6.6	13.9	25.4	27.4	31.8	33.8	35.7	31.6	26.5	39.2
马来西亚	15.4	6.4	15.5	27.1	32.4	45.6	36.8	43.0	38.1	36.0	49.5
蒙古国	20.5	12.3	21.1	32.8	35.9	48.1	38.6	45.5	40.2	36.6	52.9
缅甸	6.5	7.5	9.3	21.1	28.8	35.6	37.5	26.6	34.6	30.1	40.3
尼泊尔	14.1	8.1	19.0	29.2	35.8	42.7	37.0	42.3	36.6	33.3	47.8
新西兰	37.7	31.9	39.2	59.7	56.5	68.0	55.2	63.9	58.6	59.1	67.1
巴基斯坦	17.6	11.0	18.9	30.0	21.3	22.8	23.0	35.3	29.6	26.2	40.5

续表

年份 国家	2006	2007	2008	2009	2010	2011	2012	2013	2014	2015	2016
菲律宾	16.3	7.9	18.8	30.3	31.3	47.4	36.5	42.5	37.8	38.2	49.5
韩国	38.9	32.8	39.7	58.2	57.4	70.0	61.4	67.7	66.7	68.9	78.0
新加坡	16.5	8.5	17.7	30.3	34.8	43.6	38.4	42.0	39.8	36.0	49.5
斯里兰卡	14.6	8.8	14.9	29.0	31.9	41.0	34.7	34.2	29.9	35.1	46.6
泰国	15.5	9.6	17.9	30.3	33.8	46.2	37.0	45.0	40.5	37.3	52.6
越南	6.2	5.1	5.5	18.0	28.8	34.7	34.2	28.8	33.8	29.6	38.2

注：** 指联合国非参与会员国（non-participating UN member）

资料来源：根据 U. S. Department of State, Report to Congress on Voting Practices in the United Nations（2006 – 2016）整理而成。

第二梯队为孟加拉国、柬埔寨、印度尼西亚、马来西亚、蒙古、尼泊尔、菲律宾、新加坡、斯里兰卡和泰国。这些国家与美国的一致率在"正常年代"（这里指 1995—2000 年、2009—2012 年，相对"集体跳水"的 2001—2008 年而言）维持在 30%—50%，属于相对稳定的大多数。在第二梯队中，值得注意的是一致率最高的并非一般人所认为的美国的盟国菲律宾和泰国，而是蒙古，其一致率平均达到 31.4%。

第三梯队为中国、朝鲜、印度、老挝、缅甸、巴基斯坦、越南。这些国家是与美国投票一致率最低的国家，它们在 1995 年的一致率都低于 20%，在 2012 年都处于或低于 30% 的区间内。其中以朝鲜的一致率为最低，1995 年为 8.7%、2001 年为 2.1%、2012 年为 6.3%。

虽然亚太国家与美国投票的一致率每年都会发生变化，在很大程度上依赖于当年联合国大会的提案议题，其绝对数字并不能直接作为我们判断美国与这些国家双边关系远近的依据，然而，在所有国家与美国投票一致率的整体比较中，我们可以发现，第一梯队的国家与美国的投票率最高，意味着它们与美国在各项议题中的共识度最高，与美国的关系最亲近。反过来，由于它们与美国的双边关系中，美国通常占据主导地位，这种亲近意味着"服从"，也就是说，它们对美国的服从度最高——美国对它们的权威程度最高。第二梯队代表了多数国家，它们与美国的投票一致率比较均匀，也比较稳定。第三梯队的国家与美国的一致率最低，可以被认为是美国权威尚未到达或非常有限。

表 3 - 9　亚太国家与美国在重要问题投票的一致性（2000—2016 年）

单位：%

国家＼年份	2000	2001	2002	2003	2004	2005	2006	2007	2008	2009	2010	2011	2012	2013	2014	2015	2016
澳大利亚	85.7	87.5	63.6	76.9	77.8	88.9	75.0	84.6	83.3	91.7	84.6	88.9	85.7	90.9	92.3	91.7	100.0
孟加拉国	30.0	0.0	18.2	23.1	20.0	18.2	0.0	15.4	15.4	20.0	27.8	16.7	14.3	33.3	30.0	33.3	33.3
柬埔寨	37.5	0.0	16.7	25.0	22.2	22.2	0.0	20.0	0.0	37.5	25.0	33.3	14.3	44.4	45.5	45.5	36.4
中国	14.3	0.0	20.0	0.0	11.1	11.1	0.0	7.7	7.7	18.2	18.2	0.0	0.0	30.0	11.1	33.3	15.4
朝鲜	0.0	0.0	0.0	9.1	12.5	10.0	0.0	8.3	7.7	0.0	8.3	0.0	0.0	0.0	0.0	0.0	0.0
印度	22.2	0.0	30.0	23.1	20.0	20.0	0.0	0.0	9.1	11.1	14.3	0.0	14.3	25.0	25.0	33.3	25.0
印度尼西亚	30.0	0.0	16.7	21.4	20.0	10.0	0.0	8.3	8.3	20.0	27.3	33.3	14.3	33.3	30.0	33.3	40.0
日本	75.0	66.7	58.3	53.6	66.7	83.3	66.7	70.0	83.3	85.7	88.9	83.3	60.0	87.5	90.0	88.9	100.0
老挝	22.2	0.0	0.0	22.2	12.5	11.1	0.0	9.1	0.0	22.2	22.2	20.0	0.0	33.3	25.0	14.3	37.5
马来西亚	22.2	0.0	18.2	15.4	20.0	18.2	0.0	0.0	7.7	18.2	30.8	33.3	14.3	50.0	40.0	50.0	54.5
蒙古国	45.5	20.0	30.8	37.5	50.0	42.9	20.0	42.9	42.9	66.7	57.1	75.0	66.7	83.3	75.0	71.4	66.7
缅甸	12.5	0.0	20.0	0.0	11.1	18.2	0.0	7.7	7.7	20.0	25.0	0.0	25.0	16.7	36.4	41.7	44.4
尼泊尔	33.3	0.0	20.0	36.4	22.2	20.0	0.0	14.3	0.0	37.5	33.3	20.0	28.6	44.4	50.0	44.4	44.4
新西兰	77.8	54.5	54.5	63.6	66.7	83.3	66.7	70.0	71.4	88.9	80.0	85.7	60.0	87.5	90.0	88.9	100.0
巴基斯坦	0.0	0.0	20.0	15.4	20.0	11.1	0.0	8.3	9.1	12.5	22.2	0.0	0.0	33.3	12.5	45.5	44.4
菲律宾	33.3	0.0	20.0	33.3	25.0	22.2	11.1	12.5	0.0	37.5	33.3	50.0	20.0	50.0	60.0	60.0	44.4
韩国	57.1	50.0	53.8	60.0	60.0	80.0	62.5	57.1	80.0	85.7	85.7	83.3	75.0	87.5	88.9	88.9	100.0
新加坡	42.9	0.0	22.2	30.0	22.2	20.0	0.0	11.1	10.0	33.3	40.0	20.0	20.0	44.4	50.0	50.0	50.0
斯里兰卡	30.0	0.0	18.2	28.6	20.0	20.0	0.0	18.2	0.0	27.3	25.0	16.7	0.0	33.3	30.0	54.5	55.6
泰国	37.5	0.0	20.0	33.3	33.3	28.6	0.0	16.7	14.3	37.5	37.5	50.0	33.3	62.5	63.6	63.6	63.6
越南	22.2	0.0	10.0	0.0	11.1	10.0	0.0	7.7	0.0	25.0	18.2	14.3	0.0	25.0	36.4	36.4	25.0

资料来源：笔者根据 U. S. Department of State, Report to Congress on Voting Practices in the United Nations（2000—2016）整理而成。

二　亚太国家与美国在重要投票上的一致性考察

重要问题是美国政府所认为的涉及美国核心利益的议案。这些议案大多涉及人权、中东地区、核武器扩散等领域。亚太国家在这些议案上的投票能够直接反映出对美国的支持程度，是我们判断美国拥有权威的重要依据。

与点名投票一样，亚太国家与美国在重要问题上的投票一致率也呈现出明显的梯队特征。为了更加清晰地呈现亚太各国与美国在重要问题上的投票一致性高低，这里根据双边关系的公开定位，按照美国盟国、伙伴关系国及非盟国非伙伴关系国不同的组别，一一对比（见图 3-1、3-2、3-3）。

与美国投票一致率最高的是美国在地区内的主要盟国日本、韩国、澳大利亚。自 2000 年以来的每一年，它们在重要问题上支持美国，追随美国立场。其中，以澳大利亚为最高，日本其次，韩国最低；而 2016 年的投票一致性甚至达到 100%

在伙伴关系国当中，新西兰以及蒙古与美国的一致率最高。新西兰作为美国的前盟国，虽然解除了与美国之间的正式军事盟约，但两国在 21 世纪以来的合作非常紧密，尤其是"9·11"事件后，新西兰支持美国反恐行动，甚至派特种部队配合美国在阿富汗军事行动等，因此在美国关注的重点问题上追随美国立场的倾向非常明显。而蒙古虽然与美国没有达成盟约，但其一直将美国视为自己的"第三邻国"，在国际上紧跟美国步伐，每年都会在部分议题上与美国达成高度一致。与第一梯队国家明显追随美国立场相比，第二梯队的国家对美国立场的支持度降了一个层级，它们在美国认定的重要问题上的态度表现出相对的独立性。

第三梯队的国家与美国在重要投票上的一致率很低。它们对美国的支持率最低，与美国的权威关系也处于最低层次。

分类来看，如图 3-1 所示，美国与其亚太盟友在重要问题上的投票一致性存在差别。日本、韩国和澳大利亚作为美国在亚太最坚定的盟友，其与美国的投票一致性最高，甚至在 2016 年达到 100%；2008 年以来，三国之中，澳大利亚与美国在重要问题投票上一直保持着高度的一致；韩国和日本则在 2012 年时出现落点，2013 年之后一致性稳步上升。泰国和菲律宾相较而言，在重要问题投票上并未紧随美国脚步，而是展现出很大的独

立性。2000—2012 年，泰美投票一致性一直在 0—50% 上下浮动；2013
年，泰国与美国在重要问题上的投票一致性超过 50%，并在三年内维持稳
定；而菲律宾虽然也在 2013 年升至 50% 左右，但随着 2016 年新任总统杜
特尔特上台，菲律宾在外交上展现出迥异于以往的独立性，菲美在重要问
题上的投票一致性出现了回落。

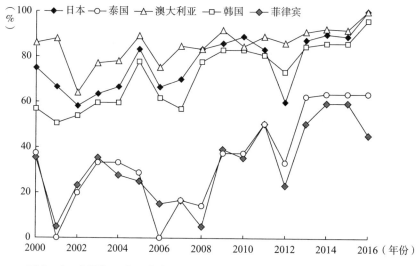

图 3 - 1　美国与亚太盟友在重要问题上的投票一致性（2000—2016 年）

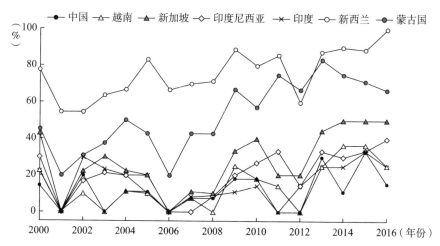

图 3 - 2　美国与亚太伙伴关系国在重要问题上的投票一致性（2000—2016 年）

美国与其亚太伙伴关系国在重要问题上的投票一致性也呈现出较大的
差别。如前文所述，新西兰尽管与美国解除了结盟关系，但其不仅与美国

保持着非常紧密的军事、经济联系，而且在国际舞台上也是紧跟美国步伐，在美国认定的重要问题上的投票与美国保持着较高的一致性，且在2013年后达到了80%，甚至在2016年达到了100%。蒙古号称美国是自己的"第三邻国"，其对美国的追随一直令人瞩目，自2008年以来，在重要问题上与美国投票的一致性也超过了50%；中国、越南、印度尼西亚、印度与美国的投票一致性较低，在0—40%，因年度问题的不同而各有升降。值得注意的是，自2013年以来，新加坡与美国的投票一致性一直维持在40%以上，这在除了新西兰和蒙古之外的伙伴关系国中最高，表明新加坡较以往更加认同美国在重要问题上的立场。

除了盟国和伙伴关系国之外，美国与亚太其他国家（也就是非盟国非伙伴关系国）在重要问题上的投票一致性整体较低（见图3-3）。其中，最低的是朝鲜，尤其是2011年以来，其与美国在美国所认定的重要问题上的投票无一相同，可以说，朝鲜与美国之间毫无权威关系。孟加拉国、缅甸、马来西亚、柬埔寨、老挝和巴基斯坦在2012年之前，与美国在重要问题上的投票一致性一直在0—30%各有升降，而自2013年以来，这些国家与美国的一致性整体上升（如图中黄色部分所示），攀至15%—50%。尽管如此，但并不能就此得出结论，认为这些国家与美国之间存在权威关系，或原本几近于零的权威程度得到提高。

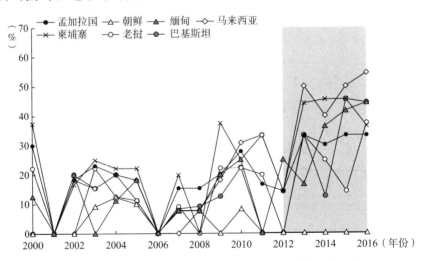

图3-3　美国与亚太非盟国非伙伴关系国在重要问题上的
投票一致性（2000—2016年）

结合美国盟国与伙伴关系国在 2013—2016 年的一致性高低,可以看出,最近四年来,无论是美国的盟国,还是伙伴关系国,亚太诸国在联合国大会上关注的问题与美国所认定的重要问题重合度增加,其立场与美国的立场一致性增高。反过来,也说明美国所认定的重要问题得到了全世界的关注,各国对于涉及这些问题的决议认同度增加。这是否说明美国与亚太诸国间的权威关系更进一步,还需要更进一步的研究。

小结　美国亚太政治权威的分布

美国在亚太地区的权威,就政治维度的三个指标来看:双方对彼此关系的公开定位主要分为三种:(1)联盟关系,主要为日本、韩国、澳大利亚、菲律宾和泰国;(2)伙伴关系,已经建立的主要有印度、印度尼西亚、新西兰、越南、新加坡、蒙古和中国;(3)非联盟非伙伴关系则主要是亚太其他国家,包括朝鲜、缅甸、孟加拉国、马来西亚、柬埔寨、老挝、巴基斯坦等。

美国与亚太领导人之间的互访,呈现出以下三种特点。其一,美国总统对盟国的访问频率较为稳定和平均,盟国最高领导人对美国的访问次数比较频繁,且多数将美国作为就任后的初访地点。美国与其亚太盟国间部长级对话越来越呈现出例行性和常规性的趋势。其二,美国与亚太其他国家领导人互访越来越频繁,但有明显的"突击性"和不稳定性。其三,美国与亚太各国领导人互访结构呈现明显的不对称性。除了中国和美国领导人之间的互访表现出对等性之外,日本、韩国、澳大利亚、新加坡、新西兰、菲律宾、蒙古都向美国表现出明显的"主动示好"态度,印度、马来西亚和印度尼西亚流露出轻微"示好"迹象。

亚太国家与美国在联合国的投票一致性,无论是点名投票还是美国政府所认定的重要投票上,都呈现出明显的二个梯队。第一梯队为澳大利亚、日本、新西兰和韩国。这些国家与美国投票一致率最高,其中,澳大利亚的一致率最为稳定。第二梯队为孟加拉国、柬埔寨、印度尼西亚、马来西亚、蒙古、尼泊尔、菲律宾、新加坡、斯里兰卡和泰国。这些国家与美国的一致率维持在 30%—50%,属于相对稳定的大多数。在第二梯队中,值得注意的是一致率最高的并非一般人所认为的美国的盟国菲律宾和泰国，而是蒙古。第三梯队为中国、朝鲜、印度、老挝、缅甸、巴基斯坦、越南，这些国家与美国投票一致率最低。虽然亚太国家与美国投票的一致率每年都会发生变化，在很大程度上依赖于当年联合国大会的提案议题，但是在所有国家与美国投票一致率的整体比较中可以发现，第一梯队的国家与美国的投票一致率最高，意味着它们与美国在各项议题中的共识度最高，与美国的关系最亲近。反过来，由于它们与美国的双边关系中，美国通常占据主导地位，这种亲近意味着"服从"，也就是说，它们对美国的服从度最高——美国对它们的权威程度最高。第二梯队代表了多数国家，它们与美国的投票一致率比较均匀，也比较稳定。第三梯队国家与美国的一致率最低，可以被认为是美国权威尚未到达或非常有限的地方。

第四章

美国在亚太的经济权威

权威是一种特殊的权力类型。跟从国能够遵从主导国的命令，是因为这些命令在跟从国看来是正当而可以接受的。长期以来，人们都认为贸易能够创造潜在的政治影响力，这从贸易伙伴的多寡可以看出。如果一国拥有多个贸易伙伴，那么它在政治上可能拥有较大的自主性。而如果一个国家高度依赖与单一国家的贸易，那么很容易受到贸易伙伴国的影响。当然，在大多数情况下，由于公司和企业家制定进口和出口的微观层次决策，政府对双边贸易模式的影响仅仅是间接的，甚至没有明确的政府决策参与。尽管如此，如果一国政府在长期范围内依赖一两个国家而没有将贸易伙伴多元化，那就意味着它们接受了贸易伙伴国对自己潜在的影响，也默认了这些影响存在的合法性，因此形成经济上的权威关系。

衡量两个国家之间的经济权威，主要从其彼此双边贸易额占总体贸易额的比例入手。① 衡量美国的权威，除了贸易份额之外，还需要考虑美国

---

① 人们也常常会考虑汇率制度的自主性。因为经济权威与一个国家货币政策的自主性成反比，而反过来，一国货币政策的自主性又通过其汇率机制加以确定。任何经济体价格与货币稳定的关键在于如何根据其他货币价格来设定其本国货币的价格。在极端情形下，一国可允许其货币相对其他货币浮动，而其汇率交由金融市场的需求与供给来决定。在浮动汇率制下，国内货币政策免于对经常账目平衡（current account balance）的担忧，也因此而意味着不存在什么经济权威关系。布雷顿森林体系崩溃后，亚太诸国几乎都采取浮动汇率制度，因此本书未将其列为考察指标。

在跟从国的投资力度。尤其在发展中国家，外资对当地市场、政治格局的影响力不可小视，对经济政策甚至政治决策起到重要的塑造推动力。因此，这里主要将贸易和投资作为衡量经济权威程度的指标，希望能从其中捕捉到美国与亚太国家或地区经济权威的一些影子。同时，在这一过程中，我们也需要考虑美国与部分国家之间特殊的经贸关系。

第一节　亚太国家与美国的贸易依存度考察

一般而言，考察一个国家对另一个国家的贸易依存度，需要将其与这个国家的贸易总量除以其自身的国内生产总值（GDP），看其比例大小。[①]这里以一个国家年度贸易总量代替其国内生产总值，考察亚太国家对美国的贸易依赖程度。当这些国家与美国的贸易量占其贸易总额的比例（百分比）比较大时，相对具有贸易依赖性，当其与美国的贸易量占其贸易总量的比例比较小时，其经济相对独立。[②]当然，不同时间不同背景下，贸易依存度也会发生变化。

一　亚太地区国际贸易主要伙伴排名

总体而言，二战之后，在经历了石油危机、东亚金融危机和全球金融危机之后的几年，亚太国家与美国之间的贸易出现明显下降；20 世纪 90年代以来中国经济的崛起，也使这一数字整体下滑。到 2009 年，东亚、东南亚、南亚和大洋洲的国家几乎都将中国作为其对外贸易的首要伙伴，对美贸易占其对外贸易的比例下降。

---

① 〔美〕戴维·莱克：《国际关系中的等级制》，高婉妮译，上海：上海人民出版社，2013，第 3 章。

② 尽管考虑一部分外部伙伴变量，这种测量仍在两个方面存有缺憾。它依赖与其他伙伴国实际而非潜在的贸易。即使一国现在与美国进行不对称贸易，它也可能进口或出口那些可以快速便捷地转卖到其他国家的相对标准化商品。此外，一国还可能与常任五成员国以外的其他国家有重要的贸易关系，最有可能的就是日本和其他欧盟成员国。尽管如此，这一衡量仍然提供了一个切入口来观察一国与美国贸易的替代选择。它捕捉到了一些接近于基欧汉和奈提出的敏感性依赖而非脆弱性依赖的东西。参见 Robert O. Keohane and Joseph S. Nye, *Power and Interdependence: World Politics in Transition*, Boston: Little, Brown, 1977, pp. 12 – 17。

表 4 - 1　国际贸易主要伙伴国家/地区排名（2009 年）

国家/地区＼排名	1	2	3	4	5	6	7
中国内地	美国	日本	中国香港	韩国	中国台湾	德国	澳大利亚
韩国	中国内地	日本	美国	沙特	中国香港	澳大利亚	新加坡
日本	中国内地	美国	韩国	中国台湾	澳大利亚	泰国	德国
中国香港	中国内地	美国	日本	中国台湾	新加坡	韩国	德国
东盟	中国内地	欧盟	日本	美国	韩国	中国香港	澳大利亚
美国	加拿大	中国内地	墨西哥	日本	德国	英国	韩国
加拿大	美国	中国内地	中国香港	墨西哥	日本	德国	韩国
墨西哥	美国	中国内地	巴西	日本	德国	智利	韩国
印度	中国内地	美国	阿联酋	沙特	德国	新加坡	英国
澳大利亚	中国内地	日本	印度	韩国	美国	英国	新西兰

资料来源：中国内地：http://www.uschina.org/statistics/tradetable.html；韩国：http://topforeign
stocks.com/2010/11/11/the-top-trade-partners-of-south-korea and http://www.state.gov/r/pa/ei/bg n/
2008.htm；美国：http://www.census.gov/foreign-trade/statistics/hignlights/toppartners.html；中国香
港：http://www.tid.gov.hk/english/trade_relations/mainland/trade.html；加拿大：http://www.ic.gc.
ca/eic/site/cis-sic.nsf/eng/ h_00029.html；墨西哥：http://www.economywatch.com/economic statis-
tics/Mexico/Trade_Statistics/；日本：http://www.jetro.go.jp/en/reports/statistics/；东盟：http://
www.as-eansec.org/stat/Table20.pd；欧盟：http://trade.ec.europa.eu/doclib/docs/2006/ septe-mber/
tradoc_122529.pdf；澳大利亚：http://www.expatriateconnect.com/aus/australia/2019s-top-10-
trading-partners-2009；印度：http://www.indiaonestop.com/tradepartners/indias_trade_partner s.html。

　　可以看出，除了中国内地之外，亚太地区将美国作为第一贸易伙伴的国家仅有美国的邻国加拿大和墨西哥。日本、中国香港和印度都将中国内地作为其首要贸易伙伴国，将美国作为其第二大贸易伙伴。韩国将其作为第三大贸易伙伴国，澳大利亚将其列为第五；在东盟的对外贸易对象经济体中，美国排在中国内地、欧盟和日本之后，位列第四。21 世纪以来，尤其是 2008年全球金融危机之后，美国与亚太国家包括其主要军事盟友日本、韩国和澳大利亚之间的贸易比例下降，双方在彼此的贸易排位中都让位于中国内地。

　　当然，这一情况仅是近二十年来的发展结果。二战之后，亚太盟国与美国的贸易几乎占其全部贸易额的多数，这些国家的出口市场主要依赖于美国。而随着美国这些亚太盟友经济的不断发展，其在对美贸易中逐渐取得顺差地位，而且出超数额不断扩大，这引发了与美国的贸易摩擦。其中，美日贸易摩擦最为突出，影响也最大。从 1965 年日本对美贸易由逆差变为顺差算起，日本对美贸易顺差数字不断增大，1983 年达到 195.83 亿美元，1986 年突破 500 亿美元达到 552.97 亿美元，之后美日不断协商，美国态度日趋强硬，由开放市场转向强制数值指标，但始终未能扭转甚至是缩小其逆差地位，1995 年日本对美顺差达 655.69 亿美元，2000 年达到813.22 亿美元。美韩贸易摩擦同样引人注目，特别是近年来的"牛肉风波"，严重影响美韩联盟的社会根基，成为韩国反美主义的重要来源，同时也遭到美国怨韩情绪的报复。而 2007 年美韩签署自由贸易协定（FTA），这无疑为美韩联盟由单一军事联盟向战略联盟、综合联盟转型提供了铺垫。

二　亚太经济体与美国的双边贸易及其占对外贸易总额的比例

到了 20 世纪 90 年代，亚太国家大多数对于美国贸易依存度下降，对中国和印度等贸易依存度上升。这期间，两次金融危机对亚太国家与美国贸易关系产生了重要影响。在 1997 年亚洲金融危机之前，日本、菲律宾、韩国、马来西亚等国与美国的贸易占其本国总体贸易额的 1/4 或 1/5；到了金融危机之后，1998—2003 年，这些国家（除了马来西亚）与美国的贸易比例皆有下降。2008 年金融危机加强了这一趋势，日美贸易仅占日本对外贸易的 13.0%，韩美贸易仅占韩国对外贸易的 9.64%，菲律宾也下降为13.0%，马来西亚为 9.46%（详见表 4-2 至表 4-5）。

总体上来看，自 1993 年以来，亚太各国与美国的贸易总量以及与美贸易占本国贸易总额的份额逐渐下降，以 1997 年和 2008 年两次金融危机之后降幅最为明显。冷战结束之初，日本、菲律宾和韩国在贸易上严重依赖美国，与美国的贸易占本国贸易总额的份额分别为 26.95%、27.24% 和20.98%。到 2012 年，这一比例严重下降，分别降为 13.08%、12.28% 和9.60%。除了以上三国，马来西亚、印度尼西亚、新加坡、印度、孟加拉国等也在二十年间与美国的贸易总量下降，贸易比例也一路下降。而蒙古国、缅甸、马来西亚、老挝、文莱、泰国、尼泊尔、巴基斯坦、斯里兰卡、马尔代夫、新西兰和中国与美国的贸易占本国贸易的比例则是在1993—2003 年上升，2003 年之后急剧下降，虽然贸易总额仍处于上升趋势。比较特殊的是柬埔寨和越南，两国与美国在 1993 年的贸易占本国贸易总额的比例仅为 1.6%、0.06%，贸易量也仅为 2000 万美元、400 万美元，到 2009—2012 年，贸易份额比平均达到 31.6% 和 11.2%，贸易总额也达到 884.77 亿美元、783.22 亿美元。柬埔寨和越南成为亚太国家中对美国贸易依存度上升的仅有的两个国家。

表 4 - 2　亚太各国与美国的双边贸易（1993—2005 年）

单位：百万美元

国家＼年份	1993	1994	1995	1996	1997	1998	1999	2000	2001	2002	2003	2004	2005
朝鲜	2	—	6	1	3	4.84	12.43	2.95	0.55	27.61	8.78	27.43	6.27
中国	12543	14360	15953	18222	18366	54998	61492	74538	80616	97315	126572	169928	212342
日本	162841	181760	197914	193071	194358	187235	197724	216523	186414	178787	177275	192211	201449
韩国	36172	42132	54569	55059	51542	43499	54543	67092	53789	56054	59304	71946	72288
蒙古国	50	34	38	35	62	65.8	77.8	158.65	159.39	189.06	166.48	199.73	189.53
菲律宾	7874	9340	11442	13209	16480	16706	16859	17819	17819	15980	14682	15485	16534
柬埔寨	20	9	35	28	113	8885	9794	10643	9788	9375	10255	11908	14826
越南	4	139	303	450	544	795	827	1097	1477	2912	5084	6486	6787
缅甸	60	78	97	141	134	14.11	235.49	461.54	468.83	356.91	276.12	12.65	5.83
马来西亚	17305	22348	27970	26384	27799	27329	29947	33830	29655	31925	33391	39012	42552
印度尼西亚	8485	9417	11078	11855	12598	10569	9749	11882	10971	10214	10088	12023	13775
新加坡	29029	33723	40301	44611	45507	40639	41077	44161	37914	35711	38573	44026	13775
老挝	15	6	7	5	8	23.85	13.85	13.55	7.6	7.26	8.95	9.96	14.87
文莱	788	359	329	690	413	338.94	564.5	531.98	499.74	329.51	495.43	444.14	590.67
泰国	13384	15976	18585	19266	19824	18228	19110	21997	20444	19719	20854	22786	25674
尼泊尔	106	125	110	117	119	136.6	198.93	250.21	213.69	172.44	187.11	169.52	129.6
印度	6056	7093	8645	9371	9872	10763	11683	12235	13496	14437	16254	18820	25323
巴基斯坦	1853	2028	2270	2842	2994	2735	2595	2890	2803	3142	3540	4845	5511

续表

国家 \ 年份	1993	1994	1995	1996	1997	1998	1999	2000	2001	2002	2003	2004	2005
孟加拉国	939	1100	1393	1269	1575	1610.5	1857.18	1993.43	1961.53	1738.6	1719.73	1965.71	2330
斯里兰卡	1138	1400	1527	1594	1853	2119.6	2008	2447.5	2191.39	1982.1	1974.76	2109.4	2192.6
马尔代夫	6	10	12	14	25	18.77	30.68	42.34	37.47	39.54	43.23	40.96	9.25
新西兰	2955	3602	3944	3794	4080	3877	4094	4305	4179	4260	4559	5544	5949
澳大利亚	12543	14360	15953	18222	18366	18931	19171	19792	17280	18997	19692	22305	23603

资料来源：根据 International Monetary Fund, *Direction of Trade Statistics Yearbook* (2012, 2005, 2000), Washington, D. C.: International Monetary Fund 整理而成。参见 https://www.imf.org/external/data.htm。

表4－3 亚太各国与美国的双边贸易占其对外贸易总额中的比例（1993—2005 年）

单位：%

国家 \ 年份	1993	1994	1995	1996	1997	1998	1999	2000	2001	2002	2003	2004	2005
朝鲜	0.08	—	0.25	0.03	0.13	0.24	0.62	0.01	0.01	0.87	0.28	0.85	0.14
中国	14.76	14.73	14.44	14.79	14.71	16.97	17.05	15.71	15.80	15.67	14.87	14.71	14.92
日本	26.95	27.15	25.40	25.37	25.58	27.98	27.09	25.24	24.77	23.72	20.69	18.84	18.14
韩国	20.98	21.18	20.91	19.55	18.32	19.24	20.71	20.19	18.49	17.87	15.96	15.06	13.22
蒙古国	8.80	6.15	5.85	3.81	6.74	7.76	8.93	13.79	13.75	15.57	11.75	10.72	8.47
菲律宾	27.24	25.97	25.06	25.26	25.61	28.30	25.46	24.51	27.33	22.63	19.15	18.50	18.65
柬埔寨	1.60	0.65	1.81	1.45	6.52	34.77	43.95	43.47	38.95	37.81	37.97	35.57	35.11
越南	0.06	1.41	2.21	2.45	2.62	3.86	3.55	3.64	4.73	7.99	11.20	10.99	9.81

第四章　美国在亚太的经济权威

续表

年份 国家	1993	1994	1995	1996	1997	1998	1999	2000	2001	2002	2003	2004	2005
缅甸	2.80	3.24	2.83	3.81	3.50	5.55	6.01	9.20	8.85	6.22	4.61	0.19	0.08
马来西亚	18.66	18.89	18.48	16.84	17.60	20.75	19.96	18.76	18.36	18.47	17.80	16.90	16.71
印度尼西亚	13.02	13.07	12.87	12.78	13.24	13.87	13.42	12.43	12.57	11.55	10.78	10.18	9.61
新加坡	18.21	16.90	16.61	17.40	17.64	19.22	18.19	16.20	15.95	14.78	14.18	12.86	9.61
老挝	2.22	0.69	0.78	0.49	1.33	2.35	1.09	1.25	0.69	0.65	0.72	0.62	0.74
文莱	11.78	5.93	5.18	9.60	5.79	7.86	14.55	11.60	10.74	6.50	8.60	7.22	8.13
泰国	16.08	15.98	14.20	14.93	16.47	18.68	17.56	16.81	16.08	14.76	13.36	11.82	11.24
尼泊尔	11.65	12.93	10.21	6.85	5.84	7.28	11.21	14.43	14.04	10.85	9.38	7.30	4.50
印度	14.33	14.28	13.30	13.70	13.65	14.19	13.94	13.16	12.95	13.20	12.04	10.74	10.64
巴基斯坦	11.44	12.51	11.67	13.25	14.79	15.42	13.85	14.75	14.47	14.88	14.17	15.61	13.29
孟加拉国	14.92	15.21	14.47	12.40	15.01	14.39	14.43	13.66	13.30	13.08	10.81	10.25	10.43
斯里兰卡	16.58	18.20	17.30	17.47	17.98	19.12	18.46	20.15	20.96	18.50	16.50	15.32	14.38
马尔代夫	2.63	3.70	2.95	2.39	4.50	4.38	6.58	9.10	7.98	8.21	7.41	5.33	1.10
新西兰	14.69	15.08	14.33	13.01	14.30	16.13	15.39	16.14	15.59	14.57	13.12	12.79	12.40
澳大利亚	14.76	14.73	14.44	14.96	14.71	16.22	15.79	15.15	13.92	14.10	12.66	11.76	10.52

资料来源：笔者根据 International Monetary Fund, *Direction of Trade Statistics Yearbook* (2012, 2005, 2000), Washington, D. C.: International Monetary Fund 整理而成。参见 https://www.imf.org/external/data.htm。

表4-4 2006—2012年以来亚太各国与美国的双边贸易及其比例

单位：百万美元；%

年份 国家	与美国的贸易额							与美贸易占该国贸易比例						
	2006	2007	2008	2009	2010	2011	2012	2006	2007	2008	2009	2010	2011	2012
朝鲜	—	1.87	57.42	0.88	2.09	10.23	—	—	0.03	0.66	0.01	0.03	0.13	—
日本	216559	217839	217907	155830	189510	203947	220284	17.66	16.30	14.10	13.75	12.93	12.15	13.08
韩国	77118	83277	85057	66964	90581	101233	102461	12.13	11.40	9.87	9.62	10.11	9.31	9.60
蒙古国	162.59	155.62	198.35	117.66	138.03	354.83	—	5.47	3.89	3.44	2.91	2.08	3.28	—
菲律宾	17012	16444	15954	12412	13433	13612	14527	17.27	15.51	14.56	14.53	12.63	12.56	12.78
柬埔寨	16458	18674	25872	22629	27503	35551	2794	33.45	30.28	33.47	34.42	34.28	31.97	12.09
越南	8832	12806	14534	14365	18005	21457	24495	10.43	10.60	10.14	11.30	11.75	10.87	11.01
缅甸	8.36	9.46	11.77	7.79	10.78	53.68	72.38	0.10	0.09	0.09	0.06	0.07	0.25	0.29
马来西亚	46615	43459	41905	31238	36513	37018	35643	16.01	13.45	11.76	11.11	10.04	8.92	8.40
印度尼西亚	15325	16441	20978	17983	23718	27332	26524	9.46	8.42	7.88	8.42	8.08	7.17	6.95
老挝	15.82	33.72	60.49	64.28	69.58	83.53	—	0.55	0.98	1.36	1.46	1.20	1.07	—
文莱	575.64	536.58	229.56	149.06	148.71	226.39	253.83	6.45	5.73	1.79	1.65	1.31	1.27	1.37
泰国	29408	29090	31597	25132	31128	35145	35782	11.26	9.86	8.90	8.77	8.18	7.72	7.50
新加坡	16235	16441	21327	18003	22983	28032	61527	9.45	8.72	7.90	8.40	8.03	7.20	7.79
尼泊尔	119.9	133.69	120.45	88.63	91.31	120.58	—	3.72	3.37	2.71	2.62	2.05	2.74	—
印度	29688	38993	39739	34924	42747	55734	60503	9.99	10.03	8.65	8.26	7.45	7.24	7.68
巴基斯坦	5792	5721	5672	4979	5479	5862	5165	11.41	9.72	8.31	10.13	8.40	7.65	6.67

续表

国家 \ 年份	与美国的贸易额							与美贸易占该国贸易比例						
	2006	2007	2008	2009	2010	2011	2012	2006	2007	2008	2009	2010	2011	2012
孟加拉国	3247	3401	3252	3378	3781	4612	5165	11.70	10.91	8.68	9.32	8.53	7.78	6.67
斯里兰卡	2206.13	2382.12	2183	1855.5	1938	2512	2295	12.87	12.51	10.00	11.20	9.37	8.38	14.21
马尔代夫	21.54	24.59	25.97	21.85	32.88	52.35	—	2.06	1.97	1.65	1.93	2.46	3.11	—
新西兰	6054	6087	6355	5085	5921	6975	7022	12.39	10.52	9.80	10.04	9.53	9.37	9.28
澳大利亚	26336	28753	33332	25506	29921	36956	39175	10.32	9.58	8.83	8.12	7.36	7.28	7.71
中国	263224	303179	334509	299156	385638	444020	—	14.94	13.94	13.62	13.55	12.97	12.19	—

注：—表示数据缺失。

资料来源：笔者根据 International Monetary Fund, *Direction of Trade Statistics Yearbook* (2012, 2005, 2000), Washington, D. C.: International Monetary Fund 整理而成。参见 https://www. imf. org /external/data. htm。

　　具体来看，朝鲜对美国的贸易依存度最小，1996 年为 0.03%，之后一直下降，到 2002 年稍有增加，到 2009 年剧减，2009—2012 年平均为 0.06%。缅甸、老挝、文莱、尼泊尔、马尔代夫的依存度也非常微弱。日本在 1994、1998、1999 年对美国的贸易依存度为冷战后历史最高，之后一直下降。韩国在 1994、1999 年最高，2001 年之后一路下降。蒙古自 1994 年上升，到 2002 年达到顶峰 15.57%，其后一直下降。菲律宾在 1998 年最高，达到 28.30%，其后下降，到 2001 年达到新的顶峰，占 27.33%，但之后开始一路下降，到 2012 年仅为 12.78%。泰国与美国的贸易比例在 1998 年达到最高峰，之后一直下降。新加坡、澳大利亚和韩国虽然与美国签订了自由贸易协定，但双方之间的贸易在三国总体贸易中的比例却并没有提升，反而继续下降。中国对美国的贸易依存度在 1998—1999 年为最高，2003 年开始下降，2009—2012 年平均为 12.8%。自 20 世纪 90 年代以来，中国经济的快速增长和地区经济一体化的迅速发展，使亚太多数国家对美国的贸易依存度下降，美国在亚太地区的经济权威程度降低。

　　更具体一些，我们可以从亚太诸国对美国的出口额在其国内出口总额中所占比例的大小来评估这些国家对美国贸易依赖程度的高低（见图 4-1）。

　　根据世界银行提供的数据，亚太国家除柬埔寨以外，其余各国对美出口额占本国出口总额的比例低于 25%。在普遍认为与美关系紧密的日本、韩国和澳大利亚，其对美出口量在本国出口总量的占比并没有比其他国家高或高很多。其中相对依赖程度高的是柬埔寨、越南、日本和中国，这些国家对美出口额占本国出口总额比例一直维持着较高水平（20% 及以上）；印度自 2011 年以来，对美出口的占比一直上升，于 2016 年达到 16%。与此相对的是柬埔寨和孟加拉国，在考察的 11 年间，对美出口比例一直下降。

　　虽然贸易与政治表态和军事关系属于不同的维度，但考虑到这里所涉数据繁多，不易辨别，因此依然根据双方关系的公开定位来进行类别化的考察。

　　图 4-2 展示了 2005—2016 年美国亚太盟国对美出口占本国出口总额的比例。在五个签署盟约的国家中，日本占比最高，菲律宾次之，韩国和泰国居中，澳大利亚最低。五个国家在 2005—2016 年，都经历了由高到低，又由低走高的过程，尤其是在 2008 年底金融危机之后，对美出口占比整体降低，而在 2013 年以来，随着经济复苏和美国在亚太经济格局中的积极作为（如倡导 TPP 等），这些国家对美出口占比又整体上升。

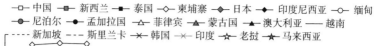

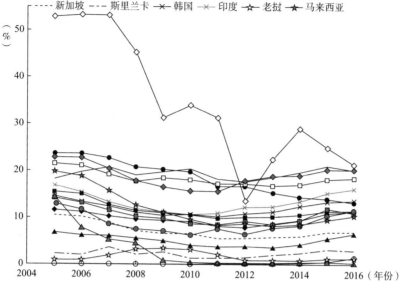

图 4-1　亚太国家对美出口额占本国出口总额的百分比（2005—2016 年）

说明：朝鲜和巴基斯坦数据缺失。

资料来源：根据国际货币基金组织数据库数据整理而成。参见 https：//www. imf. org/external/data. htm。

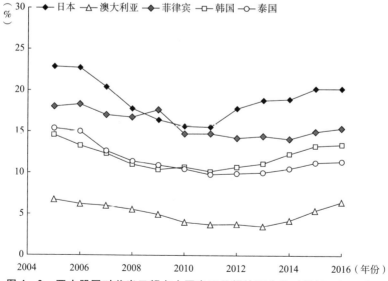

图 4-2　亚太盟国对美出口额占本国出口总额的百分比（2005—2016 年）

资料来源：根据国际货币基金组织数据库数据整理而成。参见 https：//www. imf. org/external/data. htm。

　　关于 2005—2016 年美国的亚太伙伴关系国对美出口额占其本国出口总额的比例及变化趋势，见图 4 - 3。

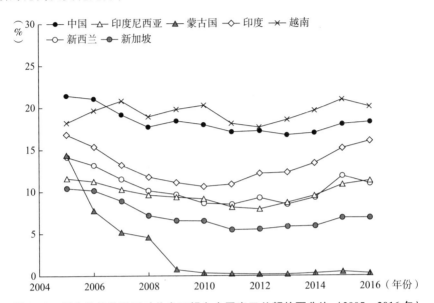

图 4 - 3　亚太伙伴关系国对美出口额占本国出口总额的百分比（2005—2016 年）

　　资料来源：根据国际货币基金组织数据库数据整理而成。参见 https://www.imf.org/external/data.htm。

　　在这组国家中，越南和中国对美出口贸易在两国出口总额中的占比最高，达到了 1/5，其对美国市场的依赖程度也最高；印度虽然比例低于越南和中国，但其自 2011 年以来，对美出口比例持续上升，于 2016 年升到了 16%，照此趋势，印度出口对美国市场的依赖程度或许会赶上越南和中国；新西兰、印度尼西亚和新加坡则相对稳定，维持在 6%—14%；唯一令人意外的是蒙古国——虽然其号称与美国是"第三邻国"关系，但自 2005 年以来，对美出口占比迅速下降，在 2009 年以后甚至到了"降无可降"的地步，着实引人思考。

　　美国在亚太地区的非结盟非伙伴关系国对美出口占比差异非常大。如图 4 - 4 所示，高者可达 50%（如柬埔寨），低者未能进入统计数据以内（如朝鲜、巴基斯坦）。其中，最高的是柬埔寨。由于当地出口产业相对单一、出口总量有限，其对外出口的对象国也有限。在这种情况下，对外出口极易受到政治、援助等其他因素的影响。其次为孟加拉国和马来西亚，最后是老挝和缅甸。朝鲜和巴基斯坦对美出口总量微乎其微，无法进行直接统计。

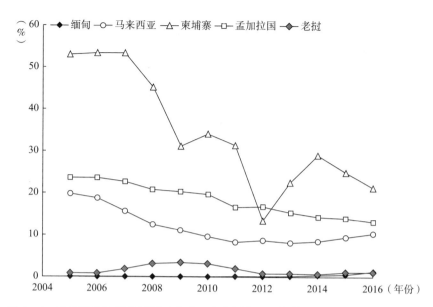

图 4-4　非结盟非伙伴关系国对美出口占本国出口总额的百分比（2005—2016 年）

资料来源：根据国际货币基金组织数据库数据整理而成。参见 https：//www. imf. org/ external/data. htm。

可以看出，结盟国和伙伴关系国对美出口占比与两国间政治关系的好坏并无直接关联，而非结盟非伙伴关系国对美出口量和占比与其和美国的政治关系紧密钩挂，政治关系缓和，则出口量增加；政治关系紧张，则出口量下降。除此以外，总体上来看，2008 年底爆发的国际金融危机对亚太各国对美出口造成了很大的影响，多数国家对美出口占比在此后的四五年间降低；而 2013 年以来，美国在亚太地区积极主张跨太平洋伙伴关系建设，又在一定程度上刺激了亚太国家对美出口，使其占比逐渐上升。

在进口方面，亚人各国从美国进口产品额度占其国内进口总额的比例变化如图 4-5。

可以看出，亚太国家对美国进口市场的依赖程度大致分为三个层次：第一层次占比 10% 及以上，主要有菲律宾、澳大利亚、新加坡、日本、韩国、新西兰、马来西亚；第二层次占比 5%—10%，主要有泰国、中国、印度和印度尼西亚；第三层次占比在 0—5%，主要有缅甸、孟加拉国、斯里兰卡、尼泊尔、柬埔寨和越南（2009 年之后升至第二层次）。

双边贸易比例的变化意味着贸易依存度的变化。冷战之后，亚太各国与美国的贸易总量虽然不断增多，但与美贸易占本国贸易总额的比例在整

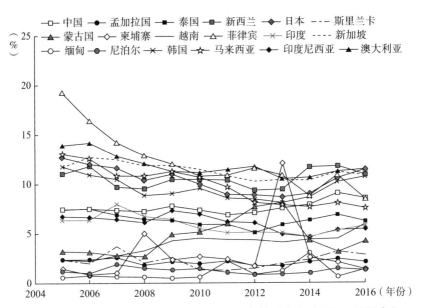

图 4 - 5　亚太国家自美进口额占本国进口总额的百分比（2005—2016 年）

资料来源：根据国际货币基金组织数据库数据整理而成。参见 https：//www. imf. org/ external/data. htm。

体上却并未增长，有些国家甚至出现下降，这在一定程度上意味着美国在亚太地区经济权威的主导性正在衰减。在国际金融危机之后，美国奥巴马政府虽然大力推进跨太平洋伙伴关系网络的建设，但亚太国家对美国贸易市场的依赖程度并没有明显提升，美国对亚太国家的经济权威有所下降。

第二节　美国在亚太地区的投资分布

两个国家之间的经济依存度除了表现在贸易方面，还表现在外来投资方面。一般而言，国家（尤其是发展中国家）对外来直接投资有长期、巨大、稳定的需求。因为大多数国家尤其是中低收入国家缺乏资金、外汇、技术、管理等发展要素，利用外资可以弥补以上缺口。在亚太地区，各个经济体对美国外来直接投资的依赖程度，可以根据美国在该经济体的直接投资金额占这一经济体获得所有外来直接投资总额的比例计算出来。当这些国家获得来自美国的投资占其外来直接投资总额的比例（百分比）比较大时，相对具有依赖性；当这些国家获得来自美国的投资占其外来直接投资总额的比例（百分比）小时，其对美国的资本依赖性较小。

一　亚太地区主要经济体外来直接投资的流入与流出

在亚太地区，包括美国在内的主要经济体成为外来直接投资流入的主要经济体。在这些经济体中，美国一直是外来直接投资流入额最大的国家。

表 4 - 5　2010 年亚太地区主要经济体外来直接投资流入金额

单位：亿美元

名次	经济体	总额
1	美国	2282
2	中国内地	1057
3	中国香港	689
4	东盟	791
5	加拿大	234
6	墨西哥	187
7	日本	-13

资料来源：http://www.google.com/publicdata? ds = wbwdi&met = bx_ klt_ dinv_ cd_ wd&idim = country；HN&dl = en&hl = en&q = china + foreign + direct + investment. 转引自赵全胜《中美关系和亚太地区的"双领导体制"》，《美国研究》2012 年第 1 期，第 16—17 页。

近年来，随着中国市场的开放和经济体制的改革，中国内地成为地区内吸引外来直接投资的第二大经济体，香港地区、东盟其次。

而在对外直接投资方面，美国一直是对外直接投资的最大经济体，2010 年其对外直接投资金额达到 3289 亿美元，遥遥领先于其他经济体，例如排名第二的香港地区和排名第三的中国内地（两者分别为 761 亿美元和 680 亿美元）。

表 4 - 6　2010 年亚太地区主要经济体对外直接投资金额

单位：亿美元

名次	经济体	总额
1	美国	3289
2	中国香港	761
3	中国内地	680
4	日本	563
5	东盟	422

名次	经济体	总额
6	加拿大	386
7	韩国	192
8	墨西哥	143
9	中国台湾	112

资料来源：联合国贸易与发展会议，http://www.unctad.org/Templates/Page.asp？Int ItemID =
3198&lang =，转引自赵全胜《中美关系和亚太地区的"双领导体制"》，《美国研究》2012 年第 1
期，第 16—17 页。

外来直接投资与宏观经济联系密切，是反映宏观经济的晴雨表。2008
年国际金融危机后，全球直接投资总量和国别结构都发生了深刻变化，美
国虽然依旧是全球直接投资最大的经济体，但中国在全球直接投资的重要
性也日益突出。整体上，发达国家在对外直接投资中所占比例出现下降，
发展中经济体地位显著上升。就中国来说，2005 年，中国境外直接投资流
量只有 123 亿美元，而 2012 年则迅速增加到 842 亿美元，是 2005 年的 6.8
倍，同期境外直接投资存量也由 572 亿美元增加到 5028 亿美元。[①] 尽管国
际金融危机对中国境外投资造成了一定影响（2009 年中国境外投资增速只
有 1.1%，创下 21 世纪以来最低纪录，而且金融危机后中国境外投资平均
增速明显下降，显著低于 2004—2008 年的高速增长期），但与全球大多数
国家相比，金融危机后，中国 FDI 流出（即境外投资）和流入（即利用外
资）都呈现出"一枝独秀"态势，其中境外投资占全球的比重由 2007 年
的 1.2% 迅速上升到 2012 年的 6.1%，作为全球主要经济体中增速最快的经
济体之一，中国投资在全球的重要性明显提高。尽管如此，中国境外投资存
量与美国仍有很大差距，美国在亚太地区的投资仍然占据压倒性的优势。

二 美国在亚太地区的直接投资

美国在亚太地区的直接投资[②]一直占据亚太各国外来直接投资的重要

---

① 国家发改委对外经济研究所：《我国境外投资出现战略布局新窗口》，http://fec.mofcom.gov.
cn article/ zlyj/zjsj/201403/1802518_1.html（最后访问日期：2014 年 2 月 28 日）。

② 美国对外直接投资是指美国人在外国拥有企业和控股外国企业 10% 以上，或在其他非公
司制外国企业拥有利益。

位置。冷战结束之后，美国在亚太地区的直接投资数额迅速上升。以东南亚国家为例，1990 年美国在东盟五国（印度尼西亚、马来西亚、菲律宾、新加坡和泰国）的直接投资总额为 118 亿美元，而到了 1995 年，这一数字攀升为 302 亿美元，将近 1990 年的两倍，其投资分布占全世界的比例也由 2.7% 上升为 4.3%（见表 4－7）。

表 4－7　美国在亚太地区的直接投资情况（1990—2003 年）

单位：亿美元；%

投资额 ＼ 年份	1990	1995	1997	1998	1999	2000	2001	2002	2003
全世界	4305	6990	8713	10007	12160	13162	14604	16014	17889
亚太地区	647	1227	1448	1597	1906	2071	2274	2671	2935
东盟五国[a]	118	302	388	404	443	504	704	820	876

投资分布 ＼ 年份	1990	1995	1997	1998	1999	2000	2001	2002	2003
全世界	100.0	100.0	100.0	100.0	100.0	100.0	100.0	100.0	100.0
亚太地区	15.0	17.6	16.6	16.0	15.7	15.7	15.6	16.7	16.4
东盟五国[b]	2.7	4.3	4.5	4.0	3.6	3.8	4.8	5.1	4.9

注：a、b 包括印度尼西亚、马来西亚、菲律宾、新加坡和泰国。

资料来源：1990—1998 年数据来自 U. S. Census Brureau, "Foreign Commerce and Aid," *Statistical Abstract of the United States*：*2002*，table 1272，p.788；1999—2003 年数据来自 U. S. Census Bureau, "Foreign Commerce and Aid," *Statistical Abstract of the United States*：*2004 - 2005*，table 1288，p.806。转引自陈奕平《依赖与抗争——冷战后东盟国家对美国战略》，北京：世界知识出版社，2006，第 226—227 页。

　　20 世纪 90 年代，美国在亚太地区的投资以日本、澳大利亚、香港地区和东盟为重（见表 4－8）。1994—2000 年，美国在亚太地区的直接投资总额 10567.62 亿美元，其中在日本最多，为 2863.25 亿美元，占总体比重的 27.09%；东盟五国为 2706.21 亿美元，占总体比例 25.61%。[①] 2001年，美国在印度尼西亚、马来西亚、新加坡、菲律宾和泰国的投资为 704 亿美元，超越中国内地、日本，位居其在亚太投资的第一位。虽然亚洲金

---

① 根据 U. S. Census Brureau, "Foreign Commerce and Aid," *Statistical Abstract of the United States* *2002*，table 1272，p.788 数据统计。

融危机对美国在该地区的投资造成一定影响，但几乎很快恢复，尤其在新加坡的直接投资更是出现明显的增长。

表 4-8　美国在亚太国家/地区的直接投资（1989—1999 年）

单位：百万美元

国家/地区	1989	1990	1991	1992	1993	1994	1995	1996	1997	1998	1999
总计[a]	55805	64718	72219	79962	92671	108528	122711	139548	144815	159678	190621
澳大利亚	14368	15110	16072	16928	19047	20196	24328	30006	28404	31483	35386
中国内地	436	354	426	563	916	2557	2765	3848	5150	6350	9401
中国香港	5412	6055	6656	8693	10063	11092	11768	14391	17315	17548	22759
印度	D	372	415	484	599	1030	1105	1344	1563	1592	2390
印度尼西亚	2771	3201	3826	4384	4864	6355	6777	8322	6729	8104	8402
日本	19911	22599	25403	26591	31095	34117	37309	34578	33854	41423	55120
韩国	2370	2695	2900	2912	3427	4334	5557	6508	6467	7365	7474
马来西亚	1263	1466	1774	1596	1975	3148	4237	5663	6530	5629	6222
新西兰	1062	3156	2949	3314	3064	3893	4601	5940	7160	6021	4852
菲律宾	1107	1355	1395	1666	1953	2484	2719	3541	3219	3931	3517
新加坡	2998	3975	5363	6715	8875	10940	12140	14912	18026	17550	20665
中国台湾	1968	2226	2666	2827	3113	3775	4293	4476	5007	6295	6744
泰国	1511	1790	2025	2594	2943	3585	4283	5000	4332	5209	5500

注：a 表示美国在亚太地区的所有直接投资，包括未单独列出的其他国家；D 为避免披露个别公司的数据，未公开。这里，美国在亚太地区的直接投资包括所有产业的投资，主要为石油业、制造业和金融业。

资料来源：U. S. Bureau of Economic Analysis, Survey of Current Business, see http://www. bea. gov/pubs. htm。

　　由表 4-7 中可以看出，在 20 世纪 90 年代，东盟国家对美国直接投资的依存度在 1997 年金融危机之前呈上升趋势，在金融危机的冲击下其稍有下降，而经过短暂的两年，1999 年又大幅上升，到 2001 年达到 25.23%，超过东盟所有外来直接投资的 1/4。总体上，20 世纪 90 年代到 21 世纪初，美国是东盟国家外来直接投资的第二大来源经济体，是第一大来源国家，东盟国家对美国资本的依赖程度远远高于世界其他国家（自此之前，日本是强有力的竞争对手）。

　　进入 21 世纪，美国在亚太的直接投资仍然以澳大利亚、日本、新加坡为最多，中国内地、中国香港、韩国和印度其次，中国台湾、泰国、印度尼西亚和马来西亚紧随其后，菲律宾最少。[①] 2000—2012 年，美国直接投资增长最快的为印度，其自 2000 年的 23.79 亿美元急剧增长，到 2012 年为 283.85 亿美元，增长了约 10.93 倍。其次为新加坡，从 2000 年的 241.33 亿美元增长到 2012 年的 1386.03 亿美元，增长了约 474.33%。中国内地的增长也很迅速，从 2000 年的 111.40 亿美元增长到 2012 年的 513.63 亿美元，增长了约 3.61 倍。接下来为韩国、澳大利亚、泰国，分别增长 2.92 倍、2.81 倍、1.90 倍。增长最为缓慢的是菲律宾、印度尼西亚、中国香港和马来西亚，增幅分别为 26.20%、51.39%、74.03% 和 89.64%（见表 4 - 9）。

　　尽管亚太经济体对美国直接投资的依赖可以从其绝对数字上窥见一斑，但并不完全。美国外来直接投资占亚太经济体所有外来直接投资的份额对于考察亚太经济体对美国经济的依存度更具说服力。根据联合国经济发展数据库中亚太经济体在不同年份的外国直接投资总额显示，1989 年，对美国直接投资依赖程度最高的为韩国，其比重高达 53.55%，其次为日本、菲律宾和印度尼西亚。在可统计到的 11 个经济体中，除去印度未公开数据之外，依赖程度最低的为中国内地和香港，仅为 2.53%。这一分布在 1997 年亚洲金融危机之后发生了变化。菲律宾、泰国、印度和印度尼西亚等大多数经济体对美国外来直接投资的依赖程度下降。

　　2000 年以来，亚太主要经济体对美国直接投资的依赖分布发生了很大变化。原先对美国依赖程度最高的澳大利亚、日本、新加坡逐渐让位于印度尼西亚。2000 年，美国在印度尼西亚的直接投资为 89.04 亿美元，占其所有外来直接投资的 35.53%。到了 2001 年，美国直接投资在印度尼西亚的急剧上升，高达 69.14%。同时，美国投资在菲律宾的比重也迅速上升，达到 31.47%。2003 年，除了韩国和菲律宾略有上升、中国保持平衡之外，亚太各主要经济体对美国直接投资的依赖程度整体下降，新西兰、新加坡

---

　　① 仅限于表 3 - 8 至表 3 - 11 中所列各经济体排序。

表 4 - 9　美国在亚太国家/地区的直接投资（2000—2012 年）

单位：百万美元

国家/地区 \ 年份	2000	2001	2002	2003	2004	2005	2006	2007	2008	2009	2010	2011	2012
总计a	207125	227418	270086	270830	374754	375689	403637	444101	484796	518516	611143	606174	651305
澳大利亚	34838	27778	39074	48447	D	75669	67632	84331	92668	109827	133990	137261	132825
中国内地	11140	12081	10570	11261	17616	19016	26459	29710	53927	49799	60452	55304	51363
中国香港	27447	32494	40329	36426	32735	36415	39636	40720	40042	49152	54035	39998	47767
印度	2379	2496	4232	4868	7658	7162	9746	14622	18354	20894	27066	24622	28385
印度尼西亚	8904	10511	D	D	D	8603	9484	14978	16273	15645	15502	11972	13480
日本	57091	55651	66468	57794	71005	81175	84428	85224	99803	96015	113263	126030	133967
韩国	8968	9977	11856	13063	17747	19760	27299	23558	22426	26813	30165	30160	35125
马来西亚	7910	7489	7101	7057	8909	11097	11185	12140	12243	13235	15982	12386	15001
新西兰	4271	4273	3926	3859	4620	5191	5933	5527	4451	6270	6872	7930	9466
菲律宾	3638	5436	5964	6390	6176	6522	6948	6953	5505	5908	6579	4766	4591
新加坡	24133	40764	50955	51053	61076	76390	81879	93529	83169	88925	106042	118571	138603
中国台湾	7836	9301	10144	11983	D	14356	16999	15807	18053	19237	20977	15720	16482
泰国	5824	6176	7774	6886	7499	10352	10642	10284	9162	9776	12701	14537	16882

注：a 表示美国在亚太地区的所有直接投资，包括未单独列出的其他国家；D 为避免泄露个别公司的数据，未公开。这里，美国在亚太地区的直接投资包括所有产业的投资，主要为石油业、制造业和金融业。

资料来源：U. S. Bureau of Economic Analysis, Survey of Current Business, 见 http://www. bea. gov/pubs. htm。

表 4 - 10　亚太国家/地区外来直接投资中美国的比重（1989—2002 年）

单位：%

国家/地区	1989	1990	1991	1992	1993	1994	1995	1996	1997	1998	1999	2000	2001	2002
澳大利亚	18.68	18.8	19.71	21.25	21.73	19.93	21.86	24.45	26.68	27.84	27.83	29.31	22.78	25.99
中国	2.53	1.71	1.70	1.56	1.44	3.45	2.73	3.00	3.34	3.63	5.05	5.76	5.95	4.88
印度	D	22.45	23.96	24.40	23.81	29.51	19.59	16.46	14.70	11.32	15.88	14.56	12.69	16.39
印度尼西亚	36.27	36.66	37.46	36.49	34.70	39.21	32.86	30.97	21.29	25.81	28.43	35.53	69.14	D
日本	46.01	43.60	48.40	41.72	45.69	33.47	40.27	29.49	25.01	18.93	19.53	13.45	10.60	15.06
韩国	53.55	51.97	45.90	42.29	46.11	29.19	30.50	25.29	45.64	33.19	17.86	20.50	18.75	18.92
马来西亚	15.60	14.21	14.26	9.47	9.59	13.74	14.75	15.72	15.42	12.49	12.71	15.00	22.04	18.91
新西兰	20.50	39.76	27.40	26.42	19.72	17.65	17.88	17.10	22.73	18.14	14.76	17.11	20.57	13.17
菲律宾	36.04	41.46	37.88	41.54	44.50	47.13	40.40	42.92	33.89	34.94	28.30	22.32	31.47	31.85
新加坡	13.83	13.05	15.07	18.55	21.31	19.93	18.49	16.66	24.11	20.21	20.15	21.83	29.67	32.02
泰国	27.17	21.72	19.67	21.09	20.90	22.83	24.22	25.37	32.49	20.44	17.68	18.72	17.77	19.47

注：这里的比重是美国对亚洲经济体直接投资数额和亚太经济体当年所有外来直接投资总数比；D 为未公开数据。
资料来源：联合国贸易与发展数据库，http://unctadstat.unctad.org/TableViewer/tableView.aspx；U. S. Bureau of Economic Analysis, Survey of Current Business, see http://www.bea.gov/pubs.htm。

和泰国降幅最大。2004 年之后，美国直接投资在亚太经济体整体外来直接投资中的比重一路下降，只有在 2008 年有过短暂上升，2009 年又迅速下跌。13 年来，对美国直接投资依赖程度越来越严重的为菲律宾，从 2000年的 22.32% 攀升至 2012 年的 48.35%，在其总体外来直接投资中，美国直接投资占了近半。这也使菲律宾成为最受美国直接投资影响的亚太经济体。

2000—2012 年，美国在直接投资领域对亚太经济体的影响力整体上处于下降趋势，包括美国的传统盟友澳大利亚。13 年来，澳大利亚对美国直接投资的依赖程度从 29.31% 下降为 21.76%。韩国和日本没有发生大的变化，马来西亚、新西兰、泰国、印度各有不同程度的下降。印度尼西亚降幅最大，从 2000 年的 35.53% 降为 6.55%。中国虽然稍有上升，但所占比例很小，对美国外来直接投资的依赖程度很低。横向来看，到 2012 年，亚太各主要经济体对美国直接投资的依赖以中国香港为最低，其次为印度尼西亚，分别为 6.17% 和 6.55%（见表 4 - 11）。

第三节 美国与亚太国家（地区）的特殊经济关系

从美国与亚太国家或地区在贸易和投资上的依存度上可以看出，美国的经济权威分布并不均匀，主要可以分为三类：美国与其发达国家盟友间的紧密联系、美国与亚太新兴经济体彼此之间日益增多的经济借重，以及美国与亚太小国之间的少量经济联系。这其中，美国与亚太国家或地区经济体之间特殊的经济关系或可成为一道过滤器，将美国的经济权威分层体现。这里主要讨论美国在亚太地区的自由贸易伙伴。因为在经济领域，可以称得上"坚固盟友"的几乎只有双方签署自由贸易协定。美国在亚太地区的军事盟友很多，但在经济上与其签订自由贸易协定的伙伴国却只有新加坡、澳大利亚和韩国。

一 美国—新加坡自由贸易协定：以点带面，溢向东盟

美国和新加坡的自由贸易协定是美国与亚洲国家签订的第一个自由贸易协定。这一协定的谈判开启于国际贸易多边谈判陷入困境之时。20 世纪末，世界贸易组织（WTO）部长会议分歧频生，美国在美洲自由贸易区

表4—11　亚太国家/地区外来直接投资中美国的比重（2003—2015年）

单位：%

国家/地区 \ 年份	2003	2004	2005	2006	2007	2008	2009	2010	2011	2012	2013	2014	2015
澳大利亚	22.65	D	31.25	22.81	21.83	30.30	25.70	26.10	24.84	21.76	23.78	23.80	23.60
中国	4.93	7.18	6.99	9.04	9.08	14.26	10.53	10.28	7.77	6.17	3.28	3.01	3.04
印度	14.96	20.12	16.58	13.75	13.82	14.66	12.20	13.17	11.93	12.54	15.64	16.82	16.07
印度尼西亚	D	D	20.89	17.39	18.74	22.53	14.38	9.64	6.44	6.55	3.19	7.10	12.30
日本	14.41	13.21	10.45	18.44	14.15	19.07	17.97	12.71	15.82	15.23	30.72	31.22	30.21
韩国	19.77	20.22	18.84	23.58	19.32	23.69	22.14	22.47	22.56	23.86	18.14	18.78	19.47
马来西亚	17.13	20.70	24.96	20.82	16.02	16.63	16.75	15.73	10.76	11.33	8.70	7.56	6.97
新西兰	8.84	8.99	10.07	9.92	8.09	8.55	9.58	9.82	10.77	11.62	8.66	7.94	8.20
菲律宾	35.15	34.46	35.19	39.79	40.32	43.68	49.06	48.00	43.88	48.35	12.14	8.82	13.79
新加坡	28.26	28.79	33.29	27.51	23.38	19.34	18.52	17.86	18.95	20.31	15.79	17.0	19.46
泰国	13.46	13.60	16.48	13.21	10.65	9.48	8.88	8.91	9.66	10.61	7.69	7.81	8.01

注：这里的比重是美国对亚太经济体直接投资数额和亚太经济体当年所有外来直接投资总数比；D 为未公开数据。

资料来源：联合国贸易与发展数据库，网址：http://unctadstat.unctad.org/TableViewer/tableView.aspx；U. S. Bureau of Economic Analysis, Survey of Current Business, see http://www.bea.gov/pubs.htm。

（FTAA）谈判中面临巴西等国的反对。在这一背景下，双边自由贸易谈判因其谈判时间短、见效快、易操作的特点成为一些国家新的选择。"9·11"之后，因反恐需要和东南亚地区经济一体化趋势的压力，美国在政治上拉拢东南亚国家，在经济上加强合作，与新加坡建立自由贸易区，就是希望为"美国在东南亚的经济、贸易和安全保驾护航"。① 而受到东南亚金融危机和国内经济转型的影响，新加坡也希望加强国际竞争力，以双边自由贸易促进出口和吸引外资。美国是其第二大贸易伙伴，也是其外来投资最大来源国，与其签订自由贸易协定自然有利于新加坡经济增长。

2000 年 11 月，美国与新加坡宣布展开双边自由贸易协定谈判。两年之后，2002 年 11 月，两国宣布达成实质性协议。2003 年 5 月，美国总统布什和新加坡总理吴作栋签署了《美国与新加坡自由贸易协定》（简称"美新自由贸易协定"），这一协定自 2004 年 1 月正式生效。

"美新自由贸易协定"共 21 章 222 条，另外附加八个相关的附件，涉及自由贸易区的建立和定义、国民待遇和市场准入、原产地规则、海关管理、纺织品和服装、贸易技术壁垒、跨境服务贸易、（避免倾销的）保障措施、电讯、金融服务、电子商务、知识产权、劳工、环保、政府透明、反竞争商业行为和垄断操纵以及政府企业等。② 其主要内容可分为七大块：商品贸易、服务贸易、金融服务、法律规范、透明度、资源整合及环境保护和劳工权益等其他内容。

在商品贸易方面，美国向新加坡的出口实行零关税，而新加坡向美国的出口分为 A、B、C、D、E 五大类，A 类商品在自贸协议生效后立即实行零关税，B 类商品四年内逐步取消关税，C 类和 D 类商品分别在八年和十年内逐步取消关税，E 类则为协议生效之前就已经享受零关税的商品（具体见表 4 - 12）。

① 中国驻马来西亚使馆经商处：《美国对东盟成员国的贸易战略》，载于商务部研究院《外贸调研》第 24 期，http://www.jctrans.com/luntan/top.asp？id = 1615，2003 - 9 - 30（最后访问日期：2014 年 3 月 1 日）。
② 具体内容文本见美国贸易代表处网站，http://www.ustr.gov/new/fta/Singapore/final/2004 - 01 - 15 - final.pdf，新加坡工业贸易部网站，http://www.mti.gov.sg/public/FTAfrm_FTA_Default.asp？sid = 36（最后访问日期：2014 年 3 月 1 日）。

表 4 - 12　美新自由贸易协定实施后新加坡输美产品各阶段关税

类别	协议实施前关税	协议实施后各阶段关税
电子与 IT 产品	44.4%	A 类（立即）：39%
		B 类（四年）：4.9%
		C 类（八年）：0.5%
加工食品	85%	A 类（立即）：45.1%
		B 类（四年）：15%
		C 类（八年）：9.3%
		D 类（十年）：1.6%
		配额税率：14%
化学药品和石化产品	74%	A 类（立即）：28.9%
		B 类（四年）：30.3%
		C 类（八年）：14.6%
		D 类（十年）：0.1%
精密仪器	52%	A 类（立即）：44.7%
		B 类（四年）：5.1%
		C 类（八年）：1.9%

资料来源：新加坡工业贸易部网站，http://app. fta. gov. sg/asp/faqs/ussfta_tgoods. asp。

在服务贸易方面，确保履行国民待遇和最惠国待遇义务，以最先进的管理手段实施便捷的核准程序，保证制度透明；在专业服务领域增大市场准入机会和递交速度，寻求双方专业团体能够互相接受的标准和要求。

金融服务上，对银行业和证券业的市场准入制定新的规定，包括美国银行加入新加坡地方自动取款机（ATM）网络和设立银行分行和服务点，扩大保险业的市场准入等。

在法律规范方面，新加坡承诺制定竞争法，保证政府企业遵照商业实体的规则进行运作，不压制竞争，也不对美国商品和服务实施歧视性待遇。

透明度方面，新加坡承诺在一些普通规则的制定中和一些具体领域（如服务、投资）做到广泛的透明化；施行透明的争端解决程序，包括公开听证、赋予公众获得法律陈述材料的权利，以及给予第三方提交陈述的机会等。

在资源整合方面，专门建立了资源整合倡议（Integrated Sourcing Initiative）机制。在这一机制下，在新加坡加工的信息科技设备和医疗仪器产品，无论组件产自哪里，都将纳入新加坡的增值部分，享受出口美国的免税待遇。

除了以上方面，美新自由贸易协定还对投资、知识产权、电信和电子商务、劳工标准和环境保护等进行了规定。

美新自由贸易协定是美国与亚太国家签订的第一个自由贸易协定，它不仅对美新两国意义重大，也对地区内经济发展和多边经济合作产生了重要影响。新加坡认为这一协议"确保了新加坡在本地区金融和贸易方面的领先地位"，美国则称该协议"使美国和东南亚国家之间有了前所未有的直接联系"。① 双方还将其与国家安全和东盟经济发展联系起来，认为不仅会"增强美国与新加坡之间的安全战略合作关系"②，也会"对伊斯兰邻国起到示范作用，加强该地区对美国的印象和认知，让印度尼西亚和马来西亚人看到全球化的好处"。③

二　美国—澳大利亚自由贸易协定：安全保护伞下的经贸再促进

一直以来，澳美经贸关系密切。2003 年 3 月，澳美正式启动双边自由贸易协定谈判。2004 年 5 月，澳美正式签署双边自由贸易协定。2005 年 1 月，该协定正式生效。

美澳协定是 1988 年以来美国与发达国家间达成的第一个自由贸易协定，与美国之前签署的所有自由贸易协定相较，该协定要求立即削减的工业关税幅度最大，制造业受益也最大。布什在签署仪式上曾发表讲话说，美澳自由贸易协定是两国关系史上的一个里程碑，它将通过经济伙伴关系增加两国人员的就业等各种机会，强化两国在安全和政治领域的盟友关系

---

① 参见陈奕平《依赖与抗争——冷战后东盟国家对美国战略》，北京：世界知识出版社，2006，第 265 页。

② 中华人民共和国驻胡志明市总领事经济商务室：《新加坡与美国签订自由贸易协定对其他东盟国家的影响》，http://hochiminh. mofcom. gov. cn/index. shtml.（最后访问日期：2014 年 3 月 1 日）；云南省外事办网站：《美国同新加坡的自由贸易协议究竟让谁受益？》，ht-tp://www. e - yunnan. com. cn/zgdm/homeinfo. asp？ id = 1586（最后访问日期：2014 年 3 月 1 日）。

③ 陈奕平：《依赖与抗争——冷战后东盟国家对美国战略》，北京：世界知识出版社，2006，第 267 页。

的同时，有助于促进太平洋沿岸地区的经济发展。协定生效后，美国99%
对澳大利亚出口的制造业产品将立即享受零关税待遇，而美国对澳大利亚
出口总额的93%为制造业产品。[1]

这项贸易协定要求在多个经济领域实现自由化，同时对受到关注的一
些具体问题做出了安排，例如：美国对澳大利亚出口的所有农产品，包括
水果、蔬菜及加工食品等立即享受免税待遇（该协定也将解决过去造成贸
易壁垒的检验程序问题）；适当采用或维持关税率配额，以解决美国生产
牛肉和奶制品的农民关注的问题；扩大美国工商企业在某些服务和投资领
域的市场准入，包括电信、旅游、能源、工程建设、金融服务、保险、教
育和娱乐业等；加强药物研究及开发监管程序方面的合作；减少对政府采
购的限制；加强和扩大保护知识产权的标准；承诺加强为工人和环境提供
保障，呼吁行政管理实现最大限度的透明化等。

澳大利亚多年来一直高擎美国的安全保护伞，在美国主导的战争中紧
随美国，积极赢取美国信任。自由贸易协定和2012年12月澳政府宣布加
入美国导弹防御系统，一起成为澳美联盟关系中两个新的支柱。美国贸易
代表佐利克对自贸协定的安全战略含义直言不讳：澳美自贸协定"当然有
安全背景，因为澳大利亚是美国极强有力的盟友"。澳第一大报《澳大利
亚人报》曾评论说，即使澳美自贸协定不会给澳大利亚带来任何经济好
处，单就战略意义来讲，就值得签署。[2]

一般而言，稳定的安全环境是经贸关系得以发展的重要支撑，反过来
这种经济联系自然也对安全环境形成了较大的路径依赖。[3] 澳大利亚和美
国正是通过这样安全与经济利益互补的模式，确保联盟关系更加稳固。

三　美国—韩国自由贸易协定：以"经济同盟"巩固政治军事同盟

虽然同盟通常是军事意义上的概念，然而在经济领域，各国领导人也
往往会以政策手段区分出亲疏远近，通常表现为对自己的盟国采取优惠措

---

[1]　中国日报网站：《新闻分析：澳美自由贸易协定的战略意义》，http://www.chinadaily.com.
cn/gb/doc/2004 - 02/12/content_305545.htm（最后访问日期：2014年3月1日）。

[2]　中国日报网站：《新闻分析：澳美自由贸易协定的战略意义》，http://www.chinadaily.com.
cn/gb/doc/2004 - 02/12/content_305545.htm（最后访问日期：2014年3月1日）。

[3]　杨毅：《美国亚太联盟体系与中国周边战略》，《国际安全研究》2013年第3期，第128页。

施而对其竞争对手采取一种歧视甚至敌对的手段。① 施行双边自由贸易就是这样的一种手段。

美国—韩国自由贸易协定（U. S. – Korea Free Trade Agreement, KORUS FTA；韩语：한미자유무역협정）是韩国与美国的双边贸易协定。相关谈判于 2006 年 2 月 2 日展开，2007 年 4 月 2 日结束。两国于 6 月 30 日首次签署。因事后双方国内争议不断，对美牛肉及汽车议题都有意见，经过重新谈判修订，于 2010 年 12 月再次签署新版协议。② 2011 年 10 月 12 日，韩美自由贸易协定以 83/15 和 278/151 票在美国参议院和众议院获得通过，同年 11 月 22 日，该协定以 151/7 票和 12 票弃权在韩国国会获得通过。③ 2012 年 3 月，韩美自贸协定正式生效。

韩美自由贸易协定包括农业、工业、服务业、汽车、纺织品、开城工业园区、投资者保护、知识产权保护以及劳工权利和环境保护等诸多内容。就农业而言，韩美自由贸易协定将通过取消和逐步取消关税和多数产品的配额，逐步开放农产品市场。根据协定，价值十亿多美元的美国农产品可以立即免关税出口到韩国，大部分保留的关税和配额将在协定生效的头十年里逐步取消。在工业和服务业方面，根据协定，双边贸易中接近 95% 的消费品和工业品将在生效三年内享受免关税待遇，大部分保留的关税将在十年内取消。扩大包括电信和电子商务在内的诸多服务行业的市场准入和投资机会。在汽车产业，韩美将立即取消客车的关税，三年内逐步取消其他汽车的关税；十年内逐步取消卡车进口关税。同时该协定还包括一个特殊的"争端解决机制"，以解决汽车方面的争端。在纺织品方面，由于协定中包括"纱源头原产地规则"，韩美自由贸易协定将为韩国的服装产品提供优先进入美国市场的权利；同时也将增加美国面料、纱线的出口以及这些行业的工作机会。关于开城工业园区，双方发生分歧，韩国希望美国将开城工业园区的产品也作为韩国产品对待，但美国坚持自由贸易

---

① 杨毅：《美国亚太联盟体系与中国周边战略》，《国际安全研究》2013 年第 3 期，第 128 页。

② Jennifer Liberto, "Congress passes trade deals," CNN, 2011 – 10 – 12, http://money.cnn.com/2011/10/12/news/ economy/trade_ deals/index.htm? hpt = hp_c1（最后访问日期：2014 年 3 月 1 日）。

③ 《韩国国会正式通过韩美自贸协定》，2011 年 11 月 22 日，新华网，http://news.xinhuanet.com/world/ 2011 –11/22/c_111187057.htm（最后访问日期：2014 年 3 月 1 日）。

协定将只适用在韩国境内生产的产品。最终双方决定通过协定生效后再进行讨论的"内置"方式，对其他南北经济合作地区生产的产品也适用与开城工业园区相同的标准。协定具体给出了相关依据，使两国可以设置"韩半岛域外加工地区委员会"。如果满足韩半岛无核化进展等条件，那么包括开城园区在内的南北经济合作地区都可认定为"域外加工地区"，在该地区生产出的产品可以作为韩国产品出口美国。同时，在投资者保护方面，协定确保在韩美国投资者享有与韩国本国投资者相同的权利；在知识产权保护方面，该协定提供了对包括商标、版权和专利等知识产权进行保护和执行的高标准要求，与美国的标准一致。除此，韩美自由贸易协定还要求美国和韩国都要执行自己的劳工法和环境法，确保能够通过法律机制使这些法规得到贯彻实施。

美韩签署双边自由贸易协定有其特定的政治经济军事背景。对韩国而言，首先，21世纪初，韩国整体经济增长缓慢。韩国方面希望借助韩美自由贸易协定，在国内形成更加开放和竞争有序的市场环境、扩大韩国工业产品出口，同时，引进美国先进的经营方式，提高韩国在金融服务等领域的竞争力，提升本国经济、社会发展水平，实现经济腾飞。其次，韩美虽然自冷战开始就已结成盟友，但近年来韩美关系出现了一些不和谐因素。韩国希望通过韩美自由贸易协定加强与美国的经济联系，起到平衡两国之间政治分歧的作用。韩美自由贸易协定的签订，不仅仅是经济上的合作，更多的是政治和军事上的合作。最后，韩国希望借助美韩自由贸易协定提高自身在亚洲的地位。美国在经济实力和军事实力上都是世界上最强大的国家，韩国与其签署自由贸易协定，有利于加强和美国的盟友关系，从而掮高韩国在亚洲的地位。

对美国而言，美国担心自己在东亚组建区域经济一体化时被边缘化，一直致力于在东亚的各项谈判。美国政府希望自由贸易协定能够加强美韩之间的联盟关系，通过其牵制韩国融入中国经济圈，加强自身同东亚市场联系，从而维护美国在东亚的主导地位，防止任何可能挑战其领导地位的国家或集团的出现。当然，韩国作为美国在这个地区最重要的军事和政治合作伙伴之一，与其签署自由贸易协定不仅可以从经济上加强双方的纽带联系，巩固政治和军事同盟。

除了与新加坡、澳大利亚和韩国建立双边自由贸易伙伴关系，美国与亚太经济合作与发展组织（Organisation for Economic Cooperation and Development，OECD）国家间的经济往来也为其经济权威增添了色彩。OECD 是全球市场经济国家组成的政府间国际组织。在其现有的 34 个全责成员中，亚太地区仅有美国、日本、韩国、新西兰和澳大利亚。除了美国是创始成员国之外，其他国家都是后来加入。其中，日本于 1964 年加入，澳大利亚1971 年，新西兰 1973 年，韩国于 1996 年加入。在非成员合作关系中，中国香港地区、新加坡和中国台湾地区以委员会观察员或其他参与者的身份参与，印度、印度尼西亚和中国以"强化合作伙伴"（Enhanced Engagement）关系参与。虽然目前还尚未清楚这与美国与亚太国家经济权威之间的具体关系，但无可否认，因共同的市场经济体制，OECD 成员国之间的经济联系较其他国家间的经济联系更为密切，互相依赖的程度也较高。

在此之外，跨太平洋伙伴关系（Trans-Pacific Partnership，TPP）也成为美国和亚太诸多国家加强经济互动，建立经济依存关系的重要平台。美国负责日本、韩国和亚太经合组织事务（Japan，Korea and Asia-Pacific Economic Cooperation Affairs）的助理贸易代表（Assistant U. S. Trade Representative）温迪·卡特勒（Wendy Cutler）在伍德罗·威尔逊国际学者中心（Woodrow Wilson International Center）举行的一场有关美国与韩国及亚太更广泛地区进行经济合作的小组讨论上称，美韩自由贸易协定是美国和韩国之间经济关系的核心支柱，促进了两国在其他领域的合作。同时，她还将美韩自由贸易协定与跨太平洋伙伴关系（Trans-Pacific Partnership，TPP）联系起来，称两者之间存在相似之处，号召更多的国家加入 TPP。而目前，TPP 的成员国除了美国之外，还有澳大利亚、文莱、加拿大、智利、马来西亚、墨西哥、新西兰、秘鲁、新加坡和越南。

小结　美国亚太权威的经济分布

双边贸易比例的变化意味着贸易依存度的变化，美国外来直接投资占本国所有外来直接投资的比例代表着对美国外资的依赖程度。冷战之后，亚太各国与美国的贸易总量虽然不断增多，但与美贸易占本国贸易总额的比例在整体上却不断下降；美国外来直接投资在所有外资中的比例也在下降，这在很大程度上意味着美国在亚太地区经济权威的主导性正在衰减和消退。随着中国经济的快速增长，美国在亚太地区的经济权威遭到了削弱。这主要体现在贸易方面。除了中国内地之外，亚太地区将美国作为第一贸易伙伴的国家仅有美国的邻国加拿大和墨西哥。日本、中国香港和印度都将中国内地作为其首要贸易伙伴，将美国作为其第二大贸易伙伴。韩国将美国作为第三大贸易伙伴国，澳大利亚将其列为第五；在东盟的对外贸易对象经济体中，美国排在中国、欧盟和日本之后，位列第四。21 世纪以来，尤其是 2008 年全球金融危机之后，美国与亚太国家包括其主要军事盟友日本、韩国和澳大利亚之间的贸易比例下降，双方在彼此的贸易排位中都让位于中国。

第五章

美国在亚太地区的军事权威

国际权威的核心部分是军事权威。主导国通过向跟从国提供军事安全和保障，获取跟从国的服从和追随。第二次世界大战结束后，随着艾森豪威尔"多米诺骨牌"理论的提出和扩展，美国在亚太地区的军事政策发生了很大的调整。为防止整个亚太地区落入共产主义控制，美国不仅在地区内积极扶植亲美政权，而且在日本、韩国、澳大利亚等国家直接建立军事基地和驻扎军队，为它们提供军事和经济援助等，换取他们的服从和追随。而亚太国家在美国主导的战争中（主要有五场，分别为朝鲜战争、越南战争、海湾战争、阿富汗战争和伊拉克战争）也不同程度给予支持和援助。随着相对实力差距的缩小，双方在军事演习、情报共享等形成多方位的合作，战后初期由美国单方面主导的权威关系开始朝着平等合作型方向迈近。

第一节 美国在亚太国家（地区）的驻军与军事援助

战后美国与亚太国家和地区的政治行为体签署了不同的军事协议，在地区内拥有众多军事基地和驻军。美国为这些行为体提供了大量的军事援助和非军事援助。同时，这些行为体也为美国提供了战略便利和支持。美国与这些国家或地区建立权威关系的最直接的方式就是扶持亲美政权。然而，需要指出的是，政权不能代表国家，美国各项政策的出发点都是为了谋求自身利益，只要能满足美国的利益需求，即便是自己扶持的对象，也可能会抛弃或推翻。

一　战后美国在东南亚地区扶持的亲美势力

二战之后，东南亚旧的殖民体系瓦解，新的国家建设脆弱动荡，加之战争使包括苏联在内的欧洲国家损失惨重，美国成为该地区权力真空的捕获者，逐步渗透并建立反共产主义阵营。美国不仅策划推翻亲共产党政权，而且扶持亲美势力和政府，给它们大量军事援助和经济援助。其中，主要包括泰国的披汶·颂堪（Phibun Songkhram）政权、印度尼西亚的苏哈托（Suharto）政权、菲律宾的马科斯（Marcos）政权、越南的吴庭艳（Ngo Dinh Diem）和阮文绍（Nguyen Van Thieu）政权、老挝的文翁（Boun Oum）政权，以及柬埔寨的朗诺（Lon Nol）政权（参见表5–1）。

表5–1　二战之后到越南战争结束期间美国扶植的东南亚亲美势力

国家	时间（年）	扶持对象	事件
泰国	1948—1957	披汶·颂堪	二战时披汶与日本结盟，后来转为亲美。自朝鲜战争开始，获得美国大量援助。强烈反共的披汶与美国关系十分紧密
印度尼西亚	1965	苏哈托	通过"9·30"政变，苏哈托上台，对共产党进行了血腥镇压
菲律宾	1965	马科斯	1951年，美菲缔结成为盟国。菲律宾随美国参加了朝鲜战争、越南战争。马科斯上台后，1972年宣布戒严，长期把持权力。美国对其给予支持
越南	1955—1963	吴庭艳	美国向吴提供大量资金。吴在控制军队、取代保大、北越难民南迁、驱逐法国势力的一系列行动中，都得到美国支持
	1967—1975	阮文绍	在美国的默许下，吴庭艳被杀，局势几经动荡，阮文绍成为南越总统，直到越战结束前夕
老挝	1960—1962	文翁	艾森豪威尔任职期间提供援助扶持老挝亲美政权。肯尼迪上任后支持文翁政权。1962年日内瓦会议上，老挝左、中、右三派达成的中立宣言并没有真正落实*
柬埔寨	1970—1975	朗诺	美国对西哈努克允许北越使用其领土对抗美国不满，1970年亲美朗诺政权在政变中取代西哈努克

注：＊左派代表为巴特寮（Pathet Lao），中间派代表为梭发那·富马（Souvanna Phouma），右派代表为文翁。

当然，冷战时期亚太地区各国政局错综复杂，美国对被扶持对象的态度也往往出现反复和变化，有些扶持对象甚至到最后被美国抛弃或推翻。例如泰国总理披汶·颂堪就是这样。二战期间，披汶的军人政权和日本结盟，并对英、美宣战。美国没有认可泰国的宣战，而英国在战后要求对泰国和日本结盟一事进行惩罚，提出财产赔偿和削减泰国军队等。美国对双方谈判进行了介入，使英国放弃大部分要求。在此之后，美国与泰国迅速建立外交关系，并向泰国借款 1000 万美元，支持泰国的交通建设。同时，还从泰国进口大米、橡胶和锡。1947 年，泰国民选政权被军事政变推翻，次年披汶重新成为泰国总理。美国迅速承认军政府并试图把泰国培养成一个反共同盟国。而 1957 年，披汶被军事强人沙力（Sarit Thanarat）发动的新的军事政变推翻后流亡时，美国也没有做出多大反应，只是关心泰国是否依然保持对东南亚条约组织和西方阵营的承诺。[①] 由此可见，美国对一国国家的关注多于对当权者的关注。美国与亚太各政治行为体之间的权威关系，与这些行为体中谁当权并没有直接而显著的关系。

二　美国在亚太地区的军事同盟

随着冷战的开始，为了对抗共产主义，美国在亚洲和欧洲建立了一系列的安全联盟（见表 5 - 2）。然而，美国在亚太地区建立联盟的目的除了遏制苏联，也是为了约束盟友的进攻性行为，避免美国受到牵连，卷入地区大战。[②] 冷战初期，美国分别与韩国（1953）、中国台湾（1954）和日本（1951）建立了联盟关系。其中，与韩国和台湾地区的联盟不仅为追求遏制共产主义，也为了更好地管控盟友，阻止其挑拨和朝鲜、中国大陆的冲突，防止美国自身陷入亚洲大战。[③]

---

① Frank C. Darling, "American Policy in Thailand," *The Western Political Quarterly*, Vol. 15, No. 1, 1962, pp. 93 – 110.

② Victor D. Cha, *Power Play: The Origins of the American Alliance Systems in Asia*, Princeton University Press, 2016, p. 2.

③ Victor D. Cha, *Power Play: The Origins of the American Alliance Systems in Asia*, Princeton University Press, 2016, p. 3.

表 5 - 2　战后美国在亚欧地区建立的安全联盟

联盟名称	成立时期	联盟成员
北大西洋公约组织（15 个成员）	1949 年	比利时、英国、加拿大、丹麦、法国、希腊、冰岛、意大利、卢森堡、荷兰、挪威、葡萄牙、土耳其、西德、美国
澳新美安全条约（3 个成员）	1951 年	澳大利亚、新西兰、美国
美菲共同防御条约（2 个成员）	1951 年	菲律宾、美国
日美安全保障条约（2 个成员）	1951 年	日本、美国
韩美共同防御条约（2 个成员）	1953 年	韩国、美国
美台共同防御条约（2 个成员）	1954—1978 年	中国台湾、美国
东南亚条约组织（8 个成员）	1954—1975 年	澳大利亚、英国、法国、新西兰、巴基斯坦、菲律宾、泰国、美国
中东条约组织（伊拉克退出后变为中央条约组织），1955—1979 年（美国不是正式成员，如果计算在内，原先就是 6 个成员，伊拉克退出后变为 5 个）		英国（主要发起国）、伊朗、伊拉克（1958 年推翻君主统治后退出该组织）、巴基斯坦、土耳其、美国

在这其中，美国与亚太国家之间的双边军事关系主要如下（见表 5 - 3）。

表 5 - 3　美国—亚太国家/地区双边军事关系

国家/地区	关系	起始年份
菲律宾	安全伙伴——相互防御协定	1951
日本	正式同盟	1952
澳大利亚	安全伙伴——澳新美安全协定	1952
韩国	正式同盟	1953
泰国	安全伙伴——马尼拉条约	1954
中国台湾	安全协议——与台湾关系法（美国国内法）	1979
印度	安全伙伴——下一步战略伙伴	2005
新加坡	安全伙伴——战略框架协议	2005
巴基斯坦	战略对话	2010

资料来源：美国国务院网，http://www.state.gov/t/pm/c17687.htm（最后访问日期：2014 年 4 月 2 日）

二战结束后，美国通过结盟、建立军事基地等方式，确立了在亚太地区的霸权地位。菲律宾、日本、韩国、澳大利亚等国家作为美国在地区内的盟友，因经济重建和冷战时期的国家安全防卫需要，对美国政治、经济与军事存在较高的依赖。以菲律宾为例。

1946 年，菲律宾首任总统曼纽尔·罗哈斯与美国政府签订了《美菲军事协助条约》，同意接受美方的军事援助。1947 年 3 月 14 日，美国与菲律宾在马尼拉签订美在菲继续使用和扩大军事基地的协定，租用菲律宾 23 处陆海空基地，根据需要可增加和开辟新的基地，在基地内美国享有广泛的治外法权。1951 年 8 月 30 日美菲在华盛顿签订的《美菲联防条约》，于 1958 年 8 月 27 日正式生效。条约规定缔约双方将以"自助和互助"的方式保持并发展"抵抗武装进攻"的能力；缔约任何一方遭到"武装进攻"时，缔约双方进行协商，采取行动"对付共同的危险"。通过这一条约，美国实际上得以首先侵略、控制和干涉其缔约国。当时的菲律宾只能通过出卖国家主权换取美国的庇护。

根据美国和菲律宾签署的协议，1947 年美军开始使用苏比克湾海军基地及克拉克空军基地。在国际上，菲律宾境内的美军基地是冷战围堵政策的重要基地，在越南战争期间曾发挥重要的补给和维修作用；对东盟国家来说是吓阻共产主义势力的保障；对菲律宾来说，美军基地有稳定政局、治安、人心的效果。驻菲美军对菲律宾经济也很重要，驻菲美军基地为当地提供约四万个工作岗位。

冷战时代，美国势力重新主导菲律宾，并将菲律宾作为展示其在第三世界建立民主和理想社会的橱窗。而 20 世纪 60 年代越战爆发，也使菲律宾战略地位更加突出，美菲亲密关系达到顶峰。1965 年，马科斯就任菲律宾总统，执行一边倒的亲美政策，延续二战前的美菲依附关系。次年，时任美国总统约翰逊访问菲律宾，标志两国关系的紧密和牢固。

1983 年，当时的反对党领袖阿基诺遇刺引发菲律宾政局动荡和反美情绪，美菲关系急转直下。美国不得不放弃失去民心的马科斯政府，转而支持反对派的阿基诺夫人科拉松·阿基诺。1986 年 2 月 25 日，阿基诺夫人宣布正式接管全国权力，成为菲律宾和亚洲国家历史上第一位女总统，随后开始调整对美政策。

冷战结束后，美国对苏对华关系缓和，驻军必要性降低，美菲军事基地协定不再续约。1992 年，美军撤离苏比克湾与克拉克空军基地，从而结束了美国军事力量在菲律宾将近一个世纪的存在。为此，两国军事关系曾一度降至谷底，不仅使两国同盟关系进一步恶化，而且使菲律宾的军事力量也一落千丈。

"9·11"事件发生后，美国掀起的全球反恐战争唤醒了休眠的菲美联盟关系。2001年，美国借助《访问部队协议》实现其军队参与在菲律宾进行全球反恐战争，这一契机为美菲军事合作关系回暖奠定了基础。之后，两国军事关系逐渐恢复了原先菲方依赖美国和双方互利的基调。菲律宾积极谋求从美国购买二手战舰和战机以增强实力。

近年来，美国积极加强对东南亚地区的军事渗透，扩大军事同盟，东南亚诸国虽然对美国在这一地区的军事存在有所不满，但为了利用美国的军事实力，菲律宾以及马来西亚、印度尼西亚等国对美国的军事扩张持默许态度。对菲律宾来说，从南海争端中谋求更大利益是外部关系的首要任务；对美国来说，要重新整合配置资源，强化其在亚太地区的安全领导地位。

三　美国在亚太地区的驻军

当然，军事权威最能被人所捕捉的一个指标就是在亚太国家或地区部署军事力量。军队的存在能够直接影响所在国的安全政策，例如使所在国卷入外交冲突。反过来，军事人员的存在也能够压制所在国可能提出的一些外交政策动议。例如，驻扎在韩国的美军不仅作为一种引线（trip wire），将美国拉入任何一场可能由朝鲜挑起的冲突，同时他们也使朝鲜免于遭受韩国任何潜在的挑衅行动——这一点在冷战早期非常重要。同样，1945年以后驻扎在日本的美国军队，不仅保护日本免遭苏联可能的入侵，同时也确保周边国家能够对抗任何军国主义的复活。这样，美国在亚太地区驻军的存在可以使其对所在国的安全政策进行正面和反面的控制。这些驻军人数相对于所在国的本土人口，规模越大，美国能够施加的控制就越多。① 而亚太国家或地区对美国驻军的持续接受，暗示着这种控制被视为正当的，因此具有权威性。

---

① 令人遗憾的是，现有数据无法使我们区分美国军队的部署是否是在美国、北约还是联合国授权的情况下进行的。不过由于在"外部"授权下部署的军队数量一直很少，这里可以忽略不计。

表 5 - 4　美国在西太平洋的驻军人数（1963—1974 年）

单位：人

国家/地区 ＼ 年份	1963 年 3 月	1973 年 3 月	1974 年 3 月
日本（含琉球）	89099	58000	57000
关岛	6220	17000	10000
菲律宾	13310	15000	17000
中国台湾	5102	9000	5000
韩国	58712	42000	38000
泰国	3732	45000	35000
越南	11444	–	–
第七舰队	45333	40000	16000
总兵力	232952	226000	178000

注：不含澳大利亚、新西兰、中途岛和约翰斯顿岛的驻兵。

资料来源：Thomas J. Bellows, "The United States and Southeast Asia," *World Affairs*, Vol. 137, 1974, p. 107。

冷战之后，随着国际体系压力的松缓，美国撤回部分驻军，整体数量下降（参见表 5 - 5、表 5 - 6）。

表 5 - 5　美国在亚太诸国的驻军数量（1986—2005 年）

单位：人

国家 ＼ 年份	1986 - 1990 年年均	1991 - 1995 年年均	1996 - 2000 年年均	2005 年
日本	48804	44235	41016	35571
韩国	43823	36689	36314	30983
澳大利亚	726	442	296	196
泰国	165	105	228	114
菲律宾	15547	2020	73	55

资料来源：Tim Kane, "U. S. Global Deployments," http://www.heritage.com。

表 5 - 6　美国在亚太国家驻扎现役军人人数（1995—2010 年）

单位：人

国家 ＼ 年份	1995	2000	2005	2006	2007	2008	2009	2010
澳大利亚	314	175	196	347	140	140	139	130
日本	39134	40159	35571	33453	32803	33286	35965	34385

年份 国家	1995	2000	2005	2006	2007	2008	2009	2010
韩国	36016	36565	30983	29086	27014	25062	—	—
新加坡	166	411	169	164	125	129	125	132
海外总数	238064	257817	290997	284967	295003	288550	262793	297286

资料来源：U. S. Department of Defense, DoD Personnel and Procurement Statistics, "Active Duty Military Personnel Strengths by Regional Area and by Country," See http://siadapp. dmdc. osd. mil。

关于美国在亚太地区的最新驻扎人数及构成，根据美国国防部人力资源数据中心（Defense Manpower Data Center, DMDC）的数据显示，日本驻扎人数最多，达到54885人，其中主要为海军、海军陆战队和空军；英属印度洋领地（British Indian Ocean Territory, BIOT）驻扎海军482名，新加坡驻扎海军146名，泰国驻扎海军陆战队175人（参见表5-7）。

表5-7　2013年美国驻东亚太平洋国家和地区人员构成

国家/地区	驻扎总数	军事人员总数	陆军	海军	海军陆战队	空军	其他
澳大利亚	327	179	31	75	12	61	148
英属印度洋领地	521	520	0	482	0	38	1
缅甸	3	3	3	0	0	0	0
柬埔寨	17	8	4	4	0	0	9
中国内地	52	19	7	4	2	6	33
密克罗尼西亚	4	0	0	0	0	0	4
斐济	7	3	0	3	0	0	4
法属波利尼西亚	3	0	0	0	0	0	3
中国香港	21	13	2	8	0	3	8
印度尼西亚	33	18	7	7	1	3	15
日本	54885	50341	2316	19688	15983	12354	4544
基里巴斯	6	0	0	0	0	0	6
朝鲜	8	0	0	0	0	0	8
老挝	7	7	3	1	0	3	0
马来西亚	19	9	3	4	0	2	10
马绍尔群岛	17	15	15	0	0	0	2
蒙古国	3	3	2	0	0	1	0
新西兰	19	4	1	2	0	1	15

国家/地区	驻扎总数	军事人员总数	陆军	海军	海军陆战队	空军	其他
巴布亚新几内亚	1	1	0	1	0	0	0
菲律宾	1169	28	9	8	2	9	1141
新加坡	286	168	8	146	1	13	118
中国台湾	26	8	0	4	1	3	18
泰国	337	252	41	10	175	26	85
越南	26	12	5	5	1	1	14
总数	57797	51611	2457	20452	16178	12524	6186

注：未包括韩国。

资料来源：Defense Manpower Data Center on January 30, 2014。

四　美国在亚太国家的军事基地

美国与亚太国家和地区的权威关系，一个重要指标是美国在这些国家和地区拥有军事基地。因为，领土安全是国家生存最核心的关注。国家能够允许其他国家在本国领土拥有军事基地，部署军事设施，与现代国际社会讲究的主权原则背道而驰。也是本书所论述的国际权威的最突出体现。美国在亚太地区的军事基地，二战之前只有菲律宾，二战之后，达到几十处。在军事权威的各种形式中，同意美国在自己领土范围内建立军事基地甚至比和其建立联盟更为重要[①]，也更能显示出权威程度的高低。

冷战期间，美国在海外建立军事基地的主要目标在于遏制苏联的威胁。这些军事基地主要集中于西欧和东北亚地区。冷战之后，这些基地"已经不适应新的战略环境的需求。新的战略环境是，美国的利益是全球性的，西欧和东北亚以外地区的潜在威胁不断增多"。[②] 美国防务报告显示，东南亚和南亚地区将成为美国军事基地建设的新区域。

总体上来说，美国的亚太基地群包括太平洋西部和西南部的基地体系。太平洋西部的前沿基地体系，包括东北亚、东南亚和关岛基地群（所谓的"岛屿锁链区"）。东北亚基地群是美国在西太平洋最主要的基地群，其东北与阿留申群岛相望，东南与关岛基地群相隔，西南与菲律宾基地群

---

① 联盟则是海外基地的重要保障。

② 美国国防部 2001 年《四年防务审查报告》，第 26 页。

相邻，控制着朝鲜、宗谷、津轻三个重要海峡，成为"岛屿锁链"的首要环节和太平洋前沿部署的重点区域。[1] 这一地区的基地群以日本横须贺港为中心，包括设在日本（含冲绳）和韩国的基地和设施。其中，在日本，主要的海军基地有横须贺、佐世保、午鹤、大凑和吴港等；主要的海军航空兵站有三泽嘉手纳、厚木等；空军基地有横田等。在韩国，主要的海军基地分为三个体系：以仁川为中心的黄海沿岸体系；以釜山为中心的朝鲜海峡地区体系；以及沿日本海体系。

东南亚基地群主要包括美军在这一地区内的海军、空军基地和设施。20世纪90年代之前，美国的军事基地主要集中于菲律宾的苏比克海军基地和克拉克空军基地。20世纪末，这两个基地关闭之后，美菲两国又于1999年开始施行访问部队协议（Visiting Forces Agreement，VFA）。在该协议下，美国军舰可以访问菲律宾港口，并和菲律宾军队展开军事演习，实现了不通过军事基地在东南亚的军事部署和存在。而在菲律宾希望美军恢复训练活动的情况下[2]，随着美国战略重心向亚太地区的转移，菲律宾军事基地的重新使用变得极有可能。在新加坡建立了一个海军后勤补给中心。西南部基地群主要指的是萨摩亚基地群。该基地群主要以帕果港为中心，与斐济的苏瓦港、澳大利亚的悉尼港、新西兰的奥克兰港口一起组成，用以保护南部航线的畅通。

西太平洋军事基地的存在可以说是美国权威在地区内最直接的体现，其本身也成为衡量美国军事权威的重要指标。以上我们可以看出，美国与日本、韩国、菲律宾、澳大利亚、新西兰、新加坡、斐济之间建立了直接的基地联系。美国军事力量的存在，不仅是美国超群实力的强力体现，也是跟从国出于自身安全需求的考虑——他们认为，美国的军事存在，可以保证地区内的稳定和和平。

五 美国对亚太国家的援助

二战中，美国是交战国中唯一本土没有受到战火破坏的大国，战后初

---

① 靳怀鹏等：《世界海洋军事地理》，北京：国防大学出版社，2001，第232页。
② 早在1998年4月，菲律宾总统拉莫斯（Ramos）访问华盛顿时，就已表示希望美军恢复在菲律宾的训练活动。

期实力超群。其人口占世界人口的 6.5% ，收入占全世界年收入的 45% ，生产谷物占世界产量的 1/3 ，棉花占 1/2 ，开采石油占世界开采量的 70% ，拥有全世界 60% 的工业制成品和 45% 的生产能力。① 在这样强大的实力背景下，"美国成为唯一可与众多国家分享财富的国家"，② 对包括德国、日本、韩国、澳大利亚和东南亚国家在内的一些国家或地区施行援助，帮助它们顺利实现经济重建。

（一）对韩国的援助

朝鲜战争爆发后，美国国会通过《共同安全法》，对东亚地区加强援助，军事援助比重大幅提升。战争结束之后，美韩于 1954 年 11 月 17 日交换了《共同安全防卫协定》的批准书，同时签署了一份关于对韩军事、经济援助水平的谅解备忘录。到了 1955 年 2 月 25 日，作为对韩政策指导方针的 NSC5514 号文件出台，该文件提高了对韩国防务力量的要求，扩大对韩军事援助的范围，加强了对韩军事援助的力度。③ 这一时期，美国对韩援助每年约为 10 亿美元④，其中仅维持现有韩军一项就达 6.5 亿美元左右。⑤ 巨额的外援开支引起国内不满，艾森豪威尔政府开始考虑裁减驻韩国军队。1958 年 2 月，双方达成协议：在驻韩美军现代化（包括装备原子弹）及韩军部分现代化（主要加强陆军和空军）的条件下，韩国许诺至 1958 年末将美国支持韩军的最高数额由 72 万降至 63 万，即由 20 个现役师削减至 18 个现役师，海、空军也有相应削减。11 月 19 日，李承晚正式同意根据上述协议修改共同谅解备忘录。⑥ 至此美国实现了对韩国军队的第一次削减，也是最后一次。

（二）对日援助和防卫经费分担

《旧金山对日和约》生效后，根据《美日安保条约》，美国继续驻守在日本。美国政府以经济复兴援助、共同防卫援助的名义向日本提供了相当

---

① Sideney Lens, *The Foging of the American Empire*, N. Y. : Thomas Y. Crowell Company, 1971, p. 337.

② Donald W. White, *The American Century: The Rise and Decline of the United States as a World Power*, London: Yale University Press, 1999, preface.

③ NSC5514, *FRUS*, 1955 – 1957, Vol. 23, Korea, pp. 43 – 44.

④ *FRUS*, 1955 – 1957, Vol. 23, Korea, pp. 217 – 218.

⑤ *FRUS*, 1955 – 1957, Vol. 23, Korea, pp. 281 – 282.

⑥ *FRUS*, 1958 – 1960, Vol. 18, Korea, pp. 438 – 439, 505 – 507.

数量的军事援助。而日本以"终战处理费"的名义承担了占领时期美军在日本的大量军事开支。同时，根据《美日安保条约》和《美日共同防卫援助协定》，日本政府还以所谓"防卫支出费"名义负担了部分驻日美军的费用。"防卫支出费"由防卫负担费、提供设施费、军事援助顾问团经费三部分组成，其中占主体的是防卫负担费。按照美日两国在 1953 年的约定，约达 15500 万美元（558 亿日元）。美日两国在防卫经费分担问题上每年都进行谈判，但是在分担比例上的争论从来就没有停止过。[①] 1958 年，美国调整亚洲太平洋军事力量部署，美国在日本的军事开支减少，防卫负担费有所减少。1960 年，新《美日安保条约》签署以后，虽然废除了"防卫支出经费"，但是，根据《驻日美军地位协定》，驻日美军军费原则上由美日两国共同负担。在 20 世纪 60 年代初，美国几乎没有向日本提出过分担防卫经费的要求。1961 年，根据新《美日安保条约》规定，美日两国建立了"美日贸易经济合作委员会"，讨论美日防卫经费分担问题。1963 年 12 月，美国国会通过《对外援助法修正案》，决定在 1965 年以前逐渐停止向日本提供军事援助，而日本政府同意自行补足减少的援助份额。[②] 1964 年，美国国务卿腊斯克访问东京，提出日本分担美国防卫经费问题，要求日本增加购买美制军事装备。[③]

1965 年，美日贸易结构出现本质性质的变化，美国由原来的贸易顺差地位转变为逆差，而日本由原来的逆差变成顺差。美国政府更加积极地要求日本分担美国的防卫经费。具体而言，美国政府要求日本增加对东南亚非共产党国家的经济援助和分担美国在越南的军事开支。1966 年 4 月，东南亚经济开发部长级会议召开，佐藤政府宣布把日本国民生产总值的 1%用于对东南亚的开发援助，建立亚洲开发银行，在 9 亿美元的创立基金当中，同意提供与美国相同份额的 2 亿美元作为创立基金，另外单独提供 1

①　〔日〕植村秀树：《再军备与五五年体制》，木铎社，1995，第 163、195、200、251、255、258、271 页。

②　关于 20 世纪 60 年代美日防卫费用分担问题，崔丕先生有较为详细的阐述，参见崔丕《冷战时期美国对外政策史探微》，北京：中华书局，2002，第 432—439 页。

③　〔日〕细谷千博主编《日美关系资料集（1954—1997 年）》，东京大学出版会，1999，第 595—596 页。

亿美金作为亚洲开发银行的农业特别基金。[①] 1967 年 11 月，约翰逊总统在与佐藤荣作会谈时正式提出了分担美国防卫经费的要求。美国政府估计，在美元体制下，日本每年防卫经费应该在 10 亿美元左右，所以日本应该分担 5 亿美元的负担。在分担美国防卫经费负担的具体途径问题上，美国政府提出的办法概括为三类：增加购买美制军事装备、购买美国政府财政证券、购买美国生产的战略物资。然而，日本并没有完全接收美国的要求，双方最后达成的协议只是约定：建立一个特别委员会讨论日美贸易收支问题和讨论分担防卫经费问题。日本承担 3 亿美元以内的防卫经费，美国承担 5 亿美元以上的防卫经费。[②]

（三）对东南亚国家的援助

冷战期间，为了对抗共产主义阵营，美国向东南亚多个国家提供了大量军事援助和非军事援助（具体见表 5 - 8）。

表 5 - 8　1946—1974 年美国对东南亚国家的援助

单位：百万美元

国家	军事援助	非军事援助	援助总额
缅甸	80.8	107.5	188.3
印度尼西亚	177.3	1868.3	2045.6
高棉共和国	750.2	551.4	1301.6
老挝	1459.2	878.2	2337.4
马来西亚	29.6	107.3	136.9
菲律宾	707.1	1917.6	2624.7
新加坡	20.9	34.7	55.6
泰国	1147.5	702.3	1849.8
越南	15219.9	6537.9	21757.8
总计	19592.5	12705.2	32297.7

资料来源：笔者根据 Thomas J. Bellows, "The United States and Southeast Asia," *World Affairs*, Vol. 137, 1974, pp. 95 - 100, Table 1 & 2 重新计算制作。

---

① 〔日〕细谷千博主编《日美关系资料集（1945—1997 年）》，东京大学出版会，1999，第 635—699 页。

② Balance of Payments Cooperation between Japan and the United States, November 11, 1967. Box 82. Diary Backup（Presidential Appointments）, F. Visit of Prime Minister Sato, LBJL.

其中，由于越战的原因，美国向越南提供的援助最多，其次为菲律宾、老挝和印度尼西亚。具体而言，不同年份的军事援助如表 5 - 9。

表 5 - 9　1946—1974 年美国对东南亚国家的军事援助

单位：百万美元

年份 国家	1946—1972	1970	1971	1972	1973	1974	总计
缅甸	80.8	0.1	0.1	—	—	—	80.8
印度尼西亚	140.6	6.3	33.8	22.9	16.9	19.8	177.3
柬埔寨	475.0	8.6	188.1	186.9	133.2	142.0	750.2
老挝	963.4	74.2	160.8	219.3	353.5	142.3	1459.2
马来西亚	29.6	0.2	2.4	10.6	—	—	29.6
菲律宾	672.6	26.0	17.1	18.4	15.6	18.9	707.1
新加坡	20.9	—	—	1.9	—	—	20.9
泰国	1073.3	96.8	72.0	55.0	35.8	38.4	1147.5
越南	12169.9	1692.6	1882.5	2382.6	2250.0	800.0	15219.9
总计	16343.0	1904.8	2356.8	2897.6	2805.0	1161.4	20309.4

资料来源：Thomas J. Bellows, "The United States and Southeast Asia," *World Affairs*, Vol. 137, No. 2, 1974, p. 95。

在美国对东南亚国家的援助中，非军事援助在不同的年份体现为（参见表 5 - 10）。

表 5 - 10　1946—1974 年美国对东南亚国家的非军事援助

单位：百万美元

年份 国家	1946—1972	1970	1971	1972	1973	1974	总计
缅甸	107.5	0.4	3.9	1.3	—	—	107.5
印度尼西亚	1666.9	205.5	179.9	245.6	102.7	98.7	1868.3
柬埔寨	388.4	—	76.8	57.6	68.0	95.0	551.4
老挝	792.6	53.8	49.5	52.2	45.0	40.6	878.2
马来西亚	107.3	4.3	6.2	23.4	—	—	141.2
菲律宾	1808.2	53.6	124.7	111.8	79.7	29.7	1917.6
新加坡	34.7	0.2	2.0	12.2	—	—	49.1
泰国	673.8	32.4	24.8	36.2	18.7	9.8	702.3
越南	5814.4	476.7	575.7	454.6	313.0	410.5	6537.9
总计	12219.4	826.9	1043.5	994.9	627.1	684.3	13579.1

资料来源：Thomas J. Bellows, "The United States and Southeast Asia," *World Affairs*, Vol. 137, No. 2, 1974, p. 95。

(四) 冷战之后美国对亚太国家的援助

冷战之后,随着美国国会在对外援助政策上的争论激化和削减政府庞大财政赤字呼声的高涨,美国的对外援助资金开始大幅度减少。1995 年,美国国际开发署的工作人员减少了 3000 人,受援国的数目减少了 45 个,外援任务减少了 40 项,对发展中国家的援助下降了 26%;[①] 1997 年,美国 ODA 金额从 1992 年的 117 亿元锐减至 69 亿元,占 DNP 的比例由 0.09% 下降至 0.02% 的历史低点。[②] 在这一背景下,并不属于美国核心战略区域的东南亚自然也得不到额外的关照,东盟来自美国的援助大幅减少,美国这种援助政策的转变在 1997 年爆发的东南亚金融危机中得到充分的验证。

表 5-11 1997 年东南亚金融危机美国、日本和中国的援助比较

	美国	日本	中国
援助	1994 年墨西哥金融危机中,美国提供 480 亿美元金融贷款,其中援助型货款 210 亿美元。在东南亚金融危机中,美国政府除了赞同国际货币基金组织(IMF)对泰国的 170 亿美元救援计划外,就没有什么实质性的救援了。而且美国开出的药方总是停止政府援助、实施紧缩性财政货币政策,并对东南亚各国国内改革提出种种苛刻要求,所以东盟认为 IMF 的条件是干涉性的,不适当的,不敏感的;甚至被认为从东南亚金融危机中谋求私利	1997 年亚洲经济危机发生以来,日本经济已连续两年负增长,并陷入严重的衰退局面。尽管如此,日本政府先后发表了《亚洲援助方案》和《新宫泽构想》,计划向东南亚国家提供总额达 800 亿美元的各种援助,到 1999 年为止,实际已提供了 430 亿美元[a]。1998 年日本对亚洲的 ODA 实施数额从 1997 年的 31 亿美元增至 52.8 亿美元,涨幅超 70%。1998 年底,小渊惠三提出日本将以 6000 亿日元的特别日元贷款为支柱,扩大对亚洲的援助	与美国附加了经济和金融改革条件的援助不同,中国坚持人民币不贬值,允许地区国家贬值货币并帮其恢复金融秩序。中国还通过国际货币基金组织向泰国提供 10 亿美元的货款,并适当增加了对泰国商品的进口。同时还向印度尼西亚提供巨额贷款和无偿援助

注: a 曹云华:《金融危机以来日本—东盟关系的变化》,《当代亚太》2003 年第 11 期,第 39—43 页。

资料来源:笔者自制。

整个 90 年代,在美国提供援助的前十个国家中,亚太地区仅有菲律宾,排列第六,占其援助总额的 2.0%。[③] "9·11"事件后,因打击恐怖主义的需要,美国开始重新强调对外援助的战略地位,对外军事援助、经

---

① US Congress, *Foreign Assistance Reform*, Hearings Before the Committee on Foreign Affairs House of Representatives, 2008, 6 (25).

② Stephen Browne, *Aid and Influence*, U. K.: Earthscan Publications L.d., 2006.

③ 陈莹:《冷战后中美日在东南亚的软实力角力》,《东南亚研究》2012 年第 1 期,第 35 页。

济援助以及其他援助大幅增长。这些援助大多数流向了伊拉克、以色列、阿富汗等中东国家，在亚太地区，获得援助最多的为巴基斯坦。在2001—2008年，其增长幅度也最大。最为明显的是，2002年巴基斯坦得到美国援助高达10.8亿美元。其他主要受援国为菲律宾、孟加拉国、印度和印度尼西亚。得到援助最少的则为日本、新加坡、韩国、中国香港和中国台湾。这些都是经济比较发达的国家或地区（见表5－12）。

表5－12　美国对亚太国家/地区的援助（2001—2008年）

单位：百万美元

受援国/地区　年份	2001	2002	2003	2004	2005	2006	2007	2008
孟加拉国	162	101	102	93	84	82	93	171
缅甸	2	5	4	8	15	11	17	83
柬埔寨	45	54	63	93	98	71	75	76
中国香港	0	0	1	0	0	0	0	0
中国内地	11	23	28	39	40	45	65	103
中国台湾	0	0	0	1	1	2	43	21
斐济	0	0	1	2	2	3	1	2
印度	222	228	178	190	214	177	161	148
印度尼西亚	195	204	181	161	588	269	236	208
日本	0	0	0	0	0	0	0	4
韩国	0	0	0	0	1	1	24	188
朝鲜	162	118	42	56	8	0	14	6
老挝	5	10	7	5	7	3	4	7
马来西亚	2	2	3	2	12	5	7	53
蒙古国	18	26	23	32	19	16	17	325
尼泊尔	51	66	55	55	73	60	81	106
巴基斯坦	188	1080	587	441	758	954	975	963
菲律宾	151	208	205	238	167	212	169	161
新加坡	0	0	0	0	0	0	7	1
斯里兰卡	28	31	31	39	160	49	44	69
泰国	35	35	35	23	56	51	50	55
越南	25	19	45	47	39	48	68	88

注：此援助数目为实际履行数目，包括经济援助和军事援助。

资料来源：U. S. Agency for International Development, U. S. Overseas Loans and Grants, Obligations and Loan Authorizations, annual, 也可参见 http://gbk. eads. usaidallnet. go。

第二节　亚太国家对美国主导战争的支持程度

　　跟从国追随主导国进入原本与自身缺乏直接关系的战争，为其提供人员和物质资金上的支援，可被视为主导国享有权威的重要证据。二战后，美国主导的战争（不一定由美国发动）主要有朝鲜战争、越南战争、海湾战争、阿富汗战争和伊拉克战争。在这些战争中，美国在亚太地区获得了或多或少的支持。

一　对美国参与朝鲜战争的支持程度

　　朝鲜战争中，韩国本土作战，投入兵力590911人。菲律宾是除了美英军之外，反应最积极的国家。前后五次合计派出7420人（菲全国总兵力仅3.4万人），出兵数占总兵力的两成多。菲律宾营先后配备给美军第25步兵师、第3步兵师、第45步兵师和第一骑兵师，最终112人丧生，229人受伤，57人失踪，另有数十人被俘。泰国派出作战部队，投入兵力1294人。日本支持联合国军在朝鲜半岛的行动，为其提供日本国内设施和便利。澳大利亚一开始反对美国将战火扩大至鸭绿江，担心中美敌对威胁自身安全，但最终支持美国，并将其视为联盟协议的一部分。最先派遣2个步兵营，3艘驱逐舰，1个战斗机中队和1个空中运输中队，飞机35架，共计912人。至1953年7月，澳军补充兵员，在朝鲜战场达到2282人，出兵人数居"联合国军"第5位。据中方数字，整个朝鲜战争期间，澳军战死746人，伤病、失踪、被俘1112人，共计1858人（澳方的统计数字是死亡340人，总计伤亡超1500人）。战后，澳军驻扎到1957年才撤出韩国。共投入兵力17000人。新西兰投入兵力1389人。中国对抗韩国和以美国为首的联合国军，投入兵力780000人。

　　这里需要提到中国台湾。虽然没有直接派兵参与，但台湾当局以其他方式对美国表示了支持和援助。朝鲜战争爆发时，美国为免中共攻占台湾，进一步威胁美国战略利益，杜鲁门总统在战争爆发后立刻派遣第七舰队驶向台海，并称"台湾未来地位的决定必须等待太平洋安全的恢复，对日和约的签订或由联合国考虑"。台湾"外交部长"叶公超发表声明，欢迎美军协防台湾。7月，联军总司令麦克阿瑟访问台北。中国台湾从此成为美国西太平洋防线的一环，国民党当局再度获得大量的军事和经济支持。从 1950 年下半年起，国民党军重新整编，以美援武器装备将原来残缺不全的二十个军缩编成十二个军及六个独立师，为配合美军在朝鲜半岛的作战，国民党军多次突袭大陆东南沿海岛屿，并且派遣小股兵力潜入大陆设立游击基地。不过蒋介石计划大规模参加朝鲜战争以及全面反攻大陆，仍然因缺乏有利的国际环境而无法实现。[①]

二　对美国主导越南战争的支持程度

越南战争期间，越南共和国（1955—1975 年）参战 120 万军队；死亡220357—316000 人，受伤约 1170000 人。越南人民军和越南南方民族解放阵线死亡约 1176000 人，受伤约 600000 人。日本对美国的立场表示理解，但将合作问题与归还冲绳和小笠原群岛问题挂钩，与美国讨价还价。[②] 韩国 1965 年开始派青龙（韩国海军陆战队第二旅）、白虎（韩国第 9 步兵师）、猛虎（韩国首都师）等战斗部队，到 1973 年的 9 年间一共累计有30000 以上的韩国士兵参加了越南战争，最多时有 50000 人在越南，其中4687 人战死。为了支付韩国的国防开支，美国向韩国提供了 10 亿美元左右的援助。韩国是美国以外最大的派兵国家（具体见表 5 - 13）。

表 5 - 13　美国及其盟友在越南战争中投入的兵力（1959—1973 年）

单位：人

国家\年份	美国	越南共和国	澳大利亚	韩国	新西兰	菲律宾	泰国
1959	760	243000	—	—	—	—	—
1960	900	243000	—	—	—	—	—
1961	3205	243000	—	—	—	—	—
1962	11300	243000	—	—	—	—	—
1963	16300	243000	—	—	—	—	—
1964	23300	514000	198	200	30	20	—
1965	184300	642500	1560	20620	120	70	20

[①]　秦风：《在朝鲜战争和越南战争中的台湾》，《书摘》2008 年第 12 期，http://www.21ccom. net/articles/lsjd/ article_20100120 1988. html（最后访问日期：2014 年 4 月 3 日）。

[②]　具体见本书第六章。

续表

国家 年份	美国	越南共和国	澳大利亚	韩国	新西兰	菲律宾	泰国
1966	385300	735900	4530	25570	160	2060	240
1967	485600	798700	6820	47830	530	2020	2200
1968	536100	820000	7660	50000	520	1580	6000
1969	475200	897000	7670	48870	550	190	11570
1970	334600	968000	6800	48450	440	70	11570
1971	156800	1046250	2000	45700	100	50	6000
1972	24200	1048000	130	36790	50	50	40
1973	50	1110000	—	—	—	—	—

资料来源：Dept of Defense Manopower Data Center, http://www.amervets.com/warlib6/warlib6i.htm。

台湾地区除了派出援越军事顾问团，还派出医疗、农业、工业等援助团体。1966 年，双方签署"空运协议"，由"中华航空"和"越南航空"往返台北和西贡之间。由于两地经贸、货物和人员的来往十分频繁，当越共发动新春攻势时，烽火漫天，引起台湾方面极度的关切，台北驻越"大使"胡琏将军亲自前往西贡的华埠堤岸市了解战况。由蒋夫人发起的援助南越难民活动获得了积极响应，3 月 21 日，首批捐赠物资包括白米、衣物、肥皂、毛巾和罐头食品等上万吨货品运抵西贡市。美国曾由中国台湾抽调空军 F—5 战斗机进入越南，并于台中市派驻 F—4 中队填补，当时中国台湾号称东南亚最大的台中清泉岗机场，亦是为支援 B—52 进行轰炸而构筑的机场。此外，台湾地区的军事顾问、电子作战以及特工在越南共和国亦十分活跃，为此台湾地区驻越南共和国"大使馆"亦曾遭受攻击。

菲律宾境内美军基地在越南战争期间曾发挥重要的补给和维修作用。泰国参战人数最多时达到 11570 人。澳大利亚支持美国所有计划。1962 年派 30 名军事顾问赴越；1965 年增加到 1560 人；[①] 1968 年派兵增至近 8000 人（见表 5 - 13）。总共配合美军作战 7 次，伤亡 3000 余人。新西兰支持

---

① 澳大利亚外交部的文件认为，澳大利亚对越南的军事援助不是作为东南亚条约组织成员对越南防务援助要求的回应，而是美国希望盟国给予政治和军事支持的结果。参见 Joseph A Camilleri, *The Australia New Zealand US Alliance: Regional Security in the Nuclear Age*, Boulder: Westview Press, 1987, p.13。

美国立场，派出 550 人参战，其中 37 人死亡，187 人受伤。

柬埔寨情况较为特殊。诺罗敦·西哈努克国王一直在各国之间努力维持柬埔寨脆弱的独立地位。高棉共和国的成立与美国和越南共和国的侵略把柬埔寨彻底地卷入了战争。柬埔寨共产党领导的柬埔寨人民军乘机建立了柬埔寨民主共和国。在社会主义建设时期，柬埔寨民主共和国发动镇压反革命运动，20000 名平民死于该运动，其中包括越南公民。由于柬埔寨民主共和国政府的政策失误不仅造成了东盟国家动荡，越南出于建立印度支那联邦的战略，应流亡在越南的柬埔寨共产党叛徒的邀请，越南侵略柬埔寨民主共和国并成立傀儡政权，柬埔寨共产党领导柬埔寨人民军则发动抗越救国战争。

中国是越南民主共和国最主要的支持国和援助国。1969 年参战人数高达 17 万人，死亡 1146 人，受伤 60000 人。除此，援助越南 800 亿元人民币。然而，统一后的越南并未成为中国可靠的盟国，出于担心国家利益受到中国和柬埔寨民主共和国的损害，越南倒向了苏联。1978 年 12 月 25 日越南侵略柬埔寨民主共和国，破坏东盟国家的局势，同时在中越边境挑起冲突，并在其国内大肆排华。在越南战争中，老挝王国 30000 人死亡，受伤不明。

三 对美国主导海湾战争的支持程度

海湾战争（1991 年 1 月 17 日—2 月 28 日）是以美国为首的多国联盟在联合国安理会授权下，为恢复科威特领土完整而对伊拉克进行的战争。这场战争是第二次世界大战之后参战国最多、一次性投入兵力最大、投入的兵器最多最先进、空袭规模最大、战况空前激烈和发展异常迅猛、双方伤亡损失又极其悬殊的一场现代高技术战争，也是越南战争之后美国首次以参战方正式介入的局部战争。

尽管布什政府做出了出兵海湾的战略决策，但面对号称"世界第四军事强国"的伊拉克，美国领导人怕战争规模扩大，消耗过多，财力和后勤补给困难。因此，美国决定采取联盟战略，建立广泛的反伊联盟。在获得联合国谴责和制裁伊拉克的决议的同时，美国积极动员盟国向海湾出兵。英、法、意等国先后出兵海湾，英、法、日、德和欧共体答应向美国提供几百亿美元的资金援助。为缓解美国运输能力紧张的情况，日本、希腊、挪威、丹麦等国为美国提供了大型运输船只。除此，非洲、东亚、东南亚、太平洋地区、美洲以及东欧的许多国家也是美国争取的对象。在亚太地区，巴基斯坦、孟加拉、阿富汗等国家都向海湾地区派出了部队，新加坡、新西兰、菲律宾、韩国、印度等国家向海湾地区派出了8个医疗队、2所野战医院、2艘医疗船，共约2000多名医护人员。新加坡、韩国等国的公司还为美军生产了多个品种的物资。

在美国的多方努力下，共有40多个国家参加了反伊军事和政治联盟，其中有39个国家参加了多国部队，提供了人数达24.5万人的战斗部队和支援部队。106个联合国成员国参加了对伊拉克的制裁和封锁。另外，有10多个国家答应为美国提供约540亿美元的现金和实物援助，其中沙特阿拉伯提供近132.65亿美元的现金和35.75亿美元的实物，科威特提供159.74亿美元的现金和价值约3200万美元的运输工具，阿拉伯联合酋长国提供38.87亿美元的现金和2亿美元的实物，德国提供57.6亿美元现金和8亿美元的实物（车辆、发电机、无线电设备、防毒工具和化学检测车辆等），日本提供99.61亿美元现金和价值7.8亿美元的建筑和工程支援、车辆、电子设备、医疗设备、运输工具，韩国提供了3.29亿美元的现金和5700万美元的实物，巴林、阿曼、卡塔尔和丹麦答应分别提供价值100万美元的实物。丹麦和卢森堡后来也答应分别提供600万美元的实物。盟国最终提供了约700亿美元的费用，其中540亿美元提供给美国，其余160亿美元提供给埃及、土耳其和约旦等国。

美国打着"反伊国际联盟共同承担责任"的招牌，先后派遣国务卿贝克、财政部长布雷迪等要员前往英、法、日、德、沙特、科威特、阿联酋、韩国和欧共体等盟国活动，筹集作战经费。最后商定，美军在海湾地区的作战费用由沙特、科威特等海湾石油富国提供60%，日本、西德等国提供20%，美国只负担20%。日本为美国生产了急需的微电子部件和其他电子装备。新加坡、韩国、日本等国有100多个公司为美军生产了200多个品种的物资，价值达几亿美元。①

---

① 《海湾战争回顾》，军事沙龙，http://www.pladaily.com.cn/item/saloon/4t8d/58.asp（最后访问日期：2014年4月4日）。

四　对美国主导阿富汗战争的支持程度

在战争一开始，日本就迅速制定反恐特别措置法，向印度洋派遣海上自卫队，提供补给燃油等后方支援；为支援阿富汗重建，预付 5 亿美元。韩国在美国没有提出要求的情况下，主动向美国提供支援，派遣了一个相当于野战外科医院的医疗服务团、一个包括飞机和船舶在内的运输团等为美军提供后勤支援，并在战后派遣军队驻扎阿富汗（驻阿韩军在 2007 年发生韩国人质被绑架事件后撤离阿富汗）。澳大利亚在阿富汗南部乌鲁兹甘省驻军约 1500 人，主要参与当地重建和特别行动，包括后勤、军事建设以及为阿富汗政府军提供训练。台湾当局被摊派 2000 万美元，但受制于财政紧张，勉强凑足 1000 万美元；另 1000 万美元陈水扁政府以侨社认捐方式募款，由美国转交给阿富汗临时政府。

五　对美国发动伊拉克战争的支持程度

在多国反对美国开战时，日本制定了伊拉克复兴支援特别措置法，派遣陆上自卫队帮助伊拉克重建。为支援输送，向科威特和伊拉克派遣航空自卫队。

韩国当时国内的反美情绪高涨，民众希望美国撤走驻扎在韩国境内的美军士兵。但韩国政府于 2003 年 4 月初依然批准向伊拉克派遣 700 名非战斗人员，以示对美英联军的支持。这支非战斗部队由工程和医疗专业技术军人组成，驻扎在伊拉克南部城市纳西里耶，主要帮助伊拉克基础设施的重建和向当地居民提供医疗救助。韩国向伊拉克派驻的宰桐部队士兵高达3600 名、共计 1.8 万人次，其人数与规模为其海外行动的历史之最。[1]

澳大利亚全面参与了战争每一阶段。在战争爆发前 7 个月就已经和美国一起着手准备。[2] 澳大利亚政府和美国频繁沟通，两国几乎每一个行动的步骤都有所磋商。布什总统与霍华德总理在很多政策的重要方面都进行

① 赵建明、吕蕊：《冷战后韩国海外军事行动述评》，《外交评论》2011 年第 1 期，第 142 页。
② Department of Defence, *The War in Iraq: ADF Operations in the Middle East in 2003*, Canberra: Australian Government Publishing Service, 2004, p. 8, http://www. defence. gov. au/publica-tions/lessons. pdf. （最后访问日期：2014 年 4 月 4 日）。

电话商讨或面谈。当然，澳大利亚也派兵参加了这一场战争。①

台湾陈水扁当局也立场坚定地追随美国。陈水扁在就伊拉克战争爆发发表的声明中称，"台湾支援美国政府的立场，支援美国在全球的反恐行动。对于伊拉克未遵守联合国相关决策及销毁大规模杀伤性武器的义务使战争无法避免而感到遗憾"。台湾当局还启动了"战争紧急应变机制"，希望加强和美国的联系。为了迎合美国右翼"以台制华"的战略企图，争取美国支持陈水扁竞选连任，台湾当局全力提升美台"关系"，强化实质"台独"。②

第三节　美国与亚太国家的联合军演和情报共享

一　美国与亚太跟从国间的联合军演

美国与跟从国之间不仅在军事技术、情报信息等方面进行分享，也举行一系列的军事演习，在提高美军与参与演习方部队的协同作战能力和作战水平的同时，展示美国区域军事同盟关系的作用。③

美国太平洋指挥中心（USPACOM）负责美国在亚太地区的演习和训练等活动。该中心每年和外国军队合作的军事演习及进行的其他军事活动达到1500多项，合作对象主要有日本、韩国、菲律宾、泰国、新加坡、澳大利亚等。其中，主要的军事演习有：肩并肩（Balikatan）、金色眼镜蛇（Cobra Gold）、对抗虎（Cope Tiger）、卡拉特（Carat）④ 和锐爪展望（Talon Vision）。⑤

美国与日本签署《美日共同作战计划》，规定了双方军队的双边和多边演习条件。1986 年 10 月，美日首次进行了联合实战演习。⑥ 美韩代号为

---

① 岳小颖：《冷战后澳大利亚为什么追随美国》，《国际政治科学》2009 年第 4 期，第 38—62 页。

② 肖承峰：《伊拉克战争与两岸关系》，http://big5.huaxia.com/2003617/00003298.html（最后访问日期：2014 年 4 月 4 日）。

③ 白雪峰：《冷战后美国对东南亚的外交：霸权秩序的建构》，厦门：厦门大学出版社，2011，第 79 页。

④ 卡拉特演习是"海上合作预演与训练"（Cooperation Afloat Readiness and Training）的简称，主要是美国与东南亚 5 个国家进行的海上军事演习，它们分别是文莱、印度尼西亚、菲律宾、泰国和新加坡。

⑤ 此处美国对东南亚军事演习的具体数据，主要来自亚利桑那州立大学教授谢尔登·西蒙（Sheldon W. Simon）自 2000 年以来每季撰写的美国与东南亚关系的总结。具体参见 http://www.csis.org/pacfor/ccejournal.html（最后访问日期：2014 年 4 月 4 日）。

⑥ 王帆：《美国的亚太联盟》，北京：世界知识出版社，2007，第 24 页。

"团队精神82"的联合军事演习被认为是考验双方应对突发事件时的合作和部署能力。①

"肩并肩"是美国与菲律宾之间进行的联合军事演习。在1951年签署的美菲无限期互防条约的基础上，双方于1991年开启了这一系列演习。1995年，因就访问部队协议中美军治外法权的问题出现纠纷，双方停止了"肩并肩"演习。1999年，菲律宾参议院通过了访问部队协议，双方于同年恢复这一演习。此后，这一演习成为每年例行演习，尤其是小布什任内（具体见表5-14）。

表5-14 布什任期内美菲"肩并肩"联合军事演习情况

年份	联合军事演习情况
2001	4月开始小布什任期内第一次"肩并肩"演习，美菲双方各自派出2000人参与
2002	演习增加了打击恐怖主义尤其是针对阿布沙耶夫的训练科目。在完成约半年的演习之后，大部分美军撤出。美菲同意驻留一部分美军，继续协助菲律宾军队进行训练和巡逻
2003	演习只持续两周。主要原因是美菲在两个问题上存在分歧：其一，美军试图改变自己辅助和训练的作用，将军事演习性质变成联合行动；其二，双方对"摩洛伊斯兰解放阵线"的态度不同。美国虽然考虑要将"摩洛伊斯兰解放阵线"列入恐怖组织，但也暗示如果"摩阵"希望和平，美国也会给这一地区提供经济援助。菲律宾担心美国会因此干涉菲政府打击"摩阵"的部署
2004	双方各派2500名参与人员。此次演习兼顾战争演练、反恐和民用设施建设多项内容。具体还有针对防止海岸天然气开采平台遭受恐怖袭击的内容。演习地点改在靠近南沙群岛区域ᵃ
2005	演习规模较小，美军300多名、菲律宾650名士兵参加。演习选址也远离了伊斯兰武装力量活跃的棉兰老岛
2006	演习有5500名美军士兵和2800名菲律宾士兵参加，主要内容是反恐和两军的配合协作。2月，菲律宾南莱特省发生山体滑坡，造成200多人死亡，1500多人失踪。准备参加演习的美军抽调一部分参加救灾
2007	演习主要通过沙盘模拟来完成。演练内容包括如何应对海上恐怖分子、跨国犯罪及海岸油田、客轮和货轮的保护。由于美军士兵强奸案ᵇ而引发争议，地面部队演习取消
2008	演习主要在菲律宾南部穆斯林居住区进行23个人道主义项目，并没有反恐和战争演练内容。演习期间，美国大使会见了"摩阵"领导人，表示美国希望"摩阵"和菲律宾政府通过和平协商解决问题

注：a 菲律宾称这次演习的选址和南沙群岛的版图问题没有关系。

b 2005年美国海军陆战队队员丹尼尔·史密斯（Daniel Smith）强奸了一名菲律宾女性。2006年菲律宾法庭判处丹尼尔40年监禁。审讯期间，丹尼尔一直在美国大使馆关押，引起媒体广泛关注，并引发美菲访问部队协议和菲律宾司法权的讨论。

资料来源：战略及国际研究中心网站，http://www.csis.org。

————————————

① 王帆：《美国的亚太联盟》，北京：世界知识出版社，2007，第32页。

"金色眼镜蛇"演习是美国在亚洲地区最大规模的军事演习。该演习自1982年开始，最初仅是美国和泰国之间的演习，后来新加坡加入。一般在每年五月份进行，主要内容是地空配合、联合海上行动和两栖行动。菲律宾、印度尼西亚和蒙古也曾参与过这一演习，澳大利亚、日本和韩国等国也曾派出观察员参加（部分演习情况见表5-15）。

表5-15　小布什任期内"金色眼镜蛇"演习情况

年份	联合军事演习情况
2001	这是该演习开始的第20周年，新加坡第一参加这项演习。演习重点是维和和救灾，总参加人数约13000人
2002	美国、泰国和新加坡分别派出13200人、7700人和700人。演习中增加了反恐科目。美军太平洋总部司令员威廉·法果上将称希望日本也参与演习，以提高应对跨国威胁的能力
2003	演习人数减少，因伊拉克战争需要更多兵力。美国派出7600人，泰国500人，新加坡人数也少于上次。这次演习共有11个国家派出观察员，其中包括中国和越南。由于SARS爆发，所有参与人员必须经过体检筛查
2004	演习国家由美、泰、新扩大为五国，蒙古和菲律宾首次加入这一演习。演习总人数约为18500人
2005	演习由美、泰、新、日四国参加。日本成为新成员。演习地点避开了局势不稳的泰国南部地区
2006	演习由美、泰、新、印度尼西亚参加。印度尼西亚派出25名军官，主要为了了解人道主义救援情况
2007	参加人数继续下降。美国派出2000人，泰国3000人，印度尼西亚、日本和新加坡派出少量不等人员
2008	演习模拟了人道主义救援和救灾场景。新加坡和印度尼西亚在此之前都是参加指挥所演练，2008年首次参加地面单元的演习[a]。除了新加坡、印度尼西亚、日本派出的少量人员，美国和泰国分别派出6000人和5000人参与

注：a 指挥所演练（Command Post Exercise, CPX）是指计算机化的数字模拟演练。场地训练（Field Training Exercise, FTX）指在训练场进行的真实模拟训练。两者相比，指挥所演练费用较低。

资料来源：战略及国际研究中心网站，http://www.csis.org。

除了上述大规模演习，美国与东南亚国家之间还举行了其他联合军事演习。

（1）"对抗虎"空军演习。这一演习由美国太平洋指挥部和新加坡、泰国空军联合举行的年度演习，目的主要是提高美国与其盟国之间的协作能力，提高空军作战能力，保持美国在这一地区的军事存在以及加强和新、泰之间关系。这一演习分为两个阶段：第一阶段在新加坡巴耶利峇空军基地（Paya Lebar Air Base），主要举行战术讲座和数字模拟练习；第二阶段在泰国克拉特空军基地（Korat Royal Air Force）举行实战演练。

（2）"卡拉特"海军演习。该演习开始于1995年，是美国与文莱、印度尼西亚、菲律宾、马来西亚、新加坡和泰国分阶段开展的双边演习。其初衷在于将美国与东南亚国家之间进行的多个军事演习整合为一个系列，主要包括海战、登船、搜救和反恐等。

与"卡拉特"海上演习关系密切的另一个演习是东南亚反恐合作演习（SEACAT）。其成员也是文莱、印度尼西亚、菲律宾、马来西亚、新加坡和泰国六国，第一次发生于2002年。这一演习一般在卡拉特演习之后开始，并且调用卡拉特演习中使用的一些设施和船只。

（3）"锐爪展望"。该演习是美国与菲律宾之间进行的地空联合演习。主要包括两栖登陆、夜间作战、丛林作战和其他一些针对平民的医疗服务。当然，还有包括美国、澳大利亚、泰国、菲律宾等国在内的"团队挑战"（Team Challenge）和对抗雷（Cope Thunder）等演习。

除了以上这些军事合作之外，美国与亚太国家在安全领域还有一些其他的合作，包括培训项目和援助项目，以及双方在打击海盗和犯罪等活动中的合作。以"东南亚场景安全合作"（TSC，Southeast Asia Theater Security Cooperation）为例。在美国太平洋司令部的负责下，美军与亚太国家在设备、训练和资源等方面展开军事合作。具体而言，在设备方面的程序，首先由美国大使馆和需要设备国提出需要设备的申请，再经过美国批准之后，就可以通过对外军事援助或借款等途径向这些国家提供设备。例如，美国向印度尼西亚、马来西亚和新加坡三国输送了用于打击海盗行为的海岸雷达和通信设备。美国新出台的《国家防御授权法》，加快了输送设备的速度。在训练上，太平洋司令部除了签署各种军事演习项目之外，还举行了专门的训练项目，例如"递增训练"（Incremental Training Exercise）、"葛鲁达之盾"（Garuda Sheild）及"克里斯进攻"（Keris Strike）等。在资源方面，美国主要向亚太国家提供资金，让这些国家的军事人员参加会议和演习。以"全球和平行动"为例，这一项目训练了大约15000名维和人员。①

---

① John D. Wheeler and Herschel Weinstock, "The Enduring Value of Military-to-Military Cooperation in Southeast Asia," *JFQ: Joint Force Quarterly*, No. 47, 2007, pp. 65 – 68.

二　美国与亚太跟从国间的情报共享

美国前国防部长温伯格曾强调，在美国的七个防务协定中，有五个在亚太地区，包括将美日、美韩、美菲、澳新美以及后来的泰国加入其中的马尼拉条约。这是一种象征，"从美国的角度来说，每个这类条约都较其签署时更为重要。因为对于美国安全至关重要的太平洋的利益已经变得更加举足轻重。"①一直以来，美国与亚太盟国之间的情报合作非常密切。

以澳大利亚为例。美国和澳大利亚之间的情报关系主要通过澳情报部门和美国中央情报局、国防国际局、国家安全局以及服务于这三个组织的其他组织培育起来。具体而言，在20世纪50—60年代，澳大利亚将与美国的联盟视为自身防务的重要基础，认为澳大利亚防务和战略的关键目标是保证美国对这一地区的安全承诺。为此，澳大利亚试图通过支持美国在通信及情报等方面的部署来巩固和保持美国的存在。1963年在贺尔特建立的西北角通信站和1966年在松峡建立的卫星情报设施就是此类努力的结果。而1967年，在靠近乌麦拉的诺兰加（Nurrungar）也建立了类似据点。②

小结　美国亚太军事权威的分布

在冷战时期，两极结构下，美国在亚太地区的军事权威主要集中在传统安全领域。日本、韩国、澳大利亚、菲律宾和泰国和美国之间签订有正式的军事条约，允许其在本国范围内驻军或拥有军事基地，积极参与美国主导的战争，接受美国的军事援助。冷战之后，在20世纪90年代的单极结构下，美国与亚太盟国之间的权威关系稍有削弱，双方对利益的判断出现分歧。进入21世纪以来，随着非传统安全问题的突出，尤其是"9·11"

---

① Secretary of Defence Caspar Weinberger's Speech before the National Press Club, Canberra, 5 November, 1982, 见 Joseph A. Camilleri, *The Australia*, *New Zealand*, *US Alliance*, p. 68。
② 王帆：《美国的亚太联盟》，北京：世界知识出版社，2007，第38页。

恐怖主义事件的发生，美国在加强与其传统盟友之间的权威关系的同时，与东南亚和南亚各国积极开展非传统安全领域的军事合作，在共同应对恐怖主义等问题上举行一系列的联合军事演习。美国在地区内的军事权威呈现出网络化发展的趋势。

第六章

案例研究：美韩和美日权威关系

二战之后，美国与亚太地区国家之间建立了广泛的权威关系。无论是在政治表态、经济依存还是军事联盟方面，韩国、日本、菲律宾、澳大利亚、泰国等国都在不同时期与美国存在或维持着程度不一的权威关系。有学者曾对其表现出来的整体形态进行了物化比拟，[1]他们将冷战以来美国在亚太地区的战略（主要为安全战略）主要分为三个阶段，分别形容为轴辐（hub-and-spokes）模式[2]、扇形模式和雁型（flying geese）模式。[3] 其中，第一个阶段的轴辐模式发生于冷战时期。[4] 第二次世界大战之后，亚太局势发生了很大的变革，新中国成立及朝鲜战争爆发，改变了远东地区的安全局势。在此背景下，美国与菲律宾、日本、韩国、澳大利亚和新西兰签订了双边军事同盟协定。在这一过程中，美国作为轴心，菲、日、韩等作为轴辐，同盟之间并未进行深入的交流和互动，整个模式由美国主导。[5] 第

---

① 钟飞腾、张洁：《雁型安全模式与中国周边外交的战略选择》，《世界经济与政治》2011年第8期，第47—64页。

② "轴辐"这一比喻最先由美国国务卿杜勒斯在同澳大利亚外长和新西兰外长的会晤中提出。他用这一比喻向他们阐述美国的亚太安全战略构建，在此之后，有关轴辐模式的论断逐渐传播开来。

③ 美国著名国际战略学家罗伯特·阿特对美国的核心安全承诺（即联盟关系）进行了划分，他认为美国在东亚的核心安全承诺是美日同盟和美韩同盟，非核心安全承诺有美澳联盟、美菲联盟以及美台准联盟。参见〔美〕罗伯特·阿特《美国大战略》，郭树勇译，北京：北京大学出版社，2006，第173—174页。

④ 关于这一点，学术界形成了很大的共识，认为美国的亚太安全战略主要以双边同盟为主。

⑤ 当时的美国决策者认为，约束亚洲盟友的最好方式应该在双边框架内进行。参见 Victor Cha, "Powerplay: The Origins of the American Alliance System in Asia," *International Security*, Vol. 34, No. 3, 2010, pp. 158–196。

二个阶段是冷战结束后的二十年。这一时期，美国在以双边安全联盟为主的"轴辐"模式的基础上，新增多边经济合作以及补充性的多边安全合作（包括其盟友之间的合作），形成了"以美国为基地，向西辐射的扇面"，其扇骨的主干是美日之间的联盟与合作，向北则以美韩同盟为扇骨，向南则与东盟国家的合作为扇骨，再向南延伸到澳大利亚，"把这些扇骨连接到一起的就是以亚太经济合作为形式的共同经济利益"。① 这一阶段美国继续强化与亚太盟国的关系，加强其在亚洲的存在感。即使如此，这一阶段的主要特征是亚太国家对美国经济的依赖度不断下降②，美国无法像冷战时期一样以武力胁迫其他国家改变经济政策。③

　　第三个阶段，目前学术界比较有共识的是奥巴马政府上台之后。2008年，兰德公司发布报告，将亚太地区与美国联系紧密的国家分为三组，第一组是日本、澳大利亚和新加坡，第二组有菲律宾和泰国，第三组是韩国。④ 2009年，日本学者提出亚太安全的三个层次架构：第一层次是建立在同盟基础上的安全合作，第二层次主要为功能性的合作，第三层次主要是地区性的安全结构。⑤ 2011年，中国学者钟飞腾和张洁避开以美国为中心的观察路径，从中国的角度出发，认为美国亚太战略制定的目标是以对华关系为目标，"挟亚太以制衡中国"。他们将美国亚太战略变迁和美中关系作为对等，把奥巴马政府的亚太安全新战略命名为"雁型安全模式"。在该模式中，美国是"领头雁"。美韩和美日同盟是第二梯队，尤其是美日同盟，是美国介入亚太地区的基石。在这一梯队中，美日韩三边存在着形成同盟集团的迹象。第三梯队是美国和澳大利亚、泰国、菲律宾等盟国之间的关系。在此之外，美国与越南、印度尼西亚和印度的关系，可以作为第四梯队，其显著特点是以地区作为平台，呈现出网络化发展的趋势——这也是美国塑造亚

---

① 具体参见 James A. Baker, "America in Asia: Emerging Architecture for a Pacific Community," *Foreign Affairs*, Vol. 70, No. 5, 1991, pp. 1 – 18。

② 具体数据统计，见第三章。

③ 例如，1985年美国通过"广场协议"改变美日之间的经济关系，从而提升美国产业的国际竞争力。

④ Evan S. Medeiros, et al., *Pacific Currents: The Response of U. S. Alliance and Security Partners in East Asia to China's Rise*, Pittsburgh: RAND Corporation, 2008.

⑤ 〔日〕神保谦等：《亚洲太平洋的地区安全保障架构——地区安全保障的多层构造》，东京财团政策研究，2010年8月，http://www.tokyofoundation.org。转引自钟飞腾、张洁《雁型安全模式与中国周边外交的战略选择》，《世界经济与政治》2011年第8期，第53页。

太地区秩序最广阔的依托。① 这一模式与先前的轴毂和扇形模式相比，首先
是日本的地位相对下降，而韩国对中国周边安全的影响力上升，胜过澳大利
亚；其次是地区主义凸显，其在整个亚太战略中占据的权重上升，各国之间
的联系呈现越来越多的多层化；最后，这一模型呈现出很强的动态特征。②

　　无论是轴毂模式、扇形模式还是雁型模式，甚至如其他学者所提出的
"伞形"模式③，这些观察都是以美国在亚太地区的整体安全战略为对象，
试图为美国在亚太地区的存在寻找某种形象而准确的描述及解释，甚至提
出一些政策建议和预测。可以说，这些论述都或多或少捕捉到了美国在亚
太地区的权威存在，并按照一定的标准和逻辑为其进行了位序的排列和分
配。这些观察和本书前面几章的发现并没有冲突，甚至在很大程度上是一
致的。然而，认识到权威存在，并为其程度做出一定的衡量，并不意味着
就可以了解了权威的运作方式，包括其形成和演变的机制。基于亚太国家
数量众多，无法一一考察其与美国权威关系建立和演变的过程，因此，这
里只选择具有代表性的案例（主要是美韩和美日关系），运用历史过程追
踪和案例比较，分析美国亚太权威建立的过程、形态及影响因素。

　　之所以选择美韩关系和美日关系，是基于以下考虑：在美国的"等级
体系"④ 中，美韩同盟被视为战后美国双边军事同盟关系中有关法律最多、

① 钟飞腾、张洁：《雁型安全模式与中国周边外交的战略选择》，《世界经济与政治》2011
　年第8期，第54页。
② 2010年9月8日，希拉里在华盛顿对外关系委员会以"美国对外政策"为题的演讲中，
　提及日本的次数仅有3次，而提及印度、巴西的次数为4次，提及中国的次数为10次。
　同样在2010年10月28日，希拉里在檀香山就美国参与亚洲的问题发表演讲时，中国出
　现了12次，韩国出现了9次，而日本和印度各出现了7次。这虽然不能完全说明美国外
　交的重心，但也可以作为证据，向我们表明美国的亚太战略与对华关系几乎处于对等位
　置，而传统意义上最亲密的盟友地位在下降。
③ 这一说法出自王义桅的一篇文章。他在2009年将奥巴马政府的亚太新秩序概括为一种伞
　形结构，美国处于伞尖，美日同盟是伞柄，美韩、美澳、美新、美印、美中为伞骨，建
　立在共同战略、共同价值和共同利益基础上的三环机制为伞边，经济贸易投资网为伞布，
　遮挡传统与非传统安全威胁。参见王义桅《美国亚太秩序观的新变化及其面临的挑战》，
　《国际观察》2009年第3期，第4页。
④ Evelyn Goh, "Hierarchy and the Role of the United States in the East Asian Security Order," *International Relations of the Asia-Pacific*, Vol. 8, 2008, pp. 353 – 377; David A. Lake, "American Hegemony and the Future of East-West Relations," *International Studies Perspectives*, No. 7, 2006, pp. 23 – 30; "Escape from the State of Nature: Authority and Hierarchy in World Politics," *International Security*, Vol. 32, No. 1, 2007, pp. 47 – 79; *Hierarchy in International Relations*, Ithaca, N. Y.: Cornell University Press, 2009.

体制最为健全、作战指挥系统也最为完备的同盟。[①] 而选择美日，则主要是由于战后以来，日本与美国的权力差距变化明显，双方在权威关系中的利益内化程度变化显著，考察这些变化及其背后的影响因素，对于论证本书的基本假设具有重要意义。

第一节　美韩权威关系的形成及演变

由于美韩在实力方面存在着严重的不对称，同盟双方在战略层次、战略意图和对彼此的认知等方面存在巨大差异。战后，韩国为了保障自己的生存和安全，对美国表现出明显的依赖，不仅将自身的军事指挥权交予美国人或以美国为首的联合国军司令部（United Nations Command, UNC），并在这种不平等的、带有等级性军事关系的基础上缔结了美韩双边防卫条约。而美国则长期扮演着韩国军事保护国、政治领导者和经济施惠者的多重角色，帮助建立韩国国防力量基础，保卫韩国安全，奠定韩国经济振兴的基础，甚至干涉韩国内政，试图干扰韩国国内政治民主化进程。在这样一种非对称同盟关系中，美国要求韩国接受自己的命令，同时，韩国承认自己有遵从美国意志的义务，甚至邀请美国对自己施加命令，双方都对彼此的权利义务认可而没有实质性反抗——这正是国际权威最具代表性的表现形式。而由于不同时期结构压力和双方利益内化程度的不同，美韩权威关系也呈现出不同的形态。总体而言，自战后以来，美韩之间经历了依附型权威、合作型权威和冲突协调型权威。

一　依附型权威：战后至 20 世纪 60 年代

战后初期，美国并没有给予韩国很多军事援助。除了恢复经济的优先考虑之外，还有其他方面的原因：其一，当时，三八线南北的军事对峙并不明显，美国也没有决定要在韩国政府建立后，继续从军事上保护这个新的国家；其二，对于维持基本的政治秩序和打击共产主义势力，美国军政厅主要倚重的是前总督府的韩国人警察为主的警察队伍，并初步实现了警察队伍的军事化；其三，由于占领区救济援助本身就是通过军方来操作实

---

① 汪伟民：《美韩同盟再定义与东北亚安全》，上海：上海辞书出版社，2013，第 1 页。

施的，当时的主要目的是迅速稳定战后的经济形势，是救济性的援助；其四，对于主张"北进统一"的李承晚，美国担心其会越过三八线主动攻击朝鲜，因而没有给韩国军队装备重型武器。①

朝鲜战争是韩美关系历史上最关键的转折点。韩国军队没有形成对朝鲜军队的有效狙击，迅速败退。美国不得不参与战争，拯救自己亲手建立起来的韩国，并为此付出了沉重的代价，包括人员的伤亡和军费的投入。1950 年 7 月 12 日，韩美签署《大田协定》，韩国军队统帅权完全归于美国主导的联军司令部。7 月 14 日，李承晚致信麦克阿瑟，称在战争状态持续期间，韩国内以及近海内联合作战的所有部队，归麦克阿瑟或其委任的司令官指挥。而韩国的军费开支也直接从美国的国防预算中支取。而在停战问题上，李承晚政府却与美国政府之间爆发了第一次公开的正面冲突。美国想要摆脱战争泥沼，而李承晚却希望能够得到美国继续的军事保护。②在李承晚拒绝签署《停战协议》，并声称"即便没有美国协助，也要坚决与朝鲜战斗到底"的威胁下，美国妥协而与韩国签订了《共同防御条约》。

朝鲜战争中，美军投入了 30 万—40 万的兵力。《停战协议》签署之后，美军在 1954—1957 年陆续撤出大部分兵力，留下 5 万—6 万人驻守韩国，这一状况一直持续到 60 年代末。进入 70 年代，美国在 1970—1971 年将驻韩兵力减少至 40000 人，在 1977—1978 年又小规模地裁减，到 1981 年，驻韩美军约为 39000 人。目前，仍有超过 30000 人的美军驻扎韩国。战争期间，美国为韩国提供了大量的军事援助，而包括韩国军队在内的联合国军，花费军费约 150 亿美元。③

表 6 - 1　美韩依附型权威关系（战后至 20 世纪 60 年代）

依附型权威	美国	韩国
结构压力	冷战开始，东西方严峻对峙；美国成为"民主世界"最强大的国家	韩国初步独立，军事、经济实力非常脆弱，面临发展道路的选择；在地缘政治中占据非常重要的位置

---

① William A. Brown & Redvers Opie, *American Foreign Assistance*, The Brookings Institution, Reprinted 1957, p. 381.

② 董向荣：《韩国起飞的外部动力：美国对韩国发展的影响（1945—1965）》，北京：社会科学文献出版社，2005，第 63 页。

③ 〔韩〕国会图书馆立法调查局：《韩国政治年表》，1984，第 695 页。

依附型权威	美国	韩国
利益目标	构筑反共前沿阵地； 树立西方民主的橱窗	（李承晚政权）"北进"统一半岛，在安全上获得美国的保护
实际收益	在两极对抗中获得韩国对自己立场的追随，从政治、经济、文化、价值取向等各方面规定和约束韩国现代化的道路和发展方向；维护世界资本主义体系在东亚的存在和扩张	在与朝鲜的冲突中获得美国直接的军事保护；大量的军事援助和经济援助，减少了自我防御开支；在美国的支撑下，处理日本财产归属问题，进行土地改革，奠定经济腾飞的基础
付出成本	为韩国支付保护费用、提供援助，保证其生存和领土完整，限制第三方对其进行强制的企图	服从美国命令，放弃自己在安全和经济等事务的自主权；放弃与非西方阵营国家结盟的机会

在美国的扶持下，韩国军队迅速发展成为一支重要的力量。战争结束后，为了维持这支军队，美国一方面设法通过经济援助，发展韩国经济，用其自身的经济基础来支撑庞大的军费开支；另一方面，进行大规模的军事援助。截至 1960 年，美国对韩军事援助总额约为 15 亿美元。[①] 整体上而言，战后初期至 20 世纪 60 年代，韩国几乎完全听从于美国的命令，将自身的安全自主权和经济发展方向的选择权让渡给美国，美韩之间形成全面依附型的权威关系。

二　合作型权威：20 世纪 60 年代至 90 年代

在 20 世纪 50 年代末 60 年代初，鉴于三八线南北军事力量对比上的优势[②]，不少美国官员建议适当削减韩国军队，"将有限的资源用于解决韩国

[①] 1960 年 2 月 23 日，美国国防部公告，在过去的 10 年里，美国的对外军事援助总额为 260 亿美元，其中援助韩国 12.9 亿美元。1960 年度援助韩国 2.08 亿美元。〔韩〕汉城新闻社：《驻韩美军 30 年》，汉城：杏林出版社，1979，第 573 页。

[②] 1961 年美国对三八线南北的军事力量对比评估如下：韩国有陆军 525000 人，包括 18 个师和炮兵、防空兵、重摩托化部队和坦克旅，还有 1 个海军师和 10 个预备陆军师。美国有 2 个师驻扎韩国。而朝鲜有 355000 人的现役军人（韩国约 60 万），包括 22 个师的陆军。中国在朝鲜没有驻军，但是在 10—14 天内可以派 6—8 个师抵达非军事区。南北都没有多少海军。朝鲜的空军力量比韩国稍微强一些。参见 FRUS, 1961 - 1963, Vol. XXII, p. 227; Memorandum by Robert H. Johnson of the National Security Council Staff, Washington, June 13, 1961, Attachment, The Pros and Cons of a Reduction in ROK Forces。

面临的更为紧迫而实际的问题"①，即经济发展问题，同时将美国的军事力量转移到东南亚。军人出身的朴正熙总统不希望裁减韩国军队，同时又急切需要发展经济。在看到美国陷入越战泥潭后，他主动向美国提出，为美国出兵越南，②这使美韩之间逐渐进入合作型权威关系。

权威是一项政治构建，其构建过程不仅是由主导国来完成，也可能由跟从国来主导。在 20 世纪六七十年代，时值美国全球战略收缩而深陷越战泥沼，一向依附于美国的韩国政府主动发展并塑造了新的权威关系。早在 1961 年，朴正熙就向美国表达愿意出兵越南，虽然当时肯尼迪并未答应，但随着形势急转直下，美国迫切需要盟国支持时，韩国积极向越派遣医疗队、跆拳道教练，并主动派遣作战部队。同时，利用国内反对派在派兵问题上的阻挠，朴正熙政府在派遣和增派部队的具体条件上与美国讨价还价。美国政府虽然觉察到韩国方面有乘机讹诈的嫌疑，但鉴于战争情势而不得不答应韩国要求。1966 年，美韩签署对韩国非常有利的《备忘录》③，同年 11 月 2 日，朴正熙与到访的约翰逊又发表共同声明，强调美国将大力支持韩国的第二个五年计划，不缩减驻韩美军，促进韩国军队的现代化等。1966—1973 年，韩国在越南的军队平均保持在 50000 人左右，仅次于美军。根据韩国国防部公布的数字，韩国共向越南派兵 312853 人，其中战死 4624 人。④

韩国利用美国对战争盟友的需求，积极将自身的利益内化入与美国的权威关系。朴正熙政权不仅达到其最初的目标，修复韩美关系，维持大规模的部队，而且巧妙地将维持军队的负担转嫁到美国方面，为发展经济创造了良好的国际和国内环境。并且利用参加越南战争的机会，发展出口导

---

① *FRUS*, 1961 - 1963, Vol. XXII, p. 226; Memorandum from Robert W. Komer of the National Security Council Staff to the President's Special Assistant for National Security Affairs (Bundy), Washington, June 12, 1961, Attachment, The Pros and Cons of a Reduction in ROK Forces.
② 人们往往简单认为韩国是应美国要求而不得不出兵的，或者说，"出兵并非韩国的初衷"。但从解密档案中看来，朴正熙在 1961 年访问美国时，不止一次地向美国表达愿为美国出兵越南的想法。参见董向荣《韩国起飞的外部动力：美国对韩国发展的影响（1945—1965）》，北京：社会科学文献出版社，2005，第 205 页。
③ 具体条款见韩忠富《韩国出兵越南的前前后后》，《世界史研究动态》1993 年第 12 期，第 37 页。
④ 董向荣：《韩国起飞的外部动力：美国对韩国发展的影响（1945—1965）》，北京：社会科学文献出版社，2005，第 212 页。

向型经济，为韩国经济的起飞创造了跳板。自此，韩国对美国单纯的依附关系发生了改变。尽管韩国依然需要美国的保护和帮助，但美国也不得不在一系列重大问题上与韩国展开协商和谈判，韩国在双边关系中的发言权越来越大。而同时，以越战为契机，韩国积极拓展与美国盟国之间的外交，提出建立亚太会议组织构想，并与日本实现邦交正常化。韩国的外交走向独立和多元。

表 6 - 2　美韩合作型权威关系的开端（20 世纪 60 年代后期至 70 年代）

权威关系	美国	韩国
结构压力	两极对抗中，美国自 60 年代末开始战略收缩；深陷越南战争	朝鲜半岛局势逐步稳定；韩国经济亟须发展；《韩日条约》签署
利益目标	寻求盟国在越南问题上的支持；对抗苏联和共产主义势力，保卫日本；推进西方民主	军人政权希望获得合法性；修复因政变受到冲击的美韩关系
实际收益	在越南战争中获得韩国的支持：医疗队、跆拳道教练、非战斗部队及战斗队共计 312853 人	直接的经济获利；大量的军事援助和经济援助；安全方面美国军事保护的再保证；出口导向型经济的发展；朴正熙个人地位更加稳固；在"自由世界"里的国际声望提高
付出成本	为韩国提供先进装备，提高军队现代化水平；提供军事援助，负担韩国与越南有关的额外军事部署费用；提供设备和条件，扩充韩国军工企业；扩大对韩技术援助；追加国际开发贷款给韩国	派遣部队前往越南战场，承受人员伤亡；服从美国命令，放弃自己在安全和经济等事务的自主权

利益一旦内化，就很难再轻易改变或者撤出。既得利益方会竭力维护所得利益，每一点改变，都可能引起强烈反抗。在美韩权威关系中，韩国投入的最重要的利益是军事自主权。在这一情况下，美国任何的撤军举动都会引起韩国的抵制。1971 年 3 月，美国自韩撤出美陆军第七师，引起韩国当局强烈抵制，认为"超级大国之间的缓和反映了美国战略的根本性变化，美国的政策将只注重在国际体系的核心保持稳定，不再注重在边缘地带保持威慑；在东亚，美国将降低传统盟国的作用，而提升中国的作用"。[①] 同时，美国国内要求削减海外驻军的压力，也迫使美国减少了对韩

---

① 汪伟民：《冷战时期的美日韩安全三角——准联盟理论与联盟困境的视角》，《国际政治研究》2005 年第 4 期，第 123 页。

军事援助（每年只提供 1.45 亿美元，比以往每年 3 亿美元减少了大半）。在此情况下，韩国政府公开提出减少对美国的依赖，发展自主国防，依靠自身实力保障国家安全。在此之后，卡特政府制定了美军撤出朝鲜半岛计划，引起韩国方面强烈的安全焦虑，担心撤走之后，美国将来就不会马上卷入半岛的任何紧急情况。① 最终，卡特从韩国撤走 6000 名美军，用建立美韩联合司令部代替了完全撤走驻韩美军与核武器的方案。

冷战时期，美国将对抗苏联和共产主义作为首要的利益目标。70 年代末，由于冷战气氛再一次加剧，美国重新评估了朝鲜对韩威胁，增加了对韩军事援助。而 1980 年上台的全斗焕政府也将巩固和加强与美同盟作为其首要外交目标。整个 80 年代，美韩之间信任程度空前加强，双方之间的实力差距逐渐缩小，合作型权威关系进一步发展。里根上台后，邀请全斗焕访美，使其成为里根政府的第一位外国元首级客人，而美国也成为全斗焕就任总统后出访的第一个国家。在双方发表的共同声明中，里根明确表示取消撤走驻韩美军计划，继续向韩国出售军事装备和防卫技术。双方达成协议，每年举行年度安保协议会、年度经济协议会和年度政策协议会。1983 年，里根访韩，称"韩国的安全是东北亚的关键，而且对美国的安全也至关重要"。② 里根强调与韩国的同盟关系目的在于"美国自身的利益"③，进一步巩固了韩国主要盟友的地位。里根政府成立美国"太平洋陆军司令部"，在韩国设立第七航空大队，恢复被裁减的驻韩美军兵力，并频频举行美韩联合军事演习。这些举措强调了合作，淡化了韩国对美国的依附色彩。同时，由于韩国自身实力的提升和外交自主性的增强，韩国在 80 年代初提出"北方政策"，80 年代末正式和社会主义大国及朝鲜关系改善。这些表明韩国开始逐步改变美韩同盟在其政治外交中的绝对主导地位，试图摆脱韩国对美国军事安全和经济支援方面的严重依赖。美韩之间原本由美国主导的依附型权威关系变为双方更为自主平等的合作型权威关系。

三 协调型权威：冷战之后的美韩关系

20 世纪 90 年代以后，苏联解体，美国成为世界上（包括东北亚地区）

① 汪伟民：《美韩同盟再定义与东北亚安全》，上海辞书出版社，2013，第 20 页。
② 汪伟民：《美韩同盟再定义与东北亚安全》，上海辞书出版社，2013，第 21 页。
③ Ronald Reagan, Address before the Korean National Assembly in Seoul, Nov. 12, 1983.

占据绝对优势的国家。东北亚地区的地缘政治环境发生了巨大变化，美韩在安全问题上的结构压力大为缓解，安全利益的兼容性下降，各自对同盟关系的价值判断也出现日益明显的认识差距。这表现在美韩关系上，就是原本紧密合作型的权威关系开始遇到障碍，双方不得不就一些争议问题进行协调，甚至冲突管控，进入协调型权威关系。

在协调型权威关系中，双方的主要分歧体现在对彼此权利义务的认知上。冷战结束初期，美韩同盟在美国的全球战略中地位下降，美国着重关注削减东北亚驻军和分担防卫责任及费用，关于韩国的驻军，认为只是其整个东亚安全政策中的一环，美国没有义务继续维持大规模军力。而韩国在觉察到美国的意图之后，利用缓和的契机，加快和俄罗斯及中国建交，并与朝鲜就半岛和平稳定达成和解协议。其将国家安全战略目标确定为阻止朝鲜侵略，建立稳固的半岛和平机制；防止核武器和弹道导弹扩散；促进中、日、俄、美之间力量均衡，寻求东北亚地区的稳定；尽可能实现南北和平统一。[1] 为实现这些目标，韩国的安全战略具体推行为调整美韩同盟，实现"自主国防"，推动东北亚多边安全机制的建立，及促进南北方之间的军事信任，推进军控谈判，并谋求在朝鲜半岛建立新的和平机制。可以说，失去苏联的威胁之后，美韩在安全利益上的交织出现一定的松动。美国对同盟关系放任自流，而韩国在维护美韩同盟的基础上，积极寻求自主国防。美韩权威关系主要由韩国主导。

进入 90 年代中期之后，由于朝鲜问题的复杂性和欧亚大陆挑战性大国的崛起，美国战略界对朝鲜半岛地缘位置重要性进行了重新认识，再次确认了韩国在美亚太战略中的重要地位。除加强高层互访外，美韩之间还频繁进行军工合作和联合军事演习。而韩国也因为受金融危机影响，不得不与国际货币基金组织（IMF）签署协议，在接受总额为 600 亿美元的紧急金融援助的同时，将其经济置于 IMF 监控之下。而同时，"自主国防"计划也因为金融危机搁浅。在面对朝鲜常规军力优势及开发大规模毁灭性武器可能性的情况下，韩国不得不进一步和美国加强联系。1998 年，《共同防御条约》的修订，为美军永久驻韩提供了法律依据；《战时支援协定》为战时美军接管韩国军事指挥权、派遣增援部队提供了有利条件。这一时

---

① 汪伟民：《美韩同盟再定义与东北亚安全》，上海：上海辞书出版社，2013，第 31 页。

期，受到金融危机影响，双方实力差距拉大，韩国方面的利益深深地嵌入与美国的权威关系中，因此，美韩权威关系的合作基础非常薄弱，依附性时隐时现。

但同时，由于国家之间利益本身的不兼容性（或不完全兼容性），美韩之间因为经济问题和驻韩美军费用等问题产生了不少争执。美国一再批评韩国"在市场中不公平交易、有过多的法规和行政干预"①，韩国则指责美国不考虑韩国经济的脆弱性，对韩国过于苛刻。而在驻韩美军费用上，冷战结束后，美国一直强迫韩国支付更大份额，引起韩国舆论强烈批评，甚至向政府施压，要求收回部分军事基地。而韩国一些民众和社会团体也纷纷举行集会和游行示威，反美主义高涨。双方在对朝政策上也存在较大差异。韩国希望朝鲜核问题可以在南北关系的框架内解决，而美国却单独和朝鲜达成协议。韩方抱怨"美国人不能理解韩国在核问题上的立场"，完全从自己的利益出发，而丝毫不考虑韩国利益，甚至有时将韩国利益"作为美朝交易的筹码而牺牲掉"②。美韩之间的地位差距逐渐缩小，投资进权威关系的利益目标开始相互抵触，双方在相互依赖的同时，摩擦也增多，权威关系在冲突协调中前进。

当跟从国不遵从或违抗主导国命令时，主导国很可能借助权威关系中的利益杠杆（leverage）向跟从国施压，或直接"规训"跟从国的违抗行为。韩美协调型权威一直持续到2003年卢武铉政府公开支持美国攻打伊拉克时，才又向合作型权威转变。在此之前，针对韩国不配合美国对朝政策及韩国民众的反美浪潮，美国防部长拉姆斯菲尔德曾威胁说要驻韩美军南撤或干脆撤出朝鲜半岛。③ 此举引起韩国对美安全承诺的忧虑，卢武铉不得不要求反美民间团体缓和反美行动，公开支持美国对伊战争，派遣非战斗部队赴伊支持美国行动。而在其后的美国之行中，卢武铉更是主动承认早年签名要求美国撤出朝鲜半岛是个"错误"④。这些都可以理解为美国对

---

① *Washington Post*, July 4, 1995.

② Yoo Young Ock, "Pyongyang's Efforts to Improve Relations with Washington and Tokyo and Seoul's Position," 载韩国民族统一院《关于朝鲜半岛统一问题的资料汇编》（英文版），1995年10月31日。

③ "U. S. to Cut Number of Troops in Korea," *The Korea Times*, June 26, 2003.

④ Victor Cha, "America and South Korea: The Ambivalent Alliance?", *Central History*, September 2003, p. 283.

韩国国内反美主义的惩罚，韩国政府不得不采取措施，挽回局势。

韩美协调型权威在2008年之后迅速向合作型权威转向。李明博甫一上台，就修正过去重视南北和解、在朝核问题上与中国协调的对外政策，宣称与美关系是韩国外交的首要考虑。他将第一个出访国定为美国，并和布什商定，将韩美关系提升至"21世纪战略同盟关系"，希望从内涵和外延上强化双边同盟。但受两国在朝鲜问题上的不同立场和美国牛肉风波的影响，这一"战略同盟关系"并未实现，布什在2008年8月首脑会晤时，将两国关系重新定位为"健康互利"①。美韩关系的进展局限于互免签证②和WEST（Work，English Study，and Travel）项目③。2009年6月16日，美韩首脑会晤发表《美韩同盟的共同前景》，将美韩同盟的目标设定为综合性战略同盟。这意味着两国合作范围从军事同盟扩大到政治、经济、社会、文化等领域，同盟的活动范围从朝鲜半岛扩展至全世界。④ 2010年，韩国向阿富汗派出了地方重建团队以及军事分遣部队。第三次朝核危机使美韩两国关系更为紧密，两国几乎每月都举行联合军演。虽然韩国在加入"萨德"导弹防御系统方面，长期与美国持不同意见，担心刺激包括中国在内的地区其他国家，但在朝鲜2016年核试验的形势下，韩国决心在自己的领土上部署"萨德"。韩国立场的变化显示了韩方对美韩权威关系中利益内化度的认识转变，也是地区安全结构压力下的必然结果。在两者未见明显变化的情况下，美韩将在一段时间内维持合作型权威。

第二节 战后美日权威关系的互构与嬗变

人们常常将美日关系称作同盟关系，但事实上，美日关系的核心是一种深层次的附属结构关系。⑤ 在这一结构关系中，日本依赖美国而处于半

---

① Choi Kang，"The Korea – U. S. Alliance and Its Future Tasks," *Korea Focus*，September 2008.

② 自2009年1月起，韩国人短期进入美国可以免签。

③ 该项目允许5000名韩国学生为了学习和工作可以在美停留18个月的时间。

④ 沈鹏、花馨：《美日、美韩同盟强化的现状与比较》，《当代世界》2016年第11期，第23页。

⑤ 〔澳〕加文·麦考马克：《附庸国：美国怀抱中的日本》，于占杰、许春山译，北京：社会科学文献出版社，2008，第2页。

自立地位，常常被人称作"美国的一个州"①或"沦为美国的仆从国或者说属国（zokkoku）"。②美国对日本行使相当程度的权威，美日关系是典型的主导—从属关系。而在不同的历史时期，美日权威关系也体现出不同的形态和特点。

一 强制型权威关系：战后至 20 世纪 50 年代中期

第二次世界大战之后，美日关系由美国单方面主导，"类似于半强制性婚姻关系"③，该阶段美日关系呈现出强制型权威的形态。美国对日本的占领政策，最初设定的计划是初期实行严厉的非军事化和民主化改革，然后逐步缓和，给予日本经济复苏的机会，最终将其重新迎回国际社会。而冷战的爆发使这一政策发生了戏剧性变化。

具体来看，美国对日占领政策的初衷是惩罚日本，永久性地摧毁其再次发动战争的可能。在美国国务院制定的《适用于战后对日处理的一般原则》、《日本投降初期美国对日方针》等文件中，其基本设想是："消除日本对美国及太平洋地区各国的威胁；为了美国的利益，在日本建立尊重别国权利和承担国际义务的政府。为此，设想把日本战后的发展分为三个阶段。第一阶段是对日本实施投降条款，即在占领下对日实行制裁；第二阶段是实行严密的监督，对其逐渐放松限制；第三阶段是使日本在和平的各国国民中恰当地完成自己的责任。"在该政策下，日本将不会拥有自己的政府，直接由美国对其统治。④

但随着美苏对抗的日益紧张，为避免出现德国一样的共同占领情况，

---

① 2003 年 2 月，自民党政策调查会长久间章生在接受采访时，被问及日本在伊拉克战争中持何种立场时，回答道："我认为日本别无选择。毕竟，日本就像美国的一个州。"参见 2003 年 2 月 19 日《朝日新闻》。转引自〔澳〕加文·麦考马克《附庸国：美国怀抱中的日本》，于占杰、许春山译，北京：社会科学文献出版社，2008，第 3 页。

② 出自日本著名保守派政治家后藤田正晴语。参见 2004 年 9 月 21 日《朝日新闻》，转引自〔澳〕加文·麦考马克《附庸国：美国怀抱中的日本》，于占杰、许春山译，北京：社会科学文献出版社，2008，第 3 页。

③ 〔澳〕加文·麦考马克：《附庸国：美国怀抱中的日本》，于占杰、许春山译，北京：社会科学文献出版社，2008，第 4 页。

④ 宋成友、李寒梅：《战后日本外交史》，北京：世界知识出版社，1995，第 41 页。

美国加紧和日本媾和，希望获取对日主导权。① 这一政策的转变受到了日本的迎合。对美国而言，对日媾和是要建立以美日安保体制为支柱的亚太地区冷战政治、军事格局的一种手段。而对于连粮食供给都非常匮乏的日本而言，独立承担防卫责任显然无法实现。在冷战的环境下，吉田首相1950 年 4 月派池田使团访美，选择让世界上最强大的美军驻留日本，为日本提供安全保障。由于国内左派革新势力主张非武装中立及全面媾和，日本国内就全面媾和还是单独媾和出现了舆论分裂。为了早日实现媾和及回归国际社会，吉田茂最终选择倒向美国一方。

1950 年 6 月，朝鲜战争爆发后，负责媾和的约翰·福斯特·杜勒斯改变了非军事化的计划，开始允许甚至强硬命令日本重整军备。然而，吉田茂首相抵制了这一命令。他认为，战败的日本必须集中精力发展经济，恢复元气，其基本主张是：在安全上以向美军提供军事基地换取美国的保护，采取重经济轻军备的战略，腾出主要资源来致力于经济建设，使日本尽快强大起来。因此，他并没有使日本成为与美国并肩战斗的普通国家，而是选择从属西方，依靠美国的安全军备，仅维持低水平的军备开支，致力于发展经济，希望以此获得重生。他在与美国全权代表杜勒斯的媾和谈判中曾这样说道，"在两极对抗的世界中，希望美国考虑让日本在更广泛的意义上组合到美国的势力范围中去"②。这一发言，象征着战后日本外交的出发点就是"把美国作为第一伙伴的宿命式选择"③。至 1951 年初，日本政府的安全保障政策主要为与美国缔结安全保障协定，通过为美国提供军事基地来获得其对日本的防卫保证，同时，在考虑美国战略需要的情况下，尽可能地对琉球群岛和小笠原群岛保持主权。④

正是基于政治上的被迫性和经济上的主动性，日本与美国达成了《日

---

① 1945 年 7 月，麦克阿瑟对杜鲁门总统建议说："对日本的占领不能重蹈德国的覆辙，我不希望分割管制区和占领区。我不希望给俄国人任何机会。"参见杜鲁门《杜鲁门回忆录》，北京：世界知识出版社，1964，第 333 页。

② 1951 年 1 月 29 日吉田和杜勒斯的会见记录《关于和平条约缔结报告书》第二册，转引自〔日〕五百旗头真编《日美关系史》，周永生等译，北京：世界知识出版社，2012，第 178 页。

③ 〔日〕五百旗头真编《日美关系史》，周永生等译，北京：世界知识出版社，2012，第 178 页。

④ 日本外务省：《关于缔结和平条约的报告》，转引自〔日〕五百旗头真编《日美关系史》，周永生等译，北京：世界知识出版社，2012，第 167—168 页。

美安全保障条约》。该条约为美军常驻日本提供了基本框架，使驻日美军在远东地区的行动得到了保障。条约的附属文件《吉田茂—艾奇逊换文》中规定，日本政府将支持联合国军在朝鲜半岛的行动，并为其提供日本国内设施和便利。由此条约，美国一方面将日本迎入西方阵营，另一方面也将其纳入自己在远东地区的安全保障战略之中。

《日美安保条约》意味着日本在事实上获得了美国的防卫保证，达到了吉田政府追求的在美国安全保障下优先实现政治、经济和社会安定的目标。至此，日本接受了美国主导自己从属的权威关系，确立了以美日关系为主线的外交和安全政策。

20世纪50年代，美日两国权力差距巨大。50年代末的美国，其国民生产总值（GNP）约为日本的11倍，人均GNP约为日本的6倍。① 美国凭借压倒性的经济和军事实力，在封锁和对抗共产主义国家的同时，也为其同盟国提供"美元和核保护伞"②。媾和后的日本成为美国冷战战略的核心之一。杜鲁门政府在总结国家安全委员会第125/2号文件（NSC125/2）的"美国对日目标和行动方针"中，表示要强化日本的防卫力量，在太平洋地区建立包括日本在内的集体安全保障体制，并希望进一步推动日本加入以联合国为代表的国际组织，推动日本扩大对外贸易。而1952年4月28日，《旧金山和约》的生效意味着盟军占领结束及日本获得了独立。日美之间以"非独立国家间关系形式"③ 存在的时期真正结束，日美权威关系正式开始。

然而，带着强制烙印的美日权威关系在日本独立之后，却迅速引起日本国内反弹。贯彻亲美路线的吉田政权内交外困，一方面受到党内斗争的困扰④，另一方面也受到党外其他政党联合起来的批评⑤。并且随着日本经

---

① Hideyo Naganuma, "Reexamining the 'American Century,'" *The Japanese Journal of American Studies*, No. 11, 2000, pp. 18 – 19.

② 〔日〕五百旗头真编《日美关系史》，周永生等译，北京：世界知识出版社，2012，第177页。

③ 〔日〕五百旗头真编《日美关系史》，周永生等译，北京：世界知识出版社，2012，第162页。

④ 自由党的鸠山一郎、河野一郎、三木武吉、石桥湛山等人逐渐成为反吉田派，在许多立场上与吉田对立。

⑤ 以芦田均为代表的国民民主党势力增强，与其他政党联合起来，重组为以重光葵为总裁的改进党。他们主张积极推进再武装。经过1952年10月和1953年4月的两次大选，吉田的政治势力逐渐衰退，弱化成为少数执政党政权。

济力量的恢复和军事实力的增强，日本国内的民族主义情绪也迅速抬升，要求美军撤出，结束对日军事控制，并废除日美安保条约。在吉田被迫下台而民主党总裁鸠山一郎成为首相之后，日本主张自主外交，积极发展同苏联和联合国的关系，不仅恢复了日苏邦交，也加入了联合国。但这一努力受到了国力不足的制约，同时也引起了美国的担心，产生了一些摩擦。美国驻日大使阿里森曾发送电报，"我们一直以为日本是潜力巨大的同盟国，只要经济、政治状况允许，日本人很快就想发挥这一作用……但很多举动表明并不是这样。日本并没有把自己视为美国的同盟国或伙伴"。

阿里森等人希望调整政策的背后是冷战所带来的结构压力的变化。20世纪50年代中期，美苏研制和开发氢弹，西德加入北约，华沙条约组织成立等事件的发生，使得美苏之间达成了事实上的军事平衡。朝鲜战争和印度支那战争停战协定的签署也使国际紧张局势有所缓和。冷战的重点转向非军事领域，尤其是经济领域。在此背景下，美国重新思考对日政策，在美国国家安全委员会第5516/1号文件中写道，"日本对美国经济、军事和外交的依赖程度严重影响其对美关系"，特别指出美国是日本最大的客户和原料供应国（占日本对外出口总额的20%，进口总额的40%）。其中还分析道，"或许日本在力求减少对美国的依赖，扩展同苏联和中国的关系，扩大国际行动的自由……现在，日本同美国的关联，部分取决于我国的支援。随着日本的强大，依赖的减少，共同的目标，相互的利益，实务上的合作关系或许被替代……强大的日本是危险的，但比起现在脆弱的日本还是让人期待的"（NSC5516/1，1955年4月）。美国对日目标的根本是"发展强有力的稳健的保守政权"，"不应在增强防卫力量上向日本施压，而应在增强日本防卫力量的长期计划问题上和驻日美军的阶段性撤退问题上取得日本政府的谅解"。①

这一时期，鸠山内阁批评吉田政权先前"追随美国"的外交，标榜"自主外交"。为此，他们对苏联、中国、东南亚各国以及联合国等采取积极主动的态度，希望在"对美协调"和"自主外交"之间找到均衡。然而，无视美国意志自由行动的外交存在很大的困难性。主要体现在以下三个方面。其一，鸠山内阁的保守政治家并不支持自主外交，希望和美国密

---

① 〔日〕五百旗头真编《日美关系史》，周永生等译，北京：世界知识出版社，2012，第188页。

切协商，向美国表达自己没有接近共产世界的意图。这一点体现在 1955 年，当日本收到万隆会议（亚非会议）的邀请时，为怕美国怀疑自己向中国共产党（中国）政府接近，日本在会议中没有积极参与政治问题，而仅仅着眼于经济领域。其二，英联邦国家对日本的行为并不满意，它们对日本加入关贸总协定持消极态度。即使有美国的同意和支持，英国、澳大利亚等 14 个国家虽然通过了日本加入关贸总协定的协议，但并未给予日本最惠国待遇。① 其三，鸠山在防卫问题上的态度引起美国的不满。就《日美行政协定》第 25 条所规定的日方承担美军驻扎费用（分担防卫费用）问题，鸠山政府单方面要求削减费用。虽然美国最终允许日本减少 178 亿日元，但在重光葵外相访美的提议上拒绝了日本。后来重光葵虽然实现了访美，但其提议的修改《日美安全保障条约》的要求却遭到美国的反对②，并因此招致杜勒斯将其判定为"还不是可以靠得住的同盟国"。③

可以说，这一阶段的美日关系只是美国单方面对日本的控制，使其按照美国的战略意图进行改造。在实力相距甚大而日本对美国依赖性递减的情况下，美国对日本的命令带有强制性的特征，是强制型权威的体现。而强制型权威关系得以形成和维持的原因主要源于大的结构压力下，日美双方对这一关系的依赖（具体见表 6 - 3）。

表 6 - 3　美日强制型权威关系（战后至 20 世纪 50 年代中期）

依附型权威	美国	日本
结构压力	冷战开始，东西方严峻对峙； 美国成为"民主世界"最强大的国家	日本初步独立，军事、经济实力非常脆弱，面临发展道路的选择；在地缘政治中占据非常重要的位置
利益目标	构筑反共前沿阵地； 树立西方民主的橱窗	集中精力发展经济，恢复元气。在安全上以向美军提供军事基地换取美国的保护，采取重经济轻军备的战略，腾出主要资源来致力于经济建设，使日本尽快强大

① 〔日〕五百旗头真编《日美关系史》，周永生等译，北京：世界知识出版社，2012，第 189 页。

② 虽然这一提议的内容没有公开，但可以推断："修改为'日美两国间相互防卫条约'，美国陆军在六年内、海空军最长在六年内撤退，美军基地只用于相互防卫，废除防卫承担费用。"〔日〕五百旗头真编《日美关系史》，周永生等译，北京：世界知识出版社，2012，第 190 页。

③ 〔日〕五百旗头真编《日美关系史》，周永生等译，北京：世界知识出版社，2012，第 193 页。

续表

依附型权威	美国	日本
实际收益	获得军事基地，在两极对抗中获得日本对自己立场的追随，从政治、经济、文化、价值取向等各方面规定和约束日本的发展道路；维护世界资本主义体系在东亚的存在和扩张	获得美国直接的军事保护，减少了自我防御开支；在美国的支撑下，处理日本财产归属问题，进行土地改革，奠定经济腾飞的基础
付出成本	为日本支付保护费用*、提供援助，保证其生存和领土完整，限制第三方对其进行强制的企图	向美军提供军事基地，服从美国命令，放弃自己在安全和经济等事务的自主权；放弃与非西方阵营国家结盟的机会

注：　*1950—1953 年，美国的军费开支急剧上涨。

资料来源：J. Bruce Nichols, *The Uneasy Alliance*：*Religion*，*Refugee Work*，*and U. S. Foreign Policy*，New York，Oxford：Oxford University Press，1988，p. 85。

　　二战之后，美日之间的权威关系几乎由美国单方面主导。美国对日本的政策设计在彻底重整军备到彻底削弱日本之间选择了"赢得日本"，尤其是随着冷战的逼近和朝鲜战争的爆发，美国认识到严厉惩罚和削弱日本有可能将日本推向共产主义一方，而且一个非军事化的日本不但会遭到世界的奚落，还会不利于美国的东亚安全。为将日本打造成防止远东发生新的极权主义威胁的"防波堤"，美国开始扶植日本，通过双边联盟来控制日本，而 1951 年的《日美安保条约》更是将这一控制机制化，将美国在战后所拥有的权力优势永久地锁在双边联盟所构建的地区秩序中。观察这一时期的美日权威关系，可以看到美国试图完全控制日本，将其培养成自己在亚太地区的代理人。而在与日本的互动中，也显示出强烈的双边主义偏好，在军事上以安保条约作为控制的工具，在经济上则以经济援助为武器①，以市场开放和技术转让为诱饵。② 日本稍有离心倾向，美国便以强硬姿态威胁，促使日木"重新定位"政策方向。

　　日本对美国的权威几乎没有抵抗能力。在战后，日本面临的选择要么与苏联结盟，要么与美国结盟，或者保持中立。然而当时的环境并没有给予日本太大的选择余地：单独被美国占领，美苏战时同盟破裂。无论是选

---

①　占领期间（1945—1951 年），美国对日本的经济援助高达 21.28 亿美元，占当时日本进口总额的 38%。

②　〔美〕迈克尔·马斯坦多诺：《学术与治术中的经济与安全》，载于〔美〕彼得·卡赞斯坦、罗伯特·基欧汉及斯蒂芬·克拉斯纳主编《世界政治理论的探索与争鸣》，秦亚青等译，上海：上海人民出版社，2006，第 225 页。

择与苏联结盟还是选择中立，成本与风险无疑都太大。在巨大的结构压力之下，日本只能与美国形成高度非对称性的权威关系，依靠美国的军事保护获得安全，依赖美国的援助和支持获得资源和市场。然而，尽管如此，日本在这一权威关系中并非没有收益，而是与美国之间形成利益的交易：日本为美国提供军事基地，参与美国建立的战后秩序；同时，不仅在安全上获得美国的防卫保证，而且运用双边特殊的联盟关系进入非军事领域，例如国际金融、贸易技术和市场等。① 通过这种交易，日本实现了收益的相对最大化：安全由美国生产，而自己则将有限的资源投入非安全领域，以尽快恢复国力。这样，它不仅获得了至为重要的安全，而且获得了战前垂涎已久的东南亚市场，② 以及进一步的欧洲和美国市场——这为日后日本国力的发展奠定了基础。

二 依附协调型权威："日美新时代"

随着日本政治经济的稳定和恢复，日本对美国没有将自己视为主权平等的伙伴而日益不满，逐渐减少对美国的依赖，呼唤"自由对等的外交"。美日之间就不对等的《日美安保条约》等一系列问题展开了谈判和协调，两国关系进入了所谓的"日美新时代"。也就是说，日本对强制型权威关系中规定的权利和义务开始不满并进行抵制，使美国不得不重新考虑对日政策；但同时，日本无法摆脱对美国的军事依赖，不得不在一些事情上听从美国的命令，双方关系进入依附协调型权威阶段。

20 世纪 50 年代中后期，鸠山政权的"自主外交"政策引起了美国的警惕与担心。1956 年 6 月美国国家安全委员会第 5516/1 号文件（NSC5516/1）中提出日美两国之间的关系韧带已经变得非常脆弱，"最近几个月的政治稳定，良好的外汇状况，国家主义的复兴，对共产圈的靠拢，所有这些都体现了日本对美国依赖的减少，是更加独立的日本政策的表现"。为此，副国务卿罗伯特·森在 1957 年 1 月向杜勒斯指出，"美国要争取主动权，纠正存在的问题，培养日美关系的相互性，提高保守政权的威信，从基本

---

① John Ikenberry and Takashi Inoguchi, *Reinventing the Alliance: U. S - Japan Security in An Era of Change*, pp. 54 - 55.

② 徐康明、张勤：《赔偿外交：二战后日本重返东南亚市场的策略》，《思想战线》2001 年第 1 期，第 126—133 页。

上逆转倾向中立或反美的社会主义势力的潮流，就必须寻找时机作出包括让步在内的再调整"。① 2 月 1 日，美国国家安全委员会第 5516/1 号文件（NSC5516/1）进展报告书中提出，"如果美国把日本视为在太平洋地区的'牢固的同盟国'来维持与日本的关系的话，那么日美关系正处于调整期，需要更多的相互性"。而 1 月末发生的驻日美军士兵射杀农妇事件（哲拉德事件）加深了事态的严重程度，使美国对日政策负责人更为担心。② 麦克阿瑟大使在与新上任的岸信介政府会谈之后，告诉国务卿杜勒斯："美国已经到了转变对日关系的时刻。我们需要做的事情就是尽可能早地构建和其他同盟国一样的以平等伙伴关系为基础的对日关系。"而杜勒斯也承认，"经历过变动期的日本人，他们的想法已经很明确，目前美国正处于对日关系新时代的开端"。在他看来，在远东地区，美国与一个强大起来的日本进行密切的合作无疑最为重要。美国应该发挥主导权，致力于将《安全保障条约》变为《相互安全保障条约》。③ 因为在新的形势下，苏联经济高速增长，洲际弹道导弹和人造地球卫星（伴侣号）又先于美国开发出来（洲际弹道导弹为 1957 年 8 月，人造地球卫星为 1957 年 10 月），显示出苏维埃社会主义体制的优越性，也一定程度上提升了苏联的政治吸引力。艾森豪威尔政府担心这一系列事态的发展会给自由主义世界带来不利的心理影响，因此希望加强同盟国之间的团结。而同时，1956 年以来冲绳地区的反基地、反美斗争和反美情绪日渐高涨，这成为美国考虑对日转变政策的又一诱因。

同时，新上台的岸信介政府的目标也是调整日美关系。他们提出"创造日美关系新时代"的口号，希望变"屈从外交"为"自由对等外交"。虽然这一政策被认为是"用自主外交的方式重新确认吉田选择的路线"④，但在此政策下，他们积极要求修改不对等条约，迫使美国承认 1951 年签订的安全条约的暂时性，以符合两国的愿望进行调整。经过一年多的谈判协

① 〔日〕五百旗头真编《日美关系史》，周永生等译，北京：世界知识出版社，2012，第 194 页。

② 池田慎太郎『日米同盟の政治史：アリソン駐日大使と「1955 年体制」の成立』、国際書院、2004。

③ 〔日〕五百旗头真编《日美关系史》，周永生等译，北京：世界知识出版社，2012，第 195 页。

④ 〔日〕五百旗头真编《日美关系史》，周永生等译，北京：世界知识出版社，2012，第 196 页。

商，日美两国终于在 1960 年 1 月就《新日美安保条约》达成初步协议。其中第五条将美国提案中的"对在太平洋地区任何缔约国一方管辖的领土或区域的武装进攻"更改为"对在日本管辖领土范围内的任何缔约国一方的武装进攻"，第六条中规定：为了维持远东的和平和安全，美国可以使用日本基地。新的日美安保条约进一步明文规定了美国对日防卫义务和条约的期限为 10 年，删除了旧条约中不平等的条款，也引入了双方进行合作协商的原则，规定美军采取军事行动、变更军事设施等都须事先与日本进行协商。同时，与此相适应的是，新条约明确赋予日本扩充军备的责任，包括由日本承担美军基地的责任；也赋予日本在越战期间和日后在远东地区支援美军作战和防卫的地位和能力（也就是所谓的"远东条款"），这使日本在安保体制下，得以"名正言顺地将其防卫军力扩展到领土以外的地区"。①

尽管新安保条约在日本国内引起了强烈的反对，但基本上没有对日美关系造成破坏性影响，②"反而奠定了日后日美关系发展的基础"。③ 而美国之所以转变政策，与日本展开协调，主要是再次确认日本在战略上的重要性，认为其是"西太平洋防卫的钥匙"。④ 而且，在经济上，双方关系密切，日本是美国的第二大出口市场，也是美国最主要的农产品购买国；而美国则是日本最大的制造业进口国。日本的重要性让美国政府不得不重新考虑与日关系，而进入 20 世纪 60 年代以来，美国逐渐失去经济上的压倒性优势，日本经济快速增长，双方在经济实力上的差距相对缩小；当美国深陷越南战争时，日益强大的日本成为分担军事责任的期待对象。因此，完全由美国主导的强制型权威关系在美国的有意"放权"治下，朝着双方合作、协调的方向发展。

肯尼迪政府希望把日本放在同西欧北美一样重要的位置加以对待，也力求日本承担起相应的国际责任。国务院政策规划委员会主席罗斯托（Rostow，W. Whitman）主张在构建"自由国家共同体"的目标上，有必

---

① 王帆：《美国的亚太联盟》，北京：世界知识出版社，2007，第 21 页。
② 美国政府虽然因为安保修改骚动受到了打击，但在麦克阿瑟大使看来，反安保的游行示威与其说是针对美国，不如说是因为岸信介内阁拙劣的政治手段和反对首相本人。参见〔日〕五百旗头真著《日美关系史》，周永生等译，北京：世界知识出版社，2012，第 202 页。
③ 〔日〕五百旗头真编《日美关系史》，周永生等译，北京：世界知识出版社，2012，第 203 页。
④ 美国国家安全委员会第 6008/1 号文件（NSC6008/1）。

要加强同欧洲、加拿大和日本这些"北方的核心层"的合作关系；认为日本"这个以出奇速度前进的强有力国家"应该去发掘"有威严的世界责任"。① 1962 年春，国务院对日政策新文件"美国对日政策——行动方针"指出，日本是美国在东亚最重要的同盟国，是美国第二大贸易伙伴，是美国重要军事设施的接纳国，持有可贡献于南亚和东南亚经济开发的技术力量和资本，有希望发展成为对抗中国的强大力量。美国对日本的长期目标，是日本作为亚洲"主要力量的核心"，通过自身不断发展，和美国一同协调自由世界。短期目标是在日本拥有长期稳定的亲西方政权。在安全保障领域能够维持日美同盟，维持驻日美军，继续致力于增强防卫和推进现代化；在经济上维持区域秩序，为非共产主义国家的经济增长做出贡献；在国际上增强对亚非国家的影响力；同时，为了改善美国的国际收支状况，美国要求日本能够合作和贸易自由化。

1964 年 6 月，在日本刚刚加入关贸总协定（GATT）、国际货币基金组织（IMF）、经合组织等一系列国际组织而跻身发达国家行列之后，美国国务院在"日本的将来"报告中提出，"今后十年，我们将面对一个逐渐强大，充满自信，国家主义的日本"，"美国应该维持安全保障'伞'，鼓励日本在保护伞下切实增强防卫力量，推进现代化，实施贡献于自由世界利益的内外计划"。而这些计划包括：贸易投资自由化，日韩关系正常化，发展援助计划，改善和扩大对琉球的经济援助，扩大一直被忽视的公共服务等。

日本经济虽然在自由世界处于第五位，规模不足美国的 1/10，但在过去的十年间，其平均增长率高达 9%，出口中 28.5% 面向美国（1962 年）。"美国对日政策——行动方针"和"日本的将来"是美国政府在整个 20 世纪 60 年代对日政策的基本认识。总体而言就是在接受日本经济迅速崛起这一事实的同时，要求日本发挥与其实力相符的国际作用，承担起作为同盟国应该承担的责任。

而日本池田勇人政府显然对从同盟关系中获得的收益拥有明确的认知。在就任首相后的首次施政演说中，池田说道，"我国'通过最少的国防军费，很好地维持了和平与安全，取得了经济上的显著发展'"。因此主

---

① 〔日〕五百旗头真编《日美关系史》，周永生等译，北京：世界知识出版社，2012，第 209 页。

张经济至上，把日美安保条约只作为经济发展的基础，倡导所得倍增论。在美国要求日本启动自由化计划时，池田表示同意，也希望加速自由化进程。在此纲领下，池田对美国提出的增强军备的要求反应迟缓，海原治防卫局长拒绝美方提出的提前达成第二次防卫力量整备计划及增加购买美国武器的要求。① 佐藤荣作上台后，依然将对美关系作为日本的外交基轴，通过成为美国的伙伴提高日本的国际地位，争取更多的国家利益。他不仅断绝了自 20 世纪 60 年代中期起同中国的联系，默认和支持约翰逊总统的越南战争，而且在美国深陷越南战争时，取代美国，支援战争周边的东南亚国家。

然而，在佐藤执政之初，日美之间曾发生过一定的摩擦。鉴于中国持有核武器这一事实，佐藤曾于 1964 年 12 月 27 日和赖肖尔大使的会谈中，表达出对发展核武器的重视和向往，美国政府对此予以尖锐批评，"正是因为密切关注着中国拥有核武器问题，才一直在考虑美苏共同抑制核扩散的可能"。为打消日本念头，1965 年 1 月，约翰逊向访美的佐藤传达了美国以核力量保障日本安全的意向，劝诫日本不要发展核武器。在联合声明中，佐藤表明要坚持《日美安全保障条约》，对此约翰逊再次坚定了遵守承诺的决心，这些承诺是以防御日本所受到的来自外部任何武力威胁的《日美安全保障条约》为基础的。其中，对日本而言，最为重要的就是包括核武器在内的事实上的军事保障。而这一事件，也让美国人意识到，对通过经济迅速发展增强国家自豪感的日本，一味地压制是行不通的，必须给予日本除发展核武器之外的其他的宣泄其理性国家主义的机会。于是美国政府想在宇宙开发或和平利用原子能方面为日本提供发展空间，但由于日本国情的阻碍，日美围绕宇宙开发的合作议程最终失败。尽管如此，日本依然从与美国的关系中获得了一定的国家尊严和自我满足感。这主要体现在两个方面：其一，在美国的扶持下，日本获得了经济的成功，造就了"总共一亿中产阶层"的民主社会，赋予了政治应有的合法性；而且自 20 世纪 60 年代后期起，日本的 GNP 逐渐超过西欧各国，使得日本人在潜意

---

① 中島信吾『戦後日本の防衛政策—「吉田路線」をめぐる政治・外交・軍事』、慶應義塾大学出版会、2006。转引自〔日〕五百旗头真编《日美关系史》，周永生等译，北京：世界知识出版社，2012，第 214 页。

识中对经济国家主义比较满意。其二，在美国照顾的背景下，日本得到了冲绳的返还。这两点使日本人了解到，即使没有核武器，日本也可以有尊严地发展。

越战期间，日本与美国之间的协调也成为日美权威关系平等化进程的重要推动力量。在美国看来，南越的防御和日本的安全保障有密切的关系，"南越的丢失，会动摇包括日本在内的亚洲反共各国对美国决心和信誉的评价"。①对此，日本表示理解，但并没有积极追随美国进入战争的意愿。面对美国希望日本投入战争的要求，日本一再表示在军事上无法提供帮助。随着战争的扩大，日本将合作问题与归还冲绳和小笠原群岛的问题挂钩，将前者作为后者的筹码，与美国讨价还价。

日本的做法招致美国人的批评。他们认为美国为日本的安全而战，却无法获得日本支持。美国舆论指责日本逃避自身的安全责任，却在美国的保护下坐享其成，发展经济追求繁荣。1966 年美国众议院关于亚洲的报告也指出，美日关系存在深刻的分歧，日本对美国在越南的政策缺乏必要的理解。而围绕着冲绳归还可能造成的政治军事问题，国务卿腊斯克和国防部长麦克纳马拉达成协议，设置了琉球工作组，具体由国务院日本科科长斯奈德为负责人，国防部副部长莫顿·霍尔柏林（Morton H. Halperin）为推动者。在经过评估和预测之后，琉球工作组最终得出结论：与拒绝返还冲绳导致日美关系举步维艰相比，答应返还冲绳，在日美友好关系下继续使用军事基地这一选择更符合美国利益。②然而，即便决定返还冲绳，美国政府也希望将其与国际收支等问题联系起来。1967 年 8 月 30 日，约翰逊总统在国家安全委员会会议中指出日本希望解决琉球—小笠原群岛问题，但他同时明确要求日本必须增加对亚洲的经济援助，协助美国改善国际收支问题，以更加成熟而负责任的态度分担美国在亚洲安全和经济开发中所承担的负担。

可以说，日本和美国各自联系的议题目标最终都成功达成。1967 年 11 月，佐藤首相访美，同约翰逊举行第二次首脑会谈。鉴于日本国内左翼反美势力"冲绳夺还斗争"高涨，美国只好选择接受佐藤首相返还冲绳的要

① 〔日〕五百旗头真编《日美关系史》，周永生等译，北京：世界知识出版社，2012，第 220 页。
② 〔日〕五百旗头真编《日美关系史》，周永生等译，北京：世界知识出版社，2012，第 220 页。

求——因为亲美的佐藤政权下台的话，对美国并没好处。而日本也在美国的坚持下，承诺协助东南亚经济发展和改善美国国际收支。这样，双方达成协议，于 1968 年归还小笠原，两三年之内归还冲绳。

20 世纪 60 年代的日美权威关系主要以日本争取对等化为特征。这一目标取得了一定的成功，一方面取决于日本的努力和争取，另一方面也来自美国的适应和配合。综观整个过程，可以看到，双方在"量定"权威程度时，考虑的出发点都是自己的国家利益。对美国而言，苏联经济的快速发展和航空航天事业的进展与自身陷入越战、国际收支失衡形成鲜明对比，因此担心西方自由世界受到共产主义的吸引和拉拢；与日本稳定良好的关系不仅可以确保其在越南战争中拥有"不沉的航空母舰"，也可以减轻自己在亚洲的安全和经济负担。对日本而言，自身经济实力的快速增长成为其要求自主外交、提升国际地位和扩大国际影响力的有力筹码，但同时，整个国家的安全和经济增长本身都需要美国军事力量的保驾护航，日本不得不为了关键利益而与美国妥协，遵从美国的游戏规则。因此，这一阶段的日美关系，一半体现为依附，一半体现为协调，形成混合的依附协调型权威。

三 协调型权威关系：20 世纪 70 年代的日美关系

经历了越战的失败，美国在 20 世纪 70 年代进入经济、社会和精神的低潮期。内外交困的美国不得不调整其对外政策。而同时，支撑日本在 60 年代享受的经济高速增长的国际环境也开始动摇，日本经济进入了反弹期。① 整个 70 年代的日美关系受到了一系列冲击，双方之间的权威关系主要以冲突解决和矛盾协调为主要内容。

1969 年，尼克松就任总统时，美国在国际上逐渐失去其在世界范围内压倒性的优势，在国内受困于越南反战运动和种族暴动，政府信誉跌入低谷。在此情形下，尼克松认为有必要调整美国的国际角色，既不放弃也不过分夸大美国在世界范围内的责任。在 1970 年 2 月 18 日发表的外交咨文

---

① 20 世纪 60 年代日本经济的成功主要得益于两个重要的国际环境。其一，美日安全保障条约带来的国际安全；其二，自由贸易体制。70 年代初期，这两大要素开始动摇，日本经济增长进入反弹期。

中，尼克松表示，"我们最重要的目标是通过健全的外交政策维护长期的国家利益。这一政策越是基于本国和其他国家利益的现实评价，越能有效发挥我们的国际作用。我们不是因为承诺而参与世界，而是因为参与世界才产生了承诺。我们的国家利益产生了承诺，而不是承诺产生了利益"。①这一点映射到日美关系中，就像国务卿基辛格在 1971 年 10 月访华时对周恩来讲的，"一直以来，我都认为，想着'在壮大日本的同时还能追求令我们满意的政策'的美国人太天真了，现在也是这样认为……一直以来，我都对日本没有抱任何幻想"。②

尼克松政府对日本不满的因素之一是存在着和日本经常性的贸易摩擦。美国认为日本是美国主导下的安全保障和自由贸易体系的最大受益者，批评日本在安保条约中"搭便车"。因为自 1965 年以来，日美贸易收支逆转，美国持续逆差，对日贸易赤字达到 30 亿美元；而日本经济高速增长，成为资本主义世界第二大经济强国。而且在此期间，日本对美国出口的产品开始趋向高品质和高技术含量。结果，日本不仅被视为搭便车者，甚至被认为是一种威胁。在这样的情形下，尼克松发表了包括进口产品一律征收 10% 附加税、暂时停止美元和黄金兑换等措施在内的一系列新经济政策（所谓的"美元冲击"，也是"第二次尼克松冲击"）。这严重动摇了国际经济体系，也招致了日本的强烈反对。美日之间原本就已显现的贸易摩擦进一步升级。

1969 年 11 月日美首脑会谈上，尼克松曾承诺 1972 年之前"和本土一样撤去核武器"后返还冲绳施政权，但这一承诺以佐藤荣作首相答应按照美国意向解决纺织贸易问题为前提。③ 日本通产省和纺织业界强烈反对出口限制，认为没有充分的证据能够证明来自日本的进口损害了美国的纺织产业。在经过两年毫无进展的谈判之后，日本单方面宣布了自主出口限制。这一举动引起了美国的愤怒，在 1971 年 9 月份开展的第八次日美贸易

---

① Richard Nixon, "First Annual Report to the Congress on United States Foreign Policy for the 1970's, February 18, 1970," *Nixon Papers*, 1970, p. 119.

② 石井明、朱建荣、添谷芳秀、林晓光『日中国交正常化·日中平和友好条約締結交渉——記録と考証』、岩波書店、2003、第 341 页。

③ 参见 Henry Kissinger, *White House Years*, Boston: Little, Brown, 1979, p. 337。考虑到纺织贸易问题在日本国内是政治敏感性问题，会产生对"线和绳的交易"的批评，所以在当时的联合声明中并未涉及此问题。

经济联合委员会上，美国政府对因参会而访美的田中角荣通产大臣发出最后通牒，声称在 10 月 15 日之前交涉未果的话，美国就将采取单方面的进口分配措施。在这一公然威胁下，日本与美国在期限的最后一天达成了协议，日本同意三年自主限制，日本政府承诺向本国纺织业界提供政府补贴。

就经济影响而言，日美之间纺织贸易纠纷或许并不大。然而，日本对美国具有强烈政治色彩的命令由最初拒绝到后来不得不做出让步，这一事实本身成为美日权威关系非对称性的突出表现。日本自 20 世纪 50 年代中后期开始追求的国家自主性不得不在美国强势的命令面前让步（因为依赖的程度高）。这样，日本对美国通过施加政治压力换取经济要求的做法越来越失去信任，而美国对没有完全脱离保护主义的日本也表示不信任。这样，双方之间互相的不信任感，标志也暗示着日美关系进入了"包括感情层面在内已经形成恶性循环的经济摩擦时代"①的开始。

日本政府对美国的对抗之心也体现在日中邦交正常化的过程中。1971 年 7 月 15 日美中接近的"尼克松冲击"，令日本产生深切的被背叛感和国际孤立感。②1972 年 7 月，田中角荣内阁甫一上任，就表明要加速与中华人民共和国的邦交正常化，并在 9 月 29 日火速签署了倡导日中关系正常化的联合声明。这显示出日本政府对美国抛弃自己秘密同中国接触的愤慨，也表明日本不想在邦交正常化上被美国抢先。③

权威关系的形成和维持建立于对利益收益的期待。当跟从国的关键利益与主导国的命令不符或相抵触时，跟从国极有可能违背主导国命令，冒着被规训的风险，追求自身的国家利益。在 1973 年的石油危机中，日美权威关系的牢固性经受了一次不小的考验。对日本而言，石油是生死攸关的进口产品。1973 年 10 月，第四次中东战争爆发之后，石油输出国组织（OAPEC）中的阿拉伯国家减少原油生产，对支持以色列的国家施行禁运。结果引起世界范围内的石油危机，能源资源全部依赖海外进口的日本遭受了严重的打击。"确保石油"成为关系到国家生存需要的不可替代的目标。日本政府希望寻求支援，确保石油供应，而 1973 年访日的基辛格并未对此

---

① 〔日〕五百旗头真编《日美关系史》，周永生等译，北京：世界知识出版社，2012，第 236 页。
② Ural Alexis Johnson, Jeff O. McAllister, *The Right Hand of Power: The Memoirs of an American Diplomat*, N. J.: Prentice Hall, 1984, p. 554.
③ 緒方貞子／添谷芳秀訳『戰後日中・米中関係』、東京大学出版会、1992、第 70 頁。

提出什么特别的方针。因此，11 月下旬，日本政府发表了支持阿拉伯国家的官房长官谈话，12 月派遣三木武夫到中东各国，推动阿拉伯国家签订协议，将日本视作友好国家。12 月 25 日，"阿拉伯国家石油输出国组织石油大臣会议声明"明确把日本列入友好国家行列，不会向日本实施任何全盘削减石油供应措施，给予日本特别待遇。而这与美国希望发达国家团结起来对抗阿拉伯国家的方针发生了矛盾。在 1974 年 2 月份召开的石油消费国会议上，基辛格提出要求，希望牵制日本接近阿拉伯国家的石油外交。

针对美国的要求，日本政府发表了想从根本上解决石油问题的决心，认为有必要建设石油生产国和消费国之间的协调关系。① 这一立场反抗美国命令而追求独立外交，直接显示了在保障经济安全和维持日美安保关系二者之间，日本不得不面对的选择——这也是一项权威关系中，最能体现跟从国对主导国权威认同和支持的情况。日本追求自身的关键利益而违犯美国的命令，这一政策可以说是因双方实力差距缩小，日本追求自身政策独立性的表现。然而，细究起来，却也并没有离开日美安保关系这一基轴。在实施与阿拉伯国家间的石油外交之前，日本曾向基辛格提起确保石油供应的方针，田中内阁在美国没有表示异议的情况下，才决定支持阿拉伯国家。也就是说，日本在事先向美国报备而又认为"受到美国默许"的情况下，才实施所谓的自主外交。因此，由于石油危机而引起的日美关系危机事实上只是日美权威关系的一次协调，并没有动摇其根基。因此，在这一时期，尽管日本政府对美国持有对抗心理，他们也从来没有意图去破坏日美安保关系，而是将其作为日本外交的基础。田中在访华之前的日美首脑会谈中确认了日中邦交正常化不会改变《日美安保条约》中规定的台湾地位。而在与东南亚的外交关系中，日本也是在不触犯《日美安保条约》的范围内探索"主体性"。

1974 年 8 月，尼克松因水门事件辞职，但"尼克松主义"的要旨却依然保留了下来：改变美国在联盟体系中过重的义务，让日本分担更多责任。在此精神指导下，日美两国于 1978 年签署《日美防卫合作指针》，明确规定了两国的军事分工，即由美国提供核战略保护，日本承担本土防

---

① 1974 年 1 月 11 日，日本二阶堂官房长官的谈话。参见〔日〕五百旗头真编《日美关系史》，周永生等译，北京：世界知识出版社，2012，第 240 页。

御，海峡封锁和关岛以西、菲律宾以北的反潜护航作战。美国要求日本更深入地介入美国的战略体系中，对美国的军事行动负起共同责任。这是两军第一次走到一起商讨共同保卫日本，是日本实力崛起的表现，也是美国在评估利益得失之后不得不放弃行使部分权威的妥协。

　　尽管福特政府致力于修复受损的日美关系，不仅将总统上任的首访地定为日本，[①] 而且在"新太平洋主义"的讲话中确认了日美关系的重要性，[②] 日美之间因为结构性压力的存在和双方利益的不兼容性仍然发生了一系列摩擦和协调。到了 20 世纪 70 年代后期，"卡特政府的核不扩散政策威胁到日本核原料的重新加工，对后者造成严重制约。卡特也错误地没有与日本协商而单方面试图从韩国撤军，加深了日本对美国正在撤出亚洲的越南战争后的焦虑。最后，卡特政府还错误地向日本施压，要求其将国防开支增加到超过国民生产总值的 1%，却没有明确表示这些资金如何使用"。[③]

　　总体来说，20 世纪 70 年代的日美权威关系经历了不断的冲突和协调。就结构压力而言，主要是因为：（1）在冷战对抗中，以美国为首的西方处于守势，美国制造公共产品和提供公共产品的能力和信誉下降；（2）这一时期，美国经济实力下降，日本经济迅速崛起，双方的权力差距明显减小。而也正是以上结构压力的作用，美国对自己塑造秩序、提供安全保护的责任开始压缩，要求日本等其他盟国分担责任。而日本也在经济力量崛起的背景下，寻求更多的国家自主权，因此对支付更多成本，承担更多责任和义务虽然不满，但依然在谈判之后妥协接受。这样，美日权威关系的不对称性开始出现调整，美国逐渐放弃对日本纯粹政治施压式的命令方式，而采取以日本经济发展相威胁，迫使日本答应其政治要求的方式。在这一过程中，日本的自主性也逐渐增强，作为美国对等伙伴的地位也进一步提升，这为随后美日权威朝着合作型关系发展奠定了基础。

---

① 在驻日大使霍奇森的推动下，福特总统将第一个出访地定在日本。参见 James D. Hodgson, *Giving Shape to a Life: A Backward Look*, Private Publisher, 1990, pp. 74 – 75。

② 1974 年 11 月 18 日至 22 日期间，福特完成了在任美国总统史无前例的首次访日。虽然这仅仅是"礼节性的拜访"，但这一象征性的举动昭示出美国对日本的重视。参见 Gerald R. Ford, *A Time to Heal: The Autobiography of Gerald R. Ford*, Berkley Books, 1980, p. 204。

③ Charles W. Kegley, ed., *The Future of American Foreign Policy*, New York: St. Martin's Press, 1992, p. 206.

四　合作竞争型权威：20 世纪 80 年代至 90 年代中期

国际政治意义上的 20 世纪 80 年代，是自 1979 年苏联入侵阿富汗开始到 1989 年柏林墙倒塌的十年。在这一所谓的"新冷战"开始的期间，以美国为首的西方阵营被认为处于劣势，共同的结构压力使美国与其盟国之间的摩擦和矛盾退居次要地位。在亚太地区，为对抗苏联集团，以联盟关系为主的"美 + N（其他国家）"权威关系进一步加强。就美日而言，自 1980 年 1 月卡特政府的国防部长布朗访问日本开始，两国之间的军事合作日渐深化而具体，尽管双方在经济关系上存在着相当的较量和摩擦，但日本作为美国"同盟国"的角色定位已然无法取代，美日权威呈现出紧密合作型的特点。而同时，在国际经济层面，美国在 80 年代成为世界上最大的债务国，日本则成为最大的债权国。虽然美国将恢复"强大的美国"作为目标，但在 20 世纪 80 年代，它依然承受着巨额的"双赤字"（double deficit），并没有恢复自己的国际竞争力。在这样的情况下，日美经济关系充满了紧张和摩擦，呈现出竞争型的一面。因此，这一时期美日之间的权威，在不同的领域合作与竞争共存，这里将其描述为合作竞争型权威。

美国与日本的合作型权威关系出现的重要背景是，越南战争失利后，美国通货膨胀不断，伊朗人质事件及苏联入侵阿富汗使美国不得不认识到，再次确立"强大美国"的必要性迫在眉睫。在此情况下，美国人将改变自身形象的希望寄托在被视为极端保守主义的里根身上。而对里根政权来说，重新获得美国在军事力量和经济力量方面的优势地位，是其对外政策的主要目标。这样，"重返亚洲"，与苏联之间进行较量成为其亚太战略的新的核心。

对美国而言，东亚地区是美国亚太战略的重心。美国在强调苏联威胁的前提下，以美日权威关系为重点，加强在太平洋地区的权威体系。具体而言，美国一方面使日本成为自己对付苏联的前沿基地，另一方面又要求日本承担更多防卫责任，以减少自身的防御成本。

1982 年 5 月，在里根政府制定的国家安全保障决定指令第 32 号文件（NSDD32）中强调，"第二次世界大战之后，对我们的生存和发展来说，最大的挑战极有可能出现在 20 世纪 80 年代……到 80 年代末，我们的有效应对应该能够从根本上改变东西方关系"。① 里根政府认识到，在常规武器和战略核武器方面，美国都必须挽回已经失去的优势地位。而在东亚地区可以指望同苏联对抗的只有日本。② NSDD32 号文件指出，"在东亚，必须要鼓动日本为其自身及共同防卫作出进一步的贡献"。而这一愿望自卡特政府时期就已经非常强烈。1980 年 12 月日美防卫首脑会议上，美国就要求将日本防卫费用增加 9.7%。③ 但里根政府并没有采取其前任所采取的逼迫日本直接增加军费数字的方式要求日本增强防卫能力，而是以具体决定日美任务分配的形式，从实质上迫使日本增强防卫能力。在 1981 年 3 月日本外相伊东正义访美时，卡斯帕·温伯格（Caspar Weinberger）提出，由于美国的核保护可以分担从西太平洋到印度洋的海上交通线的防卫，日本则务必分担菲律宾以北、关岛以西的西北太平洋沿线的防卫任务。④ 两个月之后，日本首相铃木善幸访美，在其后举行的日美首脑会议上，双方虽然就防卫合作的进展达成协议，但在其他方面，也显示出日美存在巨大的认识差异。5 月 8 日，日美发布共同声明，提出"首相和总统将在日美共有的民主主义和自由主义的价值基础上构筑两国的同盟关系"。"同盟关系"这一说法得到双方明确认可，而日本也答应进行"适当任务分配"。虽然日美对于"适当任务分配"的理解各有不同⑤，但从总体上来看，双方在责任分担上达成了共识。

中曾根康弘政权的诞生，揭开了"战后政治的总决算"。1982 年 11 月，中曾根康弘就任日本首相，主张日本应当改变依附美国的情况，施行

---

① NSDD-National Security Decision Directives Reagan Administration：*U. S. National Security Strategy*（*NSC – NSDD – 32*），http://www.fas.org/irp/offdocs/nsdd/nsdd – 032. htm（最后访问时间：2014 年 1 月 26 日）。

② 所谓的"中国牌"也曾作为里根政府考虑的选择之一。但由于中美之间台湾问题不可忽略，于是放弃，转向日本。

③ 由于大平正芳首相猝死，同年 7 月接任的铃木善幸首相最终决定只增加 7.6% 的防卫费用。这一点没有满足美国的要求，令美方觉得失望，因而在后来的谈判中也一再提出进一步增加防卫费用。

④ Caspar Weinberger, *Fighting for Peace：Seven Critical Years in the Pentagon*, Warner Books, 1990, p. 224.

⑤ 比如就"海上交通线防卫"的理解来说，日本方面通常的做法是组成护送船队在既定的航线带进行守护，而美国的要求是，针对潜水艇和轰炸机等各种威胁，最大限度地全面提高海空防卫能力。双方对"责任"的含义理解不同，很难达成一致认识。

自立的国家主义。为打开铃木时代对美和对韩关系的"闭塞状况"①，中曾根在1983年1月，作为战后首次正式访问韩国的日本首相，解决了当时处于纠纷之中的经济合作问题。而对于更为重视的日美关系，中曾根首先将防卫关系费用作为财政紧缩的例外，与其他同步预算增加5.1%相比，增加了6.5%。② 其次承认已经成为悬案的对美武器技术供给。③ 中曾根康弘认为，"如果仅限于技术供给的范围，是一般业务上知识技术的交换，而不涉及武器本身的转移，那么优先考虑安保条约，对作为同盟国的美国提供技术供给将不存在任何问题"。④

在这种政策转换的背景之下，1983年1月的日美首脑会谈上，里根和中曾根两人以"Ronald"和"康"互称⑤，所谓的"里根—中曾根时代"开始。而在会谈之前，日本首相在《华盛顿邮报》发行人凯瑟琳·格雷厄姆的早餐会上提出，"对于逆火式轰炸机的侵入，（日本）理应像巨大的载满据点的不沉航母一样"，"为了不使苏联的潜水艇和其他海军行为通过，将全面完备地控制周围的四个海峡（后来改为三个海峡）"。⑥ 虽然这一发言遭到日本多数媒体和在野党的强烈反对，但中曾根认为，"不沉的航母，三个海峡，依照外务省的提议一开始就那样了"，自己只是实话实说。⑦ 而在这之后，中曾根在安保方面继续促进日美合作，不仅于1984年2月签署了《日美共同作战计划》，不断进行双边和多边联合军事演习，而且想方

---

① 〔日〕后藤田正晴：《内阁官房长官》，东京：讲谈社，1989，第28页。
② 世界和平研究所编《中曾根内阁史：资料篇》，世界和平研究所，1995，第620页。
③ 日本在1967年就提出"武器输出三原则"，即不向共产主义国家、联合国做出禁止决议的国家以及纷争当事国输出武器。1976年三木武夫内阁将这一规定进一步严格化，事实上是出台了无论武器还是武器技术一概不允许输出的政府意见。里根政府曾向铃木内阁指出，美国不仅向日本供给武器，而且还提供武器技术，而作为同盟国的日本却连武器技术都不向美国供给，是一种十分怪异的反常现象。而铃木政府并未给出实质上的回应。
④ 〔日〕五百旗头真编《日美关系史》，周永生等译，北京：世界知识出版社，2012，第264页。
⑤ 〔日〕长谷川和年：《中曾根外交》，载于世界和平研究所编《中曾根内阁史——理念与政策》，世界和平研究所，1995，第182页。
⑥ 〔日〕外冈俊秀、本田优、三浦俊章：《日美同盟半世纪——安保密约》，东京：朝日新闻社，2001，第379—380页。
⑦ 〔日〕五百旗头真编《日美关系史》，周永生等译，北京：世界知识出版社，2012，第265页。

设法突破日本防卫费用不得超过 GNP 1% 的限制。①

在整个 20 世纪 80 年代，美日安全关系显然有了进一步增强。在军事技术合作领域，日美成立"武器技术联合委员会"，在包括集成电路、火箭推进技术等 16 个尖端领域进行技术合作。"美日军队的双边合作演化为实质性的合作行动。由 60 年代的军事和商业销售（F - 104 战斗机，空中警报和控制系统，以及 CH - 47 进攻性直升机）到 70—80 年代许可在日本生产美国系统（F - 15 战斗机和响尾蛇导弹），再到 80 年代后期合作生产（AEGIS 驱逐舰和波音 767）。美国主要的航天企业（比如迈克多尼·道格拉斯等）与日本相关防务机构进行了较深的合作。里根政府还放松了对日本国防预算的硬性规定，变成只要适应日本自卫队使用的标准即可。"②

然而，在日美军事合作强化的同时，日美经济摩擦却进一步加剧。里根上台之后，采取缩小政府职能的"新自由主义"经济政策③，希望通过减税和减少政府干预来使陷入恶性通货膨胀的美国经济复苏。然而，在一方面与苏联对抗而急增军费的情况下，减少税收意味着大规模的财政赤字。而若要认真解决通货膨胀，就只能执行极端紧缩的金融政策。这样，在"里根经济学"的指导下，美国利率达到了"救世主诞生以来的最高水平"——这正是由于金融自由化吸引了大量海外投资，导致美元迅速升值而造成的。而日本在极力克服两次石油危机带来的灾害的同时，制造业的国际竞争力进一步增强。在国家宏观调控下，财政政策紧缩，金融政策相对缓和，利率相对较低。这样，日本制造业对美出口急剧增长，而美国由于高利率从日本引入了高额的资本，日本对美贸易顺差打破了以往的记录。美国给日本市场贴上了封闭的标签，认为这是日本封锁市场的征兆，

---

① 防卫费用不得超过日本 GNP 的 1% 的限制，由 1976 年三木内阁所决定，但在实际中，20 世纪 80 年代前半期，日本的防卫费用就已经无限接近 1%。如果想要推进日美防卫合作，尤其是增强日本的防卫能力，1% 的限制无疑是块绊脚石。中曾根首相在尝试废除这一限制的过程中，遭到自民党内部和反对党的强烈反对，因此，采用间接方式，实行中期防卫力量整备计划，向三泽基地配备 2 个 F - 16 战斗机中队（48 机），以此达成目标。

② Charles W. Kegley ed. , *The Future of American Foreign Policy*, New York：St. Martin's Press, 1992, p. 207.

③ 这一时期，新自由主义经济思想风靡世界，不仅美国，日本、东亚其他经济行为体等都参与这一潮流。

将贸易问题政治化。而日本则认为这完全是因为美国产业竞争力弱化，财政赤字和高利率的宏观经济条件所造成。双方就贸易"不均衡"问题引发了激烈的交锋。

其中，在20世纪80年代前半期，日美双方最大的贸易摩擦发生在汽车贸易领域。作为美国工业的象征，汽车产业拥有十分强大的工会力量。在美国汽车产业应对石油价格上涨上表现迟钝时，日本的节能小型车在美国市场急剧扩张。1980年6月，全美汽车工会（UAW）向国际贸易委员会（ITC）提起诉讼，要求对日本汽车进口进行限制。虽然ITC撤销了UAW的诉讼，但事态还是发展成为政治问题。里根政府表面上并不希望实行对日汽车进口限制，但事实上无论如何都希望对日本进行某种形式的"自主"控制。[①] 1981年5月，美日之间达成协议，规定日本在未来三年实行自主控制，每年输出总台数不超过168万台。

强权即真理。千百年来，国际政治的实质其实没有发生根本变化。在一项权威关系中，即便主导国和跟从国之间实力差距变小，双方已经建立了非常成熟的合作机制，主导国依然利用各种手段，使"真理"偏向自己的利益一方。美国在不满日本向自己输出具有竞争力的产业之外，还要求日本按照自己意愿开放本国市场，方便美国产品输入。自1985年1月起，在美国重视的通信设备、电子技术、木材和医疗器械四个领域，美国政府开始实施市场内部分类别的谈判（也就是"重视市场分类别型协议"，即所谓的"结构"协议），希望以此促进出口并打开日本市场。在此之后，美国议会又于1988年单方面通过了包含301条内容的《综合贸易与竞争法》，并于1989年5月将日本认定为不公正贸易国，试图平息国内保护主义者反对自由化贸易的声音。

然而，在实力差距相当或不太大时，跟从国有可能在涉及优势的关键利益时反抗主导国的命令。就日本方面来说，市场开放问题牵连利益甚广，已经由影响出口上升为政治难题，任何一任执政内阁都不可能轻易妥协，尤其是农产品的开放问题。自20世纪70年代就开始反复讨论的牛肉和橙子进口限制，直到1988年才完全达成自由化协议，日本方面做出了妥协，但也仅仅在逐渐扩大进口限制上做出了零星让步。而"广场协议"之

---

① 大河原良雄『オーラルヒストリー 日米外交』、ジャパンタイムズ、2006、第312页。

后日元的升值在提高日元在世界中的存在感的同时，也引起了美国对日本的警惕，而这也反过来刺激了日本对美国的不满。在美国人看来，日本同以美国为首的西方民主国家在本质上不同，也就是所谓的可怕的资本主义"畸形儿"，而这对美国来说是威胁，应当进行"遏制"或"阻止日本无限制的经济膨胀"。① 这样，美国政府改变了以往要求日本出口限制和市场开放的态度，将改变日本经济结构提上日程。1989 年 7 月在老布什和宇野宗佑的首脑会谈中，日美经济结构协议（SII）谈判开始启动，并于 1990 年 6 月发表了最后报告。美国对日本提出了一系列要求，包括通过公共投入改善日本储蓄和投资平衡，改善排他贸易惯例，改进大规模零售商店法等流通体系，增强贸易监督等。美国对日本国内政策制定的深入介入，引起日本国内的反对。而在日本电子产业席卷世界给美国造成危机感之后，美方执意要求美国制品必须在日本占 20% 以上的份额。这一要求在经过妥协之后，日本表示将在五年之内共同努力达到这一目标。② 而这在美国看来，如果无法达成，将会以违反条目的名义发动经济制裁。而在克林顿上台之后，美方将目标数值化，以更加强硬的态度逼迫日本让步。这让日本人感到屈辱，认为战后日本国民努力得来的成就被随意断言为"不公正"。因此，日本国内的不满情绪日益高涨，"日本可以说不"③ 的声音更加响亮。然而，这一时期的日本人并没有显示出与冷战将尽这一大局相对应的洞察力，也没有意识到美国"枪打出头鸟"的动机。它虽然不满于美国的种种指示和命令，但也没有理智地整理好与美国对抗的冲动，仍然依存美国。而随着 90 年代日本经济泡沫的破裂，美国经济的强势恢复，和中国经

① 1985 年，美国记者怀特在《纽约时报》杂志上以"来自日本的威胁"为主题，进行了大幅报道，成为一连串日本异质论的开端。1989 年美国记者詹姆斯·法洛斯（James Fallows）在《大西洋月刊》上发表了"遏制日本"的文章，提出必须要阻止日本无限制的经济膨胀。使用冷战期间美国对苏联使用的"遏制"这样的字眼，可见当时经济竞争非常激烈。而除了媒体报道，美国政府商务部负责对日通商谈判的普雷斯托维茨（Clyde V. Prestowitz）也发表论著，认为日本自一开始就不存在公平竞争的观念。这些观点都引起了广泛关注，成为对日经济打压的倡导者。

② 1986 年（昭和六十一年）9 月，日本给美方传送了一份即期信用证（非正式附属文书），意思是在共同努力下，五年之内使美国占市场份额超过 20%。

③ 出自石原慎太郎和盛田昭夫在 1989 年合著的《日本可以说不》一书。作者在书中指出，日本已从战后事事依从美国的小弟弟，变成可跟美国和苏联抗衡的强国。日本掌握最尖端的半导体和物料技术，可左右军备发展。日本应善用这张牌，向美国说不。

济的快速发展，日美经济摩擦逐渐被美中经济摩擦取代，日美关系经过短暂的漂流和"再定义之后"，走向强化合作阶段，日美权威也在竞争与合作中越走越远。

冷战的终结，对日美关系产生了重要的影响。冷战时期，无论日美经济摩擦多么严重，美国都会把日本作为自己阵营内部的一分子，进行战略上的考虑。而在苏联解体之后，日本只要稍稍无法满足美国要求，美国就会出现舍弃日本的对峙态度。① 甚至一些舆论调查显示，苏联解体以后，美国面临的威胁或许就是日本的经济。② 海湾危机更是突出了日美之间在外交认知上的差距。美国领导其他国家，取得联合国决议，组织多国部队，于1991年1月同伊拉克开战，解放了科威特。日本却考虑到宪法第9条下的战后和平主义，以及遵从冷战时安全保障问题全盘托付美国的惯性，没有进行积极主动应对，即使提供了高达130亿美元的资金协助，仍然遭到了美国"太少，太迟"的批评。

冷战后的《日美安全保障条约》不仅没有削弱和解除，在经过了1993年朝鲜核危机和1995年后的台湾海峡危机之后，反而进一步强化。认识到无论是朝鲜问题，还是中国的军事崛起，日本或美国都无法单方面应对，日美同盟继续存在的必要性凸显。1996年桥本龙太郎和克林顿总统发表的共同宣言，就明确了这一方向。③ 两国不仅达成日本防卫的共识，而且就周边事态和亚太地区安全达成协议。冷战之后，日美在安全上的合作更加紧密，而随着经济摩擦的减少，合作型权威关系进一步深化。

五　合作型权威：21 世纪的日美关系

关系型权威的一项突出特征就是跟从国跟随主导国进入原本与己无关的战争。这一特征在阿富汗和伊拉克战争中体现得尤为明显。

乔治 W. 布什自一上台，就表示出对日美同盟的重视。而同一时期当选日本首相的小泉纯一郎，也与布什之间建立了类似于中曾根—里根一样的关系。2001 年，"9·11"事件的发生为这一关系提供了更加紧密的理

① 例如，克林顿政府时期对日提出的"数值目标"（具体见前文）。
② 〔日〕五百旗头真编《日美关系史》，周永生等译，北京：世界知识出版社，2012，第331页。
③ 赵学功：《当代美国外交》，北京：社会科学文献出版社，2012，第256—258页。

由。在布什强力号召"与恐怖主义作战"之后一周时间，小泉政府就发表了包括情报收集、为向美军输送支援和提供医疗服务而派遣自卫舰队的"七项措施"，小泉随后也发表了"在与恐怖主义的战斗中，日本将与美国在一起"的宣言，日美形成类似战时同盟的气氛。10月份在美英对阿富汗塔利班发动攻击之后，小泉内阁立即制定了反恐特别措置法，向印度洋派遣了海上自卫队的同时，提供了补给燃油等后方支援。2003年3月，布什政府联合英国、西班牙一起开始对伊作战时，日本毫不迟疑地表示："我国，以我们国家的自身利益作为出发点，同时作为负有国际社会责任的一员，支持以我们的盟国美国为首的这次对伊动武。"在欧洲多国反对美国开动战争的时候，日本于2003年7月制定了伊拉克复兴支援特别措置法，决定于当年12月派遣陆上自卫队帮助伊拉克塞马沃地区重建。而为了支援输送，日本还向科威特和伊拉克派遣了航空自卫队。

小泉时代的日美关系，总体上比较稳定。究其原因，最直接的就是美国在伊拉克和反恐政策上都需要日本的协助，而日本在朝鲜问题和中国崛起上也认为日美同盟必不可少。2006年6月，小泉在华盛顿日美首脑会谈中，与小布什总统发表了"21世纪的新日美同盟"宣言。该宣言确认了"日美关系是历史上最成熟的两国关系之一"，认为双方"共同的价值观和利益，成为日美在区域乃至世界范围内合作的基础"。其间，驻日美军的重组问题和疯牛病问题暂时得以解决，而反复延长的陆上自卫队在伊拉克的驻留，也于7月份成功完结。

2006年9月，安倍晋三上台后，试图跳出单独的美日关系，建立稳定的中美日关系。然而，自陆上自卫队撤出伊拉克之后，美国最大的关注就转移到中东的稳定化，寻求日本的合作退居其次。日美关系中，日本对于自己可能在朝鲜问题上"被遗弃"，而在中东问题上又"被卷入"左右为难。在布什第二任期，原本支持日美关系的专家们基本上从政权中消失。虽然美国舆论在总体上对日没有恶意，但美国议会和媒体对日本的关注度却很低。布什政府强调自由和民主主义的价值，安倍政权也试图提出价值外交与之回应。然而，日本舆论"打心眼里"忌讳美国将其价值观强加于人的态度，认为历史问题恐怕会伤及价值外交的合理性。在经历了战争和贸易摩擦后，21世纪的日美关系除了寻求在军事、经济和价值观之间平衡的综合政策的调整和合作之外，还需要进一步加强支持这些政策的市民社会的交流。①

虽然这一时期仍有一些问题困扰着美日关系的发展，但美国已经"注意到在运作程序和决策程序中将贸易摩擦与政治军事关系分开"，② 这也意味着美日权威关系在经历了强制型、依附协调型之后，取得了新的策略进展。双方在之后的交往中，以较为成熟和稳定的方式处理政治军事和经济问题，合作型权威关系成型。

2009—2012 年美日联盟进行协调，双方对中国崛起达成了共识，为了防备中国日益增强的海洋活动和空天能力，日本意图将美日同盟变成一个超越军事同盟的"治理"同盟。2010 年日本《防卫计划大纲》提出两国要在维护太空、网络和海上交通线安全，以及应对气候变化等新兴领域加强合作。美国对此也持欢迎态度，这一点也体现在 2014 年奥巴马访日时发布的美日联合声明中。2016 年 10 月 6 日，美国驻日美军司令杰瑞·马丁内斯（Jerry Martinez）在就任当天表示美日同盟是全世界最强的合作关系，将尽全力进一步使之深化。③

小结　美韩和美日权威关系对比

本章采用过程追踪法，分别对美韩、美日这两对权威关系进行了纵向的历时研究。在美韩权威关系中，战后由于两国实力差距甚大，韩国为了保障自己的生存和安全，对美国表现出明显的依赖，不仅将自身的军事指挥权交予美国人或以美国为首的联合国军司令部，并在这种不平等的、带有等级性军事关系的基础上缔结了美韩双边防卫条约。而美国则长期扮演着韩国军事保护国、政治领导者和经济施惠者的多重角色，帮助建立韩国国防力量基础，保卫韩国安全，奠定韩国经济振兴的基础，甚至干涉韩国内政，试图掌控韩国国内政治民主化进程。在这样一种非对称同盟关系中，美国要求韩国接受自己的命令，同时，韩国承认自己有遵从美国意志的义务，甚至邀请美国对自己施加命令，双方都对彼此的权利义务认可而

---

① 〔日〕五百旗头真编《日美关系史》，周永生等译，北京：世界知识出版社，2012，第 317 页。
② 王帆：《美国的亚太联盟》，北京：世界知识出版社，2007，第 25 页。
③ 沈鹏、花馨：《美日、美韩同盟强化的现状与比较》，《当代世界》2016 年第 11 期，第 23 页。

没有实质性反抗。而由于不同时期结构压力和双方利益内化程度的不同，美韩关系经历了依附型权威、合作型权威和冲突协调型权威。

美韩权威关系的构建，不仅仅是由主导国美国来完成，有时也由跟从国主导。在 20 世纪六七十年代，时值美国全球战略收缩而深陷越战泥沼，一向依附于美国的韩国政府主动发展并塑造了新的权威关系。韩国利用美国对战争盟友的需求，积极将自身的利益内化入与美国的权威关系。而利益一旦内化，就很难再轻易改变或者撤出。既得利益方会竭力维护所得利益，每一点改变，都可能引起强烈反抗。20 世纪七八十年代韩国开始逐步改变美韩同盟在其政治外交中的绝对主导地位，试图摆脱韩国对美国军事安全和经济支援方面的严重依赖。美韩之间原本由美国主导的依附型权威关系变为双方更为自主平等的合作型权威关系。20 世纪 90 年代以来，苏联解体，美国成为世界上（包括东北亚地区）占据绝对优势的国家。东北亚地区的地缘政治环境发生了巨大变化，美韩在安全问题上的结构压力大为缓解，安全利益的兼容性下降，各自对同盟关系的价值判断也出现日益明显的认识差距。这表现在美韩关系上，就是原本紧密合作型的权威关系开始遇到障碍，双方不得不就一些争议问题进行协调，甚至冲突管控，进入协调型权威关系。

在美日权威关系中，二战之后至 20 世纪 50 年代中期，美日关系由美国单方面主导，"类似于半强制性婚姻关系"，该阶段美日关系呈现出强制型权威的形态。日本与美国达成了《日美安全保障条约》，意味着日本接受了美国主导自己从属的权威关系。在实力相距甚大而日本对美国依赖性递减的情况下，美国对日本的命令带有强制性的特征，是强制型权威的体现。而强制型权威关系得以形成和维持的原因主要源于大的结构压力下，日美双方对这一关系的依赖。随着 20 世纪 60 年代日本政治经济的稳定和恢复，日本对强制型权威关系中规定的权利和义务开始不满并进行抵制，使美国不得不重新考虑对日政策；但同时，日本无法摆脱对美国的军事依赖，不得不在一些事情上听从美国的命令，双方关系进入依附协调型权威阶段。经历了越战的失败，美国在 70 年代进入经济、社会和精神的低潮期。内外交困的美国不得不调整其对外政策。而同时，支撑日本在 60 年代享受的经济高速增长的国际环境也开始变化，日本经济进入了反弹期。整个 70 年代的日美关系受到了一系列冲击，双方之间的权威关系以冲突解决和矛盾协调为主，具体原因为：（1）在冷战对抗中，以美国为首的西方处于守势，美国制造公共产品和提供公共产品的能力和信誉下降；（2）这一时期，美国经济实力下降，日本经济迅速崛起，双方的权力差距明显减小。而也正是由于以上结构压力的作用，美国对自己塑造秩序、提供安全保护的责任开始压缩，要求日本等其他盟国分担责任。而日本也在经济力量崛起的背景下，寻求更多的国家自主权，因此对支付更多成本，承担更多责任和义务虽然不满，但依然在谈判之后妥协接受。这样，美日权威关系的不对称性开始出现调整，美国逐渐放弃对日本纯粹政治施压式的命令方式，而采取以日本经济发展相威胁，迫使日本答应其政治要求的方式。在这一过程中，日本的自主性也逐渐增强，作为美国对等伙伴的地位也进一步提升，这为随后美日权威朝着合作型关系发展奠定了基础。进入 20 世纪 80 年代，两国之间，一方面在军事合作上日渐深化而具体，另一方面在经济关系上存在相当的较量和摩擦，美日权威在不同的领域合作与竞争共存。冷战之后，美日军事权威关系不仅没有削弱和解除，在经过了 1993 年朝鲜核危机和 1995 年后的台湾海峡危机之后，反而进一步强化。认识到无论是朝鲜问题，还是中国的军事崛起，日本或美国都无法单方面应对，两国不仅达成日本防卫的共识，而且就周边事态和亚太地区安全达成协议，在安全上的合作更加紧密；同时，随着经济摩擦的减少，合作型权威关系进一步深化。

　　权威关系的构成基础是跟从国的集体接受，而权威关系的建立则是主导国和跟从国在既有的结构压力下进行利益交换的结果。权威关系一旦形成，就具有了自我维持的内在机制。在美韩和美日权威关系中，结构压力和利益内化度是影响两对国家之间建立权威关系的主要因素。结构压力影响着权威建立的倾向（可能性），而利益内化度决定着权威程度的高低。在这两个因素的作用下，国家之间的权威关系呈现出不同形态。冷战时，在两极结构下，美国受到来自对方的结构压力较大，亟须建立自己的权威阵营，允诺或实际提供给韩国和日本的利益更为有力。冷战刚刚结束后，单极结构下，美国的结构压力变小，为韩国、日本提供关键利益的动力变小；但随着中国实力的上升，美国在亚太地区的结构压力越来越大，为韩、日提供公共利益的动机也变强。同时本书发现，即使美国作为主导国，拥有绝对的权力优势，在权威关系发展的过程中也不一定掌握主动权，利益内化度起着重要的作用——在跟从国掌握利益收益点的情况下，利用主导国对该部分利益的敏感度，与其讨价还价，获得在权威关系中的主动权。

尽管特朗普政府上台后，美国退出"跨太平洋伙伴关系协定"（TPP），有人认为"奥巴马时期的'亚太再平衡'战略已结束"，美国将从亚太地区撤出。但实际上，美防长和国务卿分别对亚太地区完成专程国别访问：对日本，重申协防钓鱼岛的承诺；对韩国，力推如期部署"萨德"，等等。美国政府将朝鲜核问题视为亚太安全的首要关切，重新评估对朝政策选项，暗示对朝鲜军事打击，这些无不显示美国的亚太安全战略趋向强硬。美国对自身的利益认知并未发生大的转变，在结构压力没有改变的情况下，美韩、美日，以及美国与亚太其他联盟国家的权威关系将依然存在，甚至有可能会更强。

结　论

———————————————

传统的国际关系理论建立在一种正式－法律型权威观念和主权不可分割的假定之上，认为在无政府状态中，各国安全依赖自助。无论现实主义、自由主义还是建构主义，它们尽管认为国家对彼此强制能力的不同，并没有承认某些国家对其他国家拥有或行使权威，而是假定各国在形式上平等，一个国家不会向任何他国负有义务。

实际上，主权是国家经过协商而达成的一种关系，国家在不同时间、不同问题领域对其拥有的程度不一。国家确实在无政府状态下互相作用，但也无法排除部分国家将（或曾将）自己在安全和经济政策上的权威出让（至少部分地）给主导国。国际权威不仅存在，而且起着很大作用。

国家之间的权威关系对主导国和跟从国的各项政策选择和行为产生重要影响。对跟从国而言，它在安全防卫上花费的 GDP 比例可能比非跟从国要低；而如果与他国发生冲突，跟从国得到主导国援助的可能性也比非跟从国大。这样，跟从国由于在安全上享受到主导国带来的好处，因此对主导国要求开放市场的命令有可能更易遵从，对主导国参与的战争也更有可能加入。对于主导国来说，尽管它们在塑造国际秩序时或许会使各项规则偏向于自己的利益，以此创造并维护它们对其他国家所享有的权威，但无可否认的是，它们为这一权威也必须付出一定的成本，包括生产政治秩序，规训跟从国，以自缚手脚，克制自身行动尺度。主导国虽然在权威关系中起到支配作用，但并不是说不受这一关系的影响。

从国际实践可以看出，并不是所有国家的安全都依赖于自助。国家对他国的权力或威胁并不总是采取制衡措施，有时也会接受主导国的领导。一定的国际权威可以缓和国家之间的斗争，也会改变各国之间的关系。因此，跟从国为了获得自身利益，甘愿出让政策自主权，而主导国为了获得跟从国的追随和服从，付出成本制造包括安全、秩序在内的利益收益点，双方在利益交换的基础上达成命令与服从的权威关系。冷战之后，面对美国的"一家独大"，有相当多的国家并没有感受到美国权力的威胁，并因此而结成反对联盟或制衡联盟，而是仍然依赖美国，承认并接受美国权力的正当性。

一般认为，一国由于他国要求而进行的服从通常是处于不对称的权力关系之中，是威胁或实际武力使用的结果。然而，跟从国对主导国的服从并不单单是强制的一种功能体现。在权威关系中，跟从国对主导国施加的权威甘心接受，在服从主导国命令的同时，信任主导国权威的正当性。即便没有任何公开的威胁或强制，跟从国也会通过各种方式象征性地膜拜主导国或实质性地追随主导国。

权威是命令的能力，是其他国家让渡正当性的结果。它并不仅仅来源于物质能力，也不仅仅是源自文化和社会吸引力的"软实力"——尽管这点无可否认。① 主导国放弃自我扩张，试图采取一些其他政策，扩大或维护其正当性。为获取权威，它通常将自身利益和普遍利益糅合在一起。为使其权威得到跟从国的信任，它常常自缚手脚，限制自身的权力。②

国际权威并不是一个客观的自然事实。它是一项政治建构，由各国本身的行为所产生。主导国的权力要具有权威性（而不是简单的强制性），就必须得到跟从国的认可。而跟从国对权威的认可和接受，一方面源自跟从国在这一权威关系中获得的收益，另一方面也有赖于权威不会被滥用的可靠保证。

当然，相较于国内政治权威而言，国际权威显得脆弱而单薄。主导国与跟从国之间的权威一般低于国家与其国民之间的权威程度。在国际权威中，主导国为跟从国提供的安全、秩序或其他福利通常范围更为狭窄，也

① 关于软实力的讨论，参见 Joseph S. Jr. Nye, *The Paradox of American Power: Why the World's Only Superpower Can't Go It Alone*, New York: Oxford University Press, 2002。
② G. John Ikenberry, *After Victory: Institutions, Strategic Restraint, and the Rebuilding of Order after Major Wars*, Princeton, N. J.: Princeton University Press, 2001.

容易受到外界影响。由于认识到这点，无论是主导国还是跟从国，都会在权威关系的投资中有所保留，这反过来也令权威的维持更加脆弱。这一点在美国的亚太权威中也有体现。

一 美国在亚太地区的权威分布

战后美国在亚太地区拥有的权威主要经由政治表态、经济关系及军事关系三个维度来衡量。在政治维度上，主要考察的指标有：（1）双方对彼此关系的公开定位；（2）国家领导人拜访的次序和次数；（3）亚太国家与美国在联合国投票的一致性。在经济维度上，主要的指标有：（1）亚太经济体与美国贸易额占本国贸易总额的比重；（2）美国的投资占本国外国投资的比重；（3）特殊贸易伙伴关系。在军事维度上，考察的指标有：（1）亚太国家参与并支持美国主导的战争；（2）允许美国在自己的领土范围内驻军或拥有军事基地；（3）情报共享伙伴和联合军事演习的机会。

通过描述性的统计，美国在亚太地区权威的政治表态主要有：其一，双方对彼此关系的公开定位：（1）联盟关系，主要为日本、韩国、澳大利亚、菲律宾和泰国；（2）伙伴关系，已经建立的主要有印度、印度尼西亚、新西兰、新加坡、蒙古和中国，有志于建立的主要有孟加拉国、缅甸、巴基斯坦和马来西亚；（3）非联盟非伙伴关系则主要是亚太其他国家，包括朝鲜、尼泊尔、不丹等。

其二，美国与亚太领导人之间的互访，呈现这样的特点：（1）美国总统对盟国的访问频率较为稳定和平均，盟国最高领导人对美国的访问次数比较频繁，且多数将美国作为就任后的初访地点。美国与其亚太盟国之间部长级对话越来越呈现出例行性和常规性的趋势。（2）美国与亚太其他国家间的领导人互访越来越频繁，但呈现出明显的"突击性"和不稳定性。（3）美国与亚太各国领导人互访结构呈现明显的不对称性。除了中国和美国领导人之间的互访表现出对等性之外，日本、韩国、澳大利亚、新加坡、新西兰、菲律宾、蒙古都向美国表现出明显的"主动示好"态度，印度、马来西亚和印度尼西亚流露出轻微"示好"迹象。

其三，亚太国家与美国在联合国的投票一致性，无论是点名投票还是美国政府所认定的重要投票上，都呈现出明显的三个梯队。第一梯队为澳大利亚、日本、新西兰和韩国。这些国家与美国投票一致率最高，整个梯队中，澳大利亚的一致率最为稳定。第二梯队为孟加拉国、柬埔寨、印度尼西亚、马来西亚、蒙古、尼泊尔、菲律宾、新加坡、斯里兰卡和泰国。在这一梯队中，值得注意的是，一致率最高的国家并非人们所认为的美国的盟国菲律宾和泰国，而是蒙古。第三梯队为中国、朝鲜、印度、老挝、缅甸、巴基斯坦、越南，这些国家与美国投票一致率最低。虽然亚太国家与美国投票的一致率每年都会发生变化，在很大程度上依赖于当年联合国大会的提案议题，但是在所有国家与美国投票一致率的整体比较中可以发现，第一梯队的国家与美国的投票一致率最高，意味着它们对美国的支持度和服从度最高——美国对它们的权威程度最高。第二梯队代表了多数国家，它们与美国的投票一致率比较均匀，也相对稳定，即使在美国"重返亚太"的战略下，一致率也没有出现明显提升。第三梯队的国家与美国的一致率最低，可以被认为是美国权威尚未到达或非常有限。

在经济维度上，美国在亚太的权威主要表现在亚太国家对美国贸易和投资的依存度。双边贸易比例的变化意味着贸易依存度的变化，美国外来直接投资占本国所有外来直接投资的比例代表着对美国外资的依赖程度。冷战之后，亚太各国与美国的贸易总量虽然不断增多，但与美贸易占本国贸易总额的比例在整体上却不断下降；美国外来直接投资在所有外资中的比例也在下降，这在很大程度上意味着美国在亚太地区经济权威的主导性正在衰减和消退。随着中国经济的快速增长，美国在亚太地区的经济权威遭到了削弱。这主要体现在贸易方面。除了中国之外，亚太地区将美国作为第一贸易伙伴的国家仅有美国的邻国加拿大和墨西哥。日本、中国香港地区和印度都将中国内地作为其首要贸易伙伴，将美国作为其第二大贸易伙伴。韩国将美国作为第三大贸易伙伴国，澳大利亚将其列为第五；在东盟的对外贸易对象经济体中，美国排在中国、欧盟和日本之后，位列第四。21世纪以来，尤其是2008年全球金融危机之后，美国与亚太国家包括其主要军事盟友日本、韩国和澳大利亚之间的贸易比例下降，双方在彼此的贸易排位中都让位于中国。对外直接投资方面，美国一直是亚太外资来源的最大国家，遥遥领先于其他单独的国家。亚太各大经济体（包括中国）对美国外来直接投资具有强烈的依赖性。而新加坡、澳大利亚和韩国分别与美国签订了自由贸易协定，在加强双边经济关系的同时，提升包括军事安全在内的其他战略关系。

国际权威的核心部分是军事权威。第二次世界大战结束后，为防止整个亚太地区落入共产主义控制，美国不仅在地区内积极扶植亲美政权，而且在日本、韩国、澳大利亚等国家直接建立军事基地和驻扎军队，为他们提供军事和经济援助等，换取他们的服从和追随。而亚太国家在美国主导的战争中（主要有五场，分别为朝鲜战争、越南战争、海湾战争、阿富汗战争和伊拉克战争）也不同程度给予支持和援助。随着相对实力差距的缩小，双方在军事演习、情报共享等方面形成多方位的合作，战后初期由美国单方面主导的权威关系开始朝着平等合作型方向迈近。

就不同阶段来看，在冷战时期，两极结构下，美国在亚太地区的权威主要集中在与其传统盟友的关系上，双方对彼此关系的公开定位带有强烈的意识形态和"势力范围"色彩；日韩等国家领导人一般在就任初期将首次出访地定为华盛顿，在联合国投票上更是紧跟美国立场。日本、韩国、澳大利亚、菲律宾、泰国和美国之间签订有正式的军事条约，允许其在本国范围内驻军或拥有军事基地，积极参与美国主导的战争，接受美国的军事援助；在经济上高度依赖和美国的贸易与投资。冷战之后，在 20 世纪90 年代的单极结构下，美国与亚太盟国之间的权威关系稍有削弱，双方对利益的判断出现分歧。进入 21 世纪以来，随着中国的崛起，美国在加强与其传统盟友之间的权威关系的同时，与亚太新兴国家及其他国家积极开拓伙伴关系，增加领导人互访频率，与东南亚、南亚国家加强军事联系，与新加坡、韩国和澳大利亚签订自由贸易协定，积极推进跨太平洋伙伴关系的建设。美国与地区内国家的权威关系在"亚太再平衡"战略下呈现出多面并进、网络化发展的趋势。

二 美国亚太权威受到的挑战

国际权威确实在起作用，然而，从本质上来讲，它也同样非常脆弱。21 世纪以来，尤其是 2003 年伊拉克战争以来，美国在亚太地区（包括世界范围内）的国际权威逐渐削弱甚至消释。美国自身公信力的下降和非西方国家的崛起对其造成了挑战。

（一）美国公信力的下降

美国在全球的权威建立经历了不同的阶段，最先开始是在拉美地区，1945 年之后扩展至西欧和东北亚，冷战后试图进一步延伸至全球其他地区。在这一过程中，为使其他国家确信自己不会滥用它们所授予的权威，它"将自己的铁拳藏于正当性的丝绒手套之中"。① 然而，近年来随着一系列国际、国内事件的发生，美国在国际社会的公信力下降，美国的权威受到了各个方面的挑战。

首先，伊拉克战争使其他国家纷纷对美国的公信力提出质疑。2003 年布什政府在没有他国赞同的情况下对伊拉克发动战争，其他国家纷纷对美国的公信力提出质疑，美国的国际权威受到了严重的损害。美国在没有获得联合国授权的情况下，强行推翻萨达姆·侯赛因政权，发动预防性的政权改变，这对于战后确立的主权国家平等、独立自主的普遍规则造成破坏性的影响，可能开启危险先例。而美国面对国际社会的反对仍然发动伊拉克战争，尤其是在缺乏最重要的一些跟从国支持的情况下，也明确宣示，自己既不会受困于本身所作的承诺，也不会受累于对他国同意的需要。目前来看，这对美国而言，是一项关键的战略失误。美国不仅在缺乏规划和充足资源的情况下挑起伊拉克战争，显示出自己无力交付先前承诺给他国的政治秩序，也平白无故地向长期以来在必要时刻维持美国权威的跟从国竖起了大旗。这一危害在 2004 年布什总统通过大众多数获得连任后进一步加重——在国外的观察者看来，一般的美国人支持或至少不反对美国一意孤行，穷兵黩武的立场。

反过来，面对他们对其伊拉克政策的反对，布什政府官员的首先反应是威吓其传统跟从国，这体现为国防部长唐纳德·拉姆斯菲尔德（Donald Rumsfeld）对"老欧洲"的诋毁以及他于 2003 年在伊拉克战争发动时试图分化欧洲大陆的努力。除此，布什政府没有听取跟从国的意见，也没有努力获得它们的首肯，而是一而再，再而三地冲向前方，相信这些国家一旦目睹美国强大的强制力，最终会回到自己身边。在这一过程中，它不仅表明自己有可能会打破先前加诸自身的各项限制，也展示了它有意愿——事实上，急不可耐地——这样做。即便他们或许已对萨达姆·侯赛因政权的可憎性质达成了共识，这一超越权限的特别行动仍损害了美国权威的核心，并严重削弱了美国在他国眼中的正当性。

---

① 〔美〕戴维·莱克：《国际关系中的等级制》，高婉妮译，上海：上海人民出版社，2013，结论。

其次，美国不愿遵守被各国广泛接受的各项规则，导致包括跟从国和非跟从国在内的政治行为体都对美国主导制定、参与制定及克制自身遵守规则的承诺产生了动摇。即使美伊关系并未直接影响到各跟从国与美国的权威契约，美国拒绝京都议定书、撤除在《禁止生物武器公约》（Biological and Toxins Weapons Convention）中创建一项有效核查机制的努力、宣布反对《全面禁止核试验条约》、退出《反弹道导弹条约》，以及在建立国际刑事法院的条约上做出"不予签署"的姿态，都明确地释放出自己不愿受制于这些规则的信号。而公然对这些规则的破坏，则令包括其主要跟从国在内的其他国家对美国的权威产生了强烈的怀疑和批评。以美国在互联网管理领域的霸权主义行为为例，在 2013 年"棱镜门"事件之前，美国一直以"尊重人权"、"自由民主"的道德楷模自居，对其他国家尤其是发展中国家的网络建设和管理横加指责。斯诺登爆出的"棱镜门"事件及其一系列后续事件，暴露出美国国家安全局庞大的有系统、有组织的信息窃取计划，该计划不仅对发展中国家和其所认定的"敌人"进行监控，也不放过德国、法国等战后盟国，同时更为讽刺的是，美国国内民众自以为享有的自由安全的网络生活也无时无刻不处于政府部门的监控之下。① 国际社会一片哗然，各国政府、社会组织和民众对美国的网络霸权主义行径纷纷挞责，美国长期以来道德裁判者的形象受到了莫大冲击。美国维护国际规则和秩序的公信力下降。

再次，美国主导的经济与政治秩序受到了挑战。在华盛顿共识的药方失去效用而金融危机席卷全球美国无法力挽狂澜的背景下，中国道路、中国发展模式成为新的效仿对象。

随着全球化的发展，非国家行为体对包括美国在内的国家行为体的权威造成了挑战。社会力量的重新组合使传统国界之内的社会运动开始进行跨国联合，共同对抗当权者及其实施的各项政策，比如 20 世纪 90 年代以来北美劳工运动的跨国合作，就是对新自由主义经济秩序的一种民间反抗；金融危机之下占领华尔街甚至中东北非的阿拉伯之春运动，都对当权者及其政策的正当性发出了挑战。这已经不仅仅是抵制单个国家或推翻某

---

① 高婉妮：《霸权主义无处不在：美国互联网管理的双重标准》，《红旗文稿》2014 年第 2 期，第 39 页。

一政权的事件，而是在广泛意义上，对美国主导政治经济秩序的不公平抗议，对美国提倡的政治理念的质疑。

最后，美国国内政治乱象丛生，破坏了人们对美国自由民主制优越性的认同。尤其是 2016 年美国总统大选过程中权贵坐庄的现实和反建制、反精英社会思潮的混杂，令世界对美国一直引以为豪的民主制度和发展模式产生了怀疑。①

自 2003 年以来，美国在重建伊拉克、反对核武器在朝鲜和伊朗扩散、阻止达尔富尔种族灭绝中召集同盟等问题上面临的重重困难，向我们昭示了美国权威公信力的下降。美国对采取协调行动的呼吁如今已受到了质疑和忽视，而且在某种程度上，很多正在进行的合作也是依赖于当时签订的条款，而不是追随美国的偏好。在最开始建立权威的拉美地区，美国的国际权威也正面临着新一轮冲击。一些左翼政府明确反对华盛顿共识提出的基本理念，并且质疑美国在地区内的历史性作用。面对这样的趋势，美国很难有所作为。总体上，要在一个权威早已严重受损的世界中追求自身利益与安全的灵活性，美国面临着各种困难和代价。

（二）非西方国家的崛起

21 世纪以来，中国经济和地缘政治地位的上升成为国际关系中最富有戏剧性的变化之一。② 按照部分学者的观点，在未来的某个时间节点，中国将成为与美国相匹敌的超级大国，③ 而且如果有意愿的话，中国也可以部署类似于美国一样的全球性军事力量。④ 甚至有些人认为，一个新的两极国际体系可能正在出现。⑤ 尽管这一预期存在不确定性，也引起很多人怀疑，但不可否认的是，现阶段，中国经济军事力量的高速增长以及对国际事务的主动参与和地区合作的积极倡议，对美国拥有的国际权威造成了一

---

① 高婉妮：《美国大选：权贵们的走秀场》，《红旗文稿》2016 年第 18 期。

② 〔美〕约翰·伊肯伯里：《中国的崛起：权力、制度和西方秩序》，载于朱峰、〔美〕罗伯特·罗斯主编《中国崛起：理论与政策的视角》，上海：上海人民出版社，2008，第137 页。

③ 〔美〕戴维·莱克：《国际关系中的等级制》，高婉妮译，上海：上海人民出版社，2013，结论。

④ 〔美〕戴维·莱克：《国际关系中的等级制》，高婉妮译，上海：上海人民出版社，2013，第178 页。

⑤ 〔美〕戴维·莱克：《国际关系中的等级制》，高婉妮译，上海：上海人民出版社，2013，第186 页。

定的冲击和挑战。

　　首先，持续的经济和军事力量增长使中国本身成为亚太地区举足轻重的势力。中国人口众多，幅员辽阔，经济增长迅速①，尽管人均收入远低于发达国家，但总体经济规模庞大。中国与其他国家之间的贸易和能源合作正在世界范围内扩大。中国不断扩大区域贸易和双边贸易协定，成为迅速增长的亚太地区贸易中心。中国的资金储备是美国借贷的来源——间接为华盛顿削减税收和发动伊拉克战争等筹集了资金。在东亚，中国是朝核问题六方会谈的主角之一。中国也正在寻求建立东亚地区政治秩序新框架，推进东亚共同体的步伐。中国用于国防和军力的财政支出不断增多。中国的地缘政治影响力不断上升，与美国在地区内的影响力形成对抗。

　　其次，国家的根本利益决定一国对国际秩序现状的不满程度。② 虽然中国的经济利益看起来非常适应现存的经济秩序，中国在此秩序下实现了经济的快速增长，然而，在世界经济管理实体（尤其是国际货币基金组织和世界银行）中，中国的发言权依旧有待提高，中国要维护自身的经济利益，参与规则的制定，必然需要激发组织内成员国更多的政治声音。中国需要获得国际社会其他成员的长期支持与帮助。

　　在安全利益上，中国需要解决的问题更为复杂。中国要做战后亚太秩序的维护者，面临的挑战更为直接。日本、菲律宾、越南等与中国仍然存在领土、领海争端，中国周边国家与美国之间或深或浅的权威关系对中国的安全造成了巨大的压力。在此情形下，其他国家对中国经济增长的依赖部分地与国家安全联系在一起，东亚诸国需要做出选择——将它们的安全利益与中国还是美国捆绑在一起。③ 中国需要国际声望和周边国家的认同与支持。

---

①　戴维·莱克预测，中国的经济总量有可能在2025—2050年超过美国。参见〔美〕戴维·莱克《国际关系中的等级制》，高婉妮译，上海：上海人民出版社，2013，结论。

②　以权力转移理论来解释中国的崛起，参见 Ronald L. Tammen and Jecek Kugler, "China: Satisfied or Dissatisdied? The Stratigic Equation," 提交给国际研究协会的论文，夏威夷，2005年3月1－4日；Jecek Kugler, Ronald L. Tammen and Siddharth Swainathan, "Power Transitions and Alliance in the 21 Century," *Asian Perspective*, Vol. 25, No. 3, 2001, pp. 5－30。

③　〔美〕约翰·伊肯伯里：《中国的崛起：权力、制度和西方秩序》，载于朱峰、〔美〕罗伯特·罗斯主编《中国崛起：理论与政策的视角》，上海：上海人民出版社，2008，第155页。

最后，参与地区合作，提高自己作为合作性大国的形象。在权威的构建中，主导国承诺自缚手脚，不会滥用权威关系异常重要。近些年来，中国的崛起引起了周边国家的警惕，"中国威胁论"一度甚嚣尘上。然而，中国以其克制合作的实际行动，正在将自己塑造为一只"温和的狮子"，无意侵犯他国，也不惹是生非。中国合作性大国的形象正在树立起来。

然而，关键问题在于美国的权威是否能够在短中期内得以维持。美国的权威远比物质资源脆弱，后者给予美国要挟他国的能力。由于各种战略失误，美国的权威已受到严重削弱。

三　进一步研究方向

通过权威这一视角来看国际关系，我们就会发现，现实的国际关系与纯粹的无政府状态相比迥然不同。在经过各个指标的测量和过程追踪的案例研究后，我们对美国在亚太地区的权威有了更为全面和明确的认识。然而，若要更加清楚地理解世界政治，把握美国与其他国家建立的权威，建立中国自己的权威关系，还需要我们进一步思考。

首先，除了权威关系，我们需要考虑在权力政治之外的其他国家相处模式，比如"联邦制式的"超国家形式。在超国家形式中，原来或潜在的两个或两个以上主权单位组成一个第三方，对各成员单位进行平等管理。由于存在一定的等级，诸如此类的联邦制形式可能会因为它们所掌握的权威的幅度而发生变化，形成一个连续体，从无政府状态到获得授权的国际组织、到拥有仅限于外交事务权威的联盟政府、再到拥有更大权威的联邦国家，以及最终跨越到拥有完全中央权威的混合型国家。① 欧盟的发展，以及甚至更为有限的超国家权威形式的发展，为国际权威的形式与原因提供了一条清晰的研究路径。总体上，为国际权威的所有形式建立综合性的理论，成为这一方向的挑战。

其次，本书理论的提出来自二元关系的角度，分析单位是主导国和一系列构成跟从国的个体。然而，跟从国个体的集合被视为一个未经分化的群组，类似于国内政治研究中的中间选民模型。主导国与其跟从国之间权

---

① 参见 David A. Lake，"The New Sovereignty in International Relations," *International Studies Review*，Vol. 5，No. 3，2003，pp. 303 – 323。

威契约的一个关键而未经理论化的部分是中间人的作用，或者说是附属单位一些个体的作用，他们作为主导国与其余人口之间的经纪人而进行活动。① 但问题是，并不是所有的中间人都一样。部分中间人持有接近其中间选民的立场，而且获得广泛的支持。德意志联邦共和国（1949—1963年）首任总理康拉德·阿登纳（Konrad Adenauer）就曾因其亲西方的政治观点和温和而有效的领导受到了美国的青睐，但他同样在新的民主政治体制选举中获得绝大多数支持，当选并连任。有一些其他人利用等级关系及其优点，促进他们自身的独裁统治。事实上，有一段时间，准确来说，主导国偏爱于缺乏大众支持而更为依赖自己支持的独裁者，因为他们是更为温顺的代理人（例如美国在东南亚扶持的政权）。这些被扶持的领导人尽管在国内不得人心，但他们却能够利用自己作为美国中间人的角色维持权位，镇压政治对手——相对的，在国家发展上几乎一事无成。只有当这些被扶持的人不听从美国命令时，美国才会选择除掉或放弃他们。从更广泛的意义上来看，国际权威可能具有一些分配（distributional）的意义，不仅是在主导国与跟从国之间，也是在跟从国人口内部。从这一角度来看，中间人就可能是一整个阶层，而非某个具体的个人。

　　既有研究缺乏对中间人的理论研究。拆解权威契约并将中间人的作用进行理论化是研究计划中重要的下一步。这将厘清权威和正当性是如何在国内和国家间创造出来并加以维持的，也将可能修正本书理论提出的论点，在权威关系下必然有一些附属的东西可以至少作为次优的治理选择。将国内政治引入国际政治理论，很有可能给权威及其影响带来不一样的理解。

　　再者，美国权威的时代尚未结束。即使受到发动伊拉克战争这一决策的严重削弱，美国的权威在世界政治中仍是一股强大的力量。但是，它也不可能恢复原状。正如在上面章节中所强调的，一旦受损，正当性就不可能轻易修复。"9·11"袭击并没有单独为美国创造新的、特殊的权利。美国如果要恢复自己的公信力，就必须遵守自己为其他国家书写的规则，"再缚手脚"。这样，美国必须回到多边主义战略，将权力散入国际互动，

---

① Ethan J. Hollander, *Swords or Shields: Implementing and Subverting the Final Solution in Nazi-Occupied Europe*, Ph. D. dissertation, University of California, San Diego, 2006.

重获权威的正当性。这为中国等其他新兴国家提供了机会。现代大国的竞争，已不仅局限于自身实力的比较，还包括国际权威的竞争。虽然美国和中国在亚洲的利益并没有相互排斥，然而，在利益交汇的地方，竞争却无可避免。中国要获取区域内其他国家的支持或"服从"，就必须为这些国家提供不可替代的需求和利益，使其追随自己的意愿或偏好行事。因此，如何创造并提供区域内国家渴求的利益需求，获取这些国家的"服从"，成为本书下一步研究的话题和方向。

没有一项研究能够以一概全。这里只是对国际权威的存在及美国在亚太地区的权威进行了简单的阐述和展示。作者希望，这是一个进步的研究计划，虽然才刚刚起步，但值得进一步探究。

参考文献

中文文献

〔英〕安德鲁·海伍德：《政治学核心概念》，吴勇译，北京：中国人民大学出版社，2014。

〔美〕彼得·卡赞斯坦：《地区构成的世界——美国帝权中的亚洲和欧洲》，秦亚青、魏玲译，北京：北京大学出版社，2007。

〔英〕伯特兰·罗素：《权威与个人》，储智勇译，北京：商务印书馆，2010。

〔美〕查尔斯·库普乾：《美国时代的终结：美国外交政策与 21 世纪的地缘政治》，潘忠岐译，上海：上海人民出版社，2004。

陈宝森等主编《当代美国经济》，北京：社会科学文献出版社，2011。

陈峰君：《亚太在世界安全战略中的地位》，《国际政治研究》2002 年第 3 期。

陈琪：《经济相互依存与制衡》，《世界经济与政治》2002 年第 9 期。

丁韶彬：《大国对外援助——社会交换论的视角》，北京：社会科学文献出版社，2010。

丁一凡：《权力二十讲》，天津：天津人民出版社，2008。

傅立民：《论实力》，刘晓红译，北京：清华大学出版社，2004。

甘逸骅：《北约东扩——军事联盟的变迁与政治意涵》，《问题与研究》2003 年第 4 期。

高婉妮：《国际政治的等级状态？——〈评国际关系中的等级制〉》，《国际政治科学》2010 年第 1 期。

韩召颖：《美国霸权、中国的和平发展与中美关系》，《南开学报》（哲学社会科学版）2007 年第 3 期。

韩召颖：《美国政治与对外政策》，天津：天津人民出版社，2007。

〔美〕汉斯·摩根索：《国家间政治——寻求权力与和平的斗争》，徐昕等译，北京：中国人民公安大学出版社，1990。

〔美〕亨利·基辛格：《大外交》，顾淑馨、林添贵译，海口：海南出版社，1998。

〔美〕亨利·基辛格：《世界秩序》，胡利平等译，北京：中信出版集团，2015。

花勇：《国际等级体系的生成、功能和维持》，《国际政治科学》2011 年第 3 期。

焦世新：《"软均势论"及其实质》，《现代国际关系》2006 年第 8 期。

〔美〕杰里·本特利、赫伯特·齐格勒：《新全球史（下）》，魏凤莲等译，北京：北京大学出版社，2007。

〔美〕克里斯托弗·莱恩：《和平的幻想：1940 年以来的美国大战略》，孙建中译，上海：上海人民出版社，2009。

〔美〕肯尼斯·沃尔兹：《冷战后国际关系与美国外交政策》，韩召颖、刘丰译，《南开大学学报（哲学社会科学版）》2004 年第 4 期。

〔英〕莱斯利·格林：《国家的权威》，毛兴贵译，北京：中国政法大学出版社，2013。

刘丰：《制衡的逻辑：结构压力、霸权正当性与大国行为》，北京：世界知识出版社，2010。

〔美〕罗伯特·基欧汉、约瑟夫·奈：《权力与相互依赖》，门洪华译，北京：北京大学出版社，2002。

〔美〕罗伯特·吉尔平：《国际关系政治经济学》，杨宇光等译，上海：上海人民出版社，2006。

〔美〕罗伯特·吉尔平：《世界政治中的战争与变革》，武军等译，北京：中国人民大学出版社，1994。

〔英〕马丁·怀特、赫德利·布尔、卡斯滕·霍尔布莱德编《权力政治》，宋爱群译，北京：世界知识出版社，2004。

马克思、恩格斯：《马克思恩格斯选集》（第三卷），北京：人民出版社，2014。

马克思、恩格斯：《马克思恩格斯选集》（第四卷），北京：人民出版社，2014。

马克思、恩格斯：《资本论》（第一卷），北京：中国社会科学出版社，1983。

〔德〕马克斯·韦伯：《经济与社会》，阎克文译，上海：上海世纪出版集团，2015。

〔美〕玛莎·芬尼莫尔：《国际社会中的国家利益》，袁正清译，上海：上海人民出版社，2012。

〔美〕曼库尔·奥尔森：《集体行动的逻辑》，陈郁等译，上海三联书店、上海人民出版社，1995。

梅然：《战国时代的均势政治》，《国际政治研究》2002年第3期。

〔美〕莫顿·卡普兰：《国际政治中的系统与过程》，薄智跃译，北京：中国人民公安大学出版社，1989。

〔英〕乔纳森·哈斯拉姆：《马基雅维利以来的现实主义国际关系思想》，俞可平、张振江、卢明华译，北京：中央编译出版社，2009。

秦亚青：《现实主义理论的发展及其批判》，《国际政治科学》2005年第2期。

〔美〕塞缪尔·亨廷顿：《变化社会中的政治秩序》，王冠华等译，北京：生活·读书·新知三联书店，1996。

〔加拿大〕斯蒂芬·斯特里特等主编《帝国与自主性：全球化进程中的重大时刻》，陈家刚等译，北京：社会科学文献出版社，2010。

〔加拿大〕斯蒂文·伯恩斯坦、威廉·科尔曼主编《不确定的合法性：全球化时代的政治共同体、权力和权威》，丁开杰等译，北京：社会科学文献出版社，2011。

唐彦林：《东亚秩序变迁中的中国角色转换》，北京：北京师范大学出版社，2011。

汪世锦：《论权威——兼论权威与权力的关系》，《湖北大学学报》（哲学社会科学版）2001年第6期。

韦宗友：《集体行动的难题与制衡霸权》，《国际观察》2003年第4期。

韦宗友：《制衡、追随与冷战后国际政治》，《现代国际关系》2003年第3期。

〔德〕乌尔里希·贝克等：《全球的美国？——全球化的文化后果》，刘倩、杨子彦译，郑州：河南大学出版社，2012。

〔古希腊〕修昔底德：《伯罗奔尼撒战争史》，徐松岩译注，上海：上海人民出版社，2015。

谢华：《对美国第四点计划的考察和分析》，《美国研究》2010 年第 2 期。

杨少华：《当代不对称冲突研究——一项以战略为视角的考察》，北京：中国社会科学出版社，2012。

杨少华：《评"软制衡论"》，《世界经济与政治》2006 第 7 期。

杨毅：《美国亚太联盟体系与中国周边战略》，《国际安全研究》2013 年第 3 期。

叶麒麟：《权力·权威·能力——论现代国家的理想型》，《社会主义研究》2008 年第 2 期。

〔英〕伊姆雷·拉卡托斯：《科学研究纲领方法论》，兰征译，上海：上海译文出版社，1999。

〔美〕约翰·刘易斯·加迪斯：《长和平：冷战史考察》，潘亚玲译，上海：上海人民出版社，2011。

〔美〕约翰·米尔斯海默：《大国政治的悲剧》，王义桅、唐小松译，上海：上海人民出版社，2001。

〔美〕约翰·伊肯伯里主编《美国无敌：均势的未来》，韩召颖译，北京：北京大学出版社，2005。

〔英〕约瑟夫·拉兹：《法律的权威：法律与道德论文集》，朱峰译，北京：法律出版社，2005。

〔英〕约瑟夫·拉兹：《自由的道德》，孙晓春等译，长春：吉林人民出版社，2006。

〔美〕约瑟夫·奈：《理解国际冲突——理论与历史》，张小明译，上海：上海世纪出版集团，2002。

翟学伟：《中国社会中的日常权威：关系与权力的历史社会学研究》，北京：社会科学文献出版社，2004。

〔美〕詹姆斯·多尔蒂、小罗伯特·普法尔茨格拉夫：《争论中的国际关系理论》，阎学通、陈寒溪等译，北京：世界知识出版社，2003。

张贵洪：《均势理论、均势体系与多极现实》，《浙江社会科学》2002 年第 2 期。

张睿壮：《美国霸权的正当性危机》，《国际问题论坛》2004 年夏季号。

张睿壮：《中国应选择什么样的外交哲学？——评"世界新秩序与新兴大国的历史抉择"》，《战略与管理》1999 年第 1 期。

张云：《国际政治中"弱者"的逻辑——东盟与亚太地区大国关系》，北京：社会科学文献出版社，2010。

赵全胜：《中美关系和亚太地区的"双领导体制"》，《美国研究》2012 年第 1 期。

周建明：《美国国家安全战略的基本逻辑——遏制战略解析》，北京：社会科学文献出版社，2009。

英文文献

Alagappa, Muthiah, *Asian SecurityOrder*. Stanford: Stanford University Press, 2003.

Almonte, Jose T., "Ensuring Security the 'ASEAN Way'," *Survival* 39 (1997).

Art, Robert, *A Grand Strategy for America*, New York: Cornell University Press, 2003.

Auster, Richard D. and Morris Silver, *The State as Firm*, Boston: Martinus Nijhoff, 1979.

Barnett, Michael and Duvall Raymond. , *Power in Global Governance*, New York: Cambridge University Press, 2005.

Barzel, Yoram, *A Theory of the State*: *Economic Rights*, *Legal Rights*, *and the Scope of the State*, New York: Cambridge University Press, 2002.

Chester, Edward, *United States Oil Policy and Diplomacy*: *A Twentieth-Century Overview*, London: Greenwood Press, 1983.

Clark, Ian, *Legitimacy in International Society*, New York: Oxford University Press, 2005.

Cossa, Ralph et al. , *The United States and the Asia-Pacific Region*: *Security Strategy for the Obama Administration*, Washington D. C. : Center for Strategic and International Studies, 2009.

Crane, Keith and Andreas Goldthau, *Imported Oil and U. S. National Security*, Santa Monica: Rand Corporation, 2009.

Cullather, Nick, *Illusions of Influence*: *The Political Economy of United States-Philip-*

pines Relations 1942 – 1960, Stanford: Stanford University Press, 1994.

Dahl, Robert A., "The Concept of Power," *Behavioral Science* 2 (3) (1957).

Day, John, "Authority," *Political Studies* 11 (3) (1963).

Doyle, M. and Ikenberry, J., *New Thinking in International Relations Theory*, Boulder, Colo.: Westview Press, 1997.

Dworkin, R. M., "Obligations of Community," In *Authority*, edited by Joseph Raz, New York: New York University Press, 1990.

Eldridge, Robert D., "The 1996 Okinawa Referendum on U. S. Base Reductions," *Asian Survey* 37 (1997).

Evans, Peter B. Dietrich Rueschemeyer, and Theda Skocpol, *Bringing the State Back in*, New York: Cambridge University Press, 1985.

Evera, Van Stephen, *Guide to Methods for Students of Political Science*, Ithaca N. Y.: Connell University Press, 1997.

Flathman, Richard, *The Practice of Political Authority: Authority and the Authoritative*, Chicago: University of Chicago Press, 1980.

Friedman, B. R., "On the Concept of Authority in Political Philosophy," In *Authority*, edited by Joseph Raz, New York: New York University Press, 1990.

Gilpin, Robert, *War and Change in World Politics*, New York: Cambridge University Press, 1981.

Gleditsch, Kristian S., "Expanded Trade and GDP Data," *Journal of Conflict Resolution* 46 (5) (2002).

Goh, Evelyn, "Hierarchy and the Role of the United States in the East Asian Security Order," *International Relations of the Asia-Pacific* 8 (2008).

Goldstein, Avery, *Rising to the Challenge: China's Grand Strategy and International Security*, Stanford: Stanford University Press, 2005.

Gortzak, Yoav, "How Great Powers Rule: Coercion and Positive Inducements in International Order Enforcement," *Security Studies* 14 (4) (2005).

Hess, Gary R., "The AmericanSearch for Stability in Southeast Asia: The SEATO Structure of Containment," In *The Great Powersin East Asia*: 1953 – 1960, edited by Warren I. Cohen and Akira Iriye, 1990, New York: Columbia University Press.

Hook, Glenn D., *Militarization and Demilitarizationin Contemporary Japan*, London: Routledge, 1996.

Howe, Stephen, *Empire: A Very Short Introduction*, New York: Oxford University Press, 2002.

Hurd, Ian, "Legitimacy and Authority in International Politics," *International Organization* 53 (2) (1999).

Ikenberry, G. John, *After Victory: Institutions Strategic Restraint and the Rebuilding of Order after Major Wars*, Princeton N. J.: Princeton University Press, 2001.

Jervis, Robert, *System Effects: Complexity in Political and Social Life*, Princeton: Princeton University Press, 1996.

Johnson, Chalmers, *The Sorrows of Empire: Militarism. Secrecy, and the End of the Republic*, 2005, New York: Verso.

Kang, David C., "Hierarchy and Stability in Asian International Relations," in G. J. Ikenberry and M. Mastaduno eds., *International Relations Theory and the Asia-Pacific*, New York: Columbia University Press, 2003.

——*China Rising: Peace. Power and Order in East Asia*, New York: Columbia University Press, 2007.

——*East Asia before the West: Five Centuries of Trade and Tribute*, New York: Columbia University Press, 2010.

Kennedy, Paul, *The Rise and Fall of the Great Powers: Economic Change and Military Power from 1500 to 2000*, New York: Random House, 1987.

Keohane, Robert O., "The Big Influence of Small Allies," *Foreign Policy* 2 (1971).

Keohane, Robert O., *Neorealism and Its Critics*, New York: Columbia University Press, 1986.

Kerr, David, "The Sino-Russian Partnership and U. S. Policy toward North Korea: From Hegemony to Concert in Northeast Asia," *International Studies Quarterly* 49 (2005).

Klein, Benjamin. Robert G. Crawford and Armen A. Alchian, "Vertical Integration, Appropriable Rents, and the Competitive Contracting Process," *Journal of Law and Economics* 21 (2) (1978).

Kochanski, Adam "Book Review: David A. Lake, Hierarchy in International Relations," *Millennium-Journal of International Studies* 40 (2) (2012).

Lake, David A. , "Power Pacifists: Democratic States and War," *American Political Science Review* 86 (1) (1992).

—— "Anarchy, Hierarchy, and the Variety of International Relations," *International Organization* 50 (1) (1996).

—— "Beyond Anarchy: The Importance of Security Institutions," *International Security* 26 (1) (2001).

——, "The New Sovereignty in International Relations," *International Studies Review* 5 (3) (2003).

——, "Relational Authority in the Modern World: Towards a Positive Theory of Legitimacy," Prepared for the Workshop on Legitimacy in the Modern World, University of California, San Diego, 2006.

——, "American Hegemony and the Future of East-West Relations." International Studies Perspectives 7 (2006).

——, "Escape from the State of Nature: Authority and Hierarchy in World Politics," International Security 3 (1) (2007).

——, "The New American Empire," *International Studies Perspectives* 9 (2008)

——, "Relational Authority and Legitimacy in International Relations," *American Behavioral Scientist* 53 (3) (2009).

——, "Regional Hierarchies: Authority and the Local Production of International Order," *Review of International Studies* 35 (2009), Reprinted in Globalising the Regional Regionalising the Global, Rick Fawn. ed. , New York: Cambridge University Press, 2009.

——, *Hierarchy in International Relations*, Ithaca, NY: Cornell University Press, 2009.

——, "Rightful Rules: Authority, Order, and theFoundations of Global Governance," *International Studies Quarterly* 54 (2010).

Lake, David A. and Matthew A. Baum, "The Invisible Hand of Democracy: Political Control and the Provision of Public Services," *Comparative Political Studies* 34 (6) (2001).

Levi, Margaret, *Of Rule and Revenue*, Berkeley: University of California Press, 1988.

——, Consent Dissent and Patriotism, New York: Cambridge University Press, 1997.

Luce, Henry R. , "The American Century," *Life* 17 (1941).

Lukes, Steven, *Power*: *A Radical View*, London: Macmillan, 1977.

——, "Perspectives on Authority," In *Authority*, edited by Joseph Raz. , New York: New York University Press, 1990.

Lundestad, Geir, "Empire by Invitation? The United States and Western Europe, 1945 –1952," *The Society for Historians of American Foreign Relations Newsletter* 15 (1984).

——, *The American "Empire" and Other Studies of US Foreign Policy in a Comparative Perspective*, Oxford-Oslo: Norwegian University Press, 1990.

——, " 'Empire by Invitation' in the American Century," *Diplomatic History* 23 (1999).

Mandelbaum, Michael, *The Case for Goliath*: *How America Acts as the World's Government in the 21st Century*, New York: Public Affairs, 2005.

McMahon, Robert J. , *The Cold War on the Periphery*: *The United States India and Pakistan*, New York: Columbia University Press, 1994.

Medeiros, Evan, "China Debates Its 'Peaceful Rise' Strategy," *Yale Global Online* 22 (2004).

Miles, Kahler "Inventing International Relations: International Relations Theory after 1945," In *New Thinking in International Relations*, edited by Michael W. Doyle and G. John Ikenberry, Boulder, C. O. : Westview Press, 1997.

Milner, Helen V. , "The Assumption of Anarchy in International Relations: A Critique," *Reviewof International Studies* 17 (1991).

North, Douglass C. , *Structure and Change in Economic History*, New York: W. W. Norton, 1981.

Nye, Joseph S. , *The Paradox of American Power*: *Why the World's Only Superpower Can't Go It Alone*, New York: Oxford University Press, 2002.

Olson, Mancur, *Power and Prosperity*: *Outgrowing Communist and Capitalist Dictatorships, New York: Basic Books, 2000

Onuf, Nicholas and F. KlinkFrank, "Anarchy, Authority, Rule," *International Studies Quarterly* 33 (2) (1989).

Organski, A. F. K., *World Politics*, 2nd ed., New York: Alfred A. Knopf, 1968.

Ott, Marvin, "East Asia: Security and Complexity," *Current History* 100 (2001).

Owen, John, "Transnational Liberalism and American Primacy; or Benignity Is in the Eye ofthe Beholder," in John Ikenberry ed., *America Unrivaled: The Future of the Balance of Power*, Ithaca: Cornell University Press, 2002.

Rapkin, David P., "Empire and Its Discontents," *New Political Economy* 10 (3) (2005).

Raz, Joseph, "Authority and Justification," In *Authority*, edited by Joseph Raz, New York: New York University Press.

Reus-Smit, Christian, "International Crises of Legitimacy," *International Politics* 44 (2) (2007).

Reverson. D. S., "Old Allies New Friends: Intelligence Sharing in the War on Terror," *Orbis* 50 (3) (2006).

Richardson, Michael, "U. S. Calms Asians on Troop Levels," *International Herald Tribune* 17 (1997).

Richelson, Jeffrey, "The Calculus of Intelligence Cooperation," *International Journal of Intelligence and Counterintelligence* 4 (3) (1990).

Rubinstein, Alvin, "Alliances and Strategy: Rethinking Security," *World Affairs* 3 (3) (1999).

Schelling, Thomas C., *Arms and Influence*, New Haven C. T. : Yale University Press, 1996.

Schmidt, Brian C., *The Political Discourse of Anarchy: A Disciplinary History of International Relations*, Albany: State University of New York Press, 1998.

Schweller, Randall L., "Bandwagoning for Profit: Bring the Revisionist State Back in," *International Security* 19 (1) (1994).

——, "New Realist Research on Alliance: Refining. Not Refuting. Waltz's Balancing Proposition," *American Political Science Review* 91 (1998).

Schweller, Randall L., "Realism and the Present Great Power System: Growth and Positional Conflict Over Scarce Resources," in Ethan B. Kapstein and Michael Mastanduno. eds., *Unipolar Politics: Realism and State Strategies after the Cold War*, N. Y.: Columbia University Press, 1999.

Segal, Gerald, "HowInsecure Is Pacific Asia?" *International Affairs* 73 (2) (1997).

Shambaugh, David, "China Engages Asia: Reshaping the Regional Order," *International Security* 29 (3) (2004).

Shambaugh, David, Alastair Iain Johnston and Robert Ross, "China's Grand Strategy: A Kinder Gentler Turn," *Strategic Comments* 10 (9) (2004).

Simon, Herbert A., *Administrative Behavior: A Study of Decision − Making Processes in AdministrativeOrganization* 3rd, New York: Free Press, 1976.

Smith, M. L. and D. M. Jones, "ASEAN, Asian Values and Southeast Asian Security in the New World Order," *Contemporary Security Policy* 18 (1997).

Snyder, Jack, *Myths of Empire: Domestic Politics and International Ambition*, Ithaca: Cornell University Press, 1991.

Sokolsky, Richard, *The United States and the Persian Gulf: Reshaping Security for the Post-Containment Era*, Washington D. C.: National Defense University Press, 2003.

Taliaferro, Jeffrey, "State Building for Future Wars: Neoclassical Realism and the Resource-Extractive State," *Security Studies* 15 (3) (2006).

Teed, Peter, *A Dictionary of Twentieth-Century History: 1914 − 1990*, Oxford: Oxford University Press, 1992.

Thayer, Carl, "China's ' New Security Concept' and Southeast Asia," in David Lovell ed., *Asia-Pacific Security: Policy Challenges*, Singapore: Institute of Southeast Asian Studies, 2003.

The Secretary of Defense, *The United States Security Strategy for the East Asia − Pacific Region*, Washington D. C.: The Department of Defense, 1998.

Tucker, Nancy Bernkopf, *Taiwan, Hong Kong, and the United States, 1945 − 1992*, New York: Free Press.

Walt, Stephen M., *The Origins of Alliance*, Ithaca and London: Cornell University Press, 1987.

——, "Alliance Formation and the Balance of World Power," *International Security* 9 (2) (1985).

——, *Taming American Power: The Global Response to U. S. Primacy*, New York: W. W. Norton, 2005.

Waltz, Kenneth N. , *Foreign Policy and Democratic Politics: The American and British Experience*, Boston: Little Brown,

——, *Theory of International Politics*, M. A. : Addison – Wesley, 1979.

Weber, Katja, "Hierarchy Amidst Anarchy," *International Studies Quarterly* 41 (1997).

Weber, Max, *Economy and Society*, 2 vols, Berkeley: University of California Press, 1978.

Whiting, Allen, "ASEAN Eyes China: The Security Dimension," *Asian Survey* 37 (1997).

Womack, Brantley, "China and Southeast Asia: Asymmetry, Leadership, and Normalcy," *Pacific Affairs* 76 (4) (2003).

Woodward, Bob, *Bush at War*, New York: Simon & Shuster, 2002.

Yuen Foong, Khong, "The American Tributary System," *The Chinese Journal of International Politics* 6 (2013).

数据库及网站资源

战争相关因素 (Correlates of War) 数据库, http://cow2. la. psu. edu/。

美国贸易代表办公室 (Office of the United States Trade Representative), http:// www. ustr. gov/tradeagreements/free-tradeagreements。

国际关系与安全趋势 (Facts on International Relations and Security Trends) 数据库, 由斯德哥尔摩国际和平研究所提供, http://first. sipri. org/。

联合国贸易数据库, http://comtrade. un. org/data/。

中华人民共和国外交部网站, http://www. fmprc. gov. cn/mfa_ chn/gjhdq_ 603914/gj_ 603916/。

日本外务省网站, http://www. mofago. jp/region/us/summint0606. html。

美国国务院网站, http://www. state. gov/p/io/rls/rpt/。

世界银行网站, https：//www. imf. org /external/data. htm。

联合国贸易与发展数据库, http:∥unctadstat. unctad. org/TableViewer/table-
　　View. aspx。

新加坡工业贸易部网站, http:∥app. fta. gov. sg/asp/faqs/ ussfta_ tgoods. asp。

美国国防部人力资源数据中心：U. S. Department of Defense, DoD Personnel
　　and Procurement Statistics, See http:∥siadapp. dmdc. osd. mil。

后　记

　　本书是在我的博士学位论文基础上修改而成的。自选题到成文，再到修改，前后经历了四年多。在此过程中，南开大学、中山大学和兰州大学的众位师友给予我谆谆的教诲与无私的关爱，使我过得充实而自在。家人和亲友一直给我无限的支持和鼓励，使我能在求学路上勇往直前。今天，借本书后记的方寸之地，我要对他们致以真诚的谢意和祝福。

　　首先，我非常感谢我的博士导师韩召颖教授。韩老师是一位令人敬佩的师者。几年来，他不仅在学业和精神上对我给予了孜孜不倦的指导与帮助，并且在生活中也经常对我施以周到的问候与维护。在博士论文的选题、立意阶段，我曾一再彷徨，更换题目，但每一次他都给了足够大的空间，让我自己摸索，然后在我遇到困难的时候及时地施以援手，为我指点迷津。他的尽职与执着常常让我感到作为学生的压力，让我因为自己的不够优秀而愧疚，而这同时也给了我鞭策自己前进的动力。在平时的论文写作以及译作校对过程中，他不断地给予指导和督促，一遍遍地帮我修改，那份连标点符号都不放过的细致在让我感动的同时，也一次次地告诫自己千万要认真，不能辜负了老师的栽培。一日为师，终身为父，他不仅是我的恩师，也是我内心里极为信赖的长辈。恰逢此书出版，韩老师又于百忙之中，欣然作序，师者风范，令人敬佩，同时又为拥有这样一位老师而倍感幸福。

　　一木成长，众人浇灌。南开大学各位老师在治学上的严谨与认真、中山大学国际政治系老师的开明与自由令人感受至深。我特别感谢这些年来为我授课、给我指导和帮助的张睿壮、吴志成、赵龙跃、王翠文、刘丰、黄海涛、汪新生、魏志江、张祖兴、喻常森、王学东、范若兰、黄云静、陈艳云等老师。王翠文老师是我的硕士生导师，她对我的教导严厉之处带着关怀，让我在学业上不断进步的同时也启迪我感悟生活，各方面成长。张睿壮老师对学术的严格要求，不仅促使我端正学习态度，更为我以后的工作生活竖立了准绳。吴志成老师对学生的教导和关怀常常带有一种"润物细无声"式的委婉和温润，让我在受到教导的同时，也学习为人处世的方式。王学东、刘丰和黄海涛老师，是老师，也是师兄。他们之于我就像走在前面的引路人一样，那些叮嘱，那些建议，带领我跳过坑洼，绕过弯路，平稳前行。尤其在南开的五年，老师们给我的熏陶与训练使我深刻地认识到了学术研究的严肃与神圣性，使我在学习中时刻提醒自己不要盲从，不要急功近利，认真踏实、一步一个脚印走。

博士论文开题报告会上，左海聪、赵学功、季乃礼、王翠文老师对我的论文提纲给予了大量关注与指点，他们的意见和建议使我更加深入地思考学术研究的意义，敦促我正视自己身上存在的不足，也以一种更加严谨、严肃的态度面对之后的学习与研究。老师们不仅为我传授专业上的知识和技能，也在做事方式、生活方式上给予了我无微不至的关怀。这些是我人生当中极有分量的一笔财富，我很感谢，也很庆幸自己能够遇到各位老师，衷心祝愿各位老师健康如意，工作顺利！

在博士论文写作过程中，我曾参与中国社会科学院亚太与全球战略研究院举办的青年学者论坛。会议中，漆海霞、周方银、徐进和高程老师都给了我非常中肯而有意义的意见和建议，对论文的后续进展产生较大影响，在此一并感谢。

当然，本书能够完成，离不开一帮同学好友的帮助与支持。南开国关同学们的互帮互助、团结友爱不仅为我提供了一个和谐、温暖的学习和生活环境，而且还使我收获了很多的友谊和欢乐，和他们在一起的日子，成为我求学过程中最留恋的部分。我的舍友王成程、师姐宋晓丽和师妹林迎娟无论在我写作还是日常生活中都一直给予非常无私而真挚的关心和帮助，我的博士同门袁伟华，师弟田光强、王石山、陈一一和董柞壮在论文思路、资料收集、最后校对、英文摘要翻译等方面给予我很大的启迪和帮助，我的好友邓好雨、刘若楠、凌胜利也为论文框架和方法提出了有益的建议，在此一并感谢。有你们的陪伴，再艰难的道路也充满吸引力。学术路上，愿和你们一起攀行！

本书的思路源泉起自戴维·莱克先生的《国际关系中的等级制》一书。在翻译该书的过程中，莱克教授的意见和指导对我产生了很大的影响，和他的交流也使我认识到自己的不足，更加深入地去思考自己的研究。可以说，他是我远在重洋之外的另一位导师。对此，我深感庆幸，也表示深深的感谢。

2014年夏天，我有幸进入兰州大学任职。在中亚研究所、博物馆、国际文化交流学院，我无一例外地受到了诸位老师的关照。特别感谢杨恕老师的关心与帮助，在他的肯定下，本书有幸得到兰州大学中央高校基本科研业务专项资金项目的资助。我还要感谢陈小鼎师兄，正是他的引荐，我才能在兰州大学安身。

最后，感谢社会科学文献出版社的宋浩敏女士。她既是本书的编辑，又是我的师姐。在和她的讨论与沟通中，本书的内容更加完善，思路也更为开阔。正是有了宋师姐认真、负责的工作，本书才能够顺利出版。

感谢我的先生牛贺文博士。他虽没有从事国际关系领域的工作，但其在科研上的敏感触觉和严谨的治学态度，为本书的修改和完善贡献了很多中肯的意见和建议。

十年寒窗，没有父母坚定的支持，很难想象我会在学术道路上走下去。他们对我的尊重、关爱与宽容让我非常庆幸，也时时有骄傲之感。愿将我的论文献给我的父母和亲人，愿他们健康安乐！

所有过往都将以一种未来的方式存在于世。师友与亲人的关爱与帮助早已融入了我的内心深处和一举一动之间。我将时时感念这难得的"馈赠"，将它化为我前行的动力，不断奋进！

当然，本书的观点虽获得一些师友支持与肯定，但因个人精力与学识有限，其中不免存在错漏。欢迎各位读者批评指正。

未来很长。愿本书成为长路之始。

高婉妮　于兰州
2017－9－30

图书在版编目（CIP）数据

战后美国在亚太地区的权威研究／高婉妮著. -- 北
京：社会科学文献出版社，2018.4
ISBN 978 - 7 - 5201 - 2270 - 2

Ⅰ.①战…　Ⅱ.①高…　Ⅲ.①美国对外政策 - 研究 -
亚太地区 - 现代　Ⅳ.①D871.20

中国版本图书馆 CIP 数据核字（2018）第 029251 号

战后美国在亚太地区的权威研究

著　　者／高婉妮

出 版 人／谢寿光
项目统筹／宋浩敏　曹义恒
责任编辑／宋浩敏　陈素梅

出　　版／社会科学文献出版社·独立编辑工作室（010）59367150
　　　　　地址：北京市北三环中路甲 29 号院华龙大厦　邮编·100029
　　　　　网址：www.ssap.com.cn
发　　行／市场营销中心（010）59367081　59367018
印　　装／三河市尚艺印装有限公司

规　　格／开 本：787mm × 1092mm　1/16
　　　　　印 张：16.5　字 数：269 千字
版　　次／2018 年 4 月第 1 版　2018 年 4 月第 1 次印刷
书　　号／ISBN 978 - 7 - 5201 - 2270 - 2
定　　价／79.00 元

本书如有印装质量问题，请与读者服务中心（010 - 59367028）联系

▲ 版权所有 翻印必究